KB168708

라이노 6.0
시크릿노트

RHINO 6.0 FOR ARCHITECTS, SECRET NOTE

한기준 저

69가지
팁과 함께하는
건축인을 위한
안내서

도서출판 대가

PREFACE(서문)

2009년에 필자는 군대 복무 중 휴가를 나왔다. 군대에서 필자의 보직은 '공사감독병'으로 시공 현장에 상주하며 건축물이 지어지는 전 과정을 확인하고 진행상황을 상부에 보고하는 업무였다. 병영생활관 신축, 리모델링 등 다양한 프로젝트를 접하며 엑셀(Excel)을 이용해 수량산출을 하던 기존 방식에 불편함을 느껴 대안이 되는 3D 모델링 툴을 찾던 중에, 처음 접했던 모델링 툴은 스케치업이었다. 군대에 오기 전부터 마음 한 구석에 있었던 '곡면 디자인'에 대한 갈망은 있었지만 스케치업을 모델링 툴로 쉽게 선택할 수는 없었다. 그러다 휴가를 나와 찾게 된 것이 라이노였다. 휴가 때 라이노 매뉴얼과 그래스호퍼 매뉴얼을 모두 출력해 부대로 복귀했다. 군부대에서 컴퓨터 사용도 쉽지 않을뿐더러 3D 모델링 툴 사용이 어려웠기 때문에 공부를 위해선 매뉴얼 출력이 최선이었다.

그렇게 2010년 전역할 때까지 라이노 없는 라이노 공부를 시작했다. 라이노가 건축 분야에 본격적으로 쓰이기 시작한 때는 2009년 즈음이었다. 그 당시 라이노(Rhino) 버전은 4.0이었다. 2018년에 새롭게 출시된 라이노 6.0과는 두 버전 차이가 있다. 라이노는 매년 새 버전이 출시되지 않는다. 대략 5년에 한 번 새로운 버전이 출시된다. 즉, 4.0버전과 6.0버전의 격차는 약 10년이다. 10년이면 강산도 변한다고 하지 않았던가. 건축 분야에 활용되는 '건축 라이노'의 발전도 강산이 변할 만큼 발전했다.

필자는 2014년에 디지트(DIGIT)를 창업했다. 소소하게 정기 모임이나 주최하던 디지트는, 현재는 VR/AR콘텐츠, 플러그인을 개발하고 컨설팅을 하는 조그만 회사로 성장했다. 이후 라이노, 그래스호퍼 외 다양한 소프트웨어 교육도 서비스하고 싶어 2017년 12월에는 '3D 크리에이터를 위한 교육 플랫폼을 만들자'라는 생각으로 박상근 공동대표와 함께 렉터스(LECTUS)를 창업했다.

라이노를 학습한 시간은 지금까지 약 10년쯤 됐다. 본격적으로 건축 프로젝트에 라이노를 활용하게 된 지는 약 5년이 흘렀다. 필자는 다양한 프로젝트를 하며 라이노와 그래스호퍼를 활용했다. 본 서적에서 다루고 있는 라이노 6.0은 건축설계의 중심에 있지 않다. 그렇다고 해서 반대로 '단순한 3D 모델링 툴'은 또 아니다. 라이노를 이용하면 곡면 모델링을 쉽게 할 수 있으며 다양한 디자인 대안을 빠르게 만들어낼 수 있다. 본 서적에서 많이 다루지는 않지만 그래스호퍼(라이노 6.0에 통합된 파라메트릭 솔루션)를 활용하면 새로운 디자인을 만들어내고, 환경을 시뮬레이션하고, 가치 평가가 반영된 최적화를 할 수 있다. 필자가 진행한 다양한 프로젝트에서 라이노와 그래스호퍼는 항상 좋은 솔루션이었다.

본 서적의 목표 대상은 건축계 종사자 중 '곡면 모델링'에 대한 확고한 개념을 알고 싶어하는 사용자들이다. 라이노를 아예 다루지 못하더라도 좋다. 라이노를 아예 처음 접하는 사용자를 위해 기본적인 설명부터 시작하기 때문이다. 약 250페이지 남짓의 '소책자'를 제작하려 했으나 라이노 6.0의 새로운 기능을 소개하고, 팁(Tip)을 끼워 넣는 등 최대한 많은 정보를 담으려다 보니 결국에는 400페이지가 넘는 두툼한 교재가 되었다. 적지 않은 분량이지만 누구든 본 서적을 갖고 제대로 학습한다면 무너지지 않는 모델링 기틀이 만들어질 것이라 확신한다.

저자 한기준

CONTENTS(차례)

CONTENTS(차례)

CONTENTS(차례)

라이노 6.0 시크릿노트

01

라이노를
시작하기에 앞서

SECTION 1

라이노를 시작하기에 앞서

3D 지오메트리(Geometry, 형상)를 표현하기 위한 소프트웨어(3D 모델러)는 형상 제작 방식에 따라 폴리곤 기반 모델러(Polygon Based Modeler)와 넙스 기반 모델러(Nurbs Based Modeler)로 나뉜다. 스케치업, 3ds Max, Rhino3d 등의 모델링 소프트웨어는 모두 이 두 가지 범주에 속한다. 두 분류체계의 특징과 장단점을 알아보자.

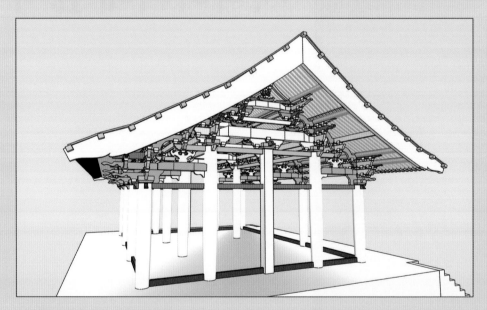

• 수덕사 대웅전 라이노 모델. 본 서적에서 대웅전 모델을 만들어 보지는 않는다.

1 폴리곤 기반 모델러

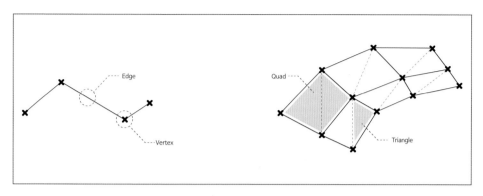

폴리곤 기반 모델러의 기본단위

폴리곤 기반 모델러의 기본단위는 폴리곤(Polygon)이다. 3개의 버텍스(Vertex)로 만들어진 삼각 폴리곤(3-sided polygon)이나 4개의 버텍스로 만들어진 사각 폴리곤(4-sided polygon)을 이어 붙여 3D 형상을 표현한다. 대표적인 폴리곤 모델러로 스케치업과 3ds Max를 꼽을 수 있다. 3ds Max로 모델링 작업을 하면 삼각이나 사각 폴리곤 형상이 보이기 때문에 3ds Max 사용자들은 잘 알고 있었을 것이다. 스케치업 또한 폴리곤들을 이어 붙여가며 형상을 만든다. 스케치업 모델링 작업을 하는 동안에는 폴리곤을 이루는 엣지(Edge)가 모두 보이지 않기 때문에 이해하기 힘들 것이다. 스케치업 모델을 라이노 등의 넙스 기반 모델러로 불러왔을 때에 마치 '깨진 듯한' 형상으로 엣지가 표현되는 것을 볼 수 있다. 사실 넙스 기반 모델러로 불러왔기 때문에 '깨진' 것이 아니라, 폴리곤 형상의 모든 엣지가 표현되기 때문에 그렇게 보이는 것이다.

❶ 폴리곤 기반 모델러의 장점

폴리곤 기반 모델러로 3D 모델링을 하면 마치 찰흙으로 조소작업을 하는 듯한 느낌을 받는다. 버텍스의 위치를 편집하면서 형상을 잡아가는 방식으로 작업을 하는데, 아무리 복잡한 형상이라도 직관적이고 쉽게 표현할 수 있다. 서브디비전 기능으로 면(Face) 수가 적은 로우폴리곤(Low Polygon)에서 면 수가 많은 하이폴리곤(High Polygon)으로 쉽게 설정을 바꿀 수 있는데, 이 기능을 모델링 작업에 적극적으로 사용하면 디테일의 정도에 따라 작업 프로세스를 최적화할 수 있다. 로우폴리곤 상태에서 전체 형상을 만들어내고, 서브디비전(Subdivision)으로 면 수를 늘려가며 디테일을 살려가는 방식으로 작업할 수 있다.

● TIP 서브디비전이란

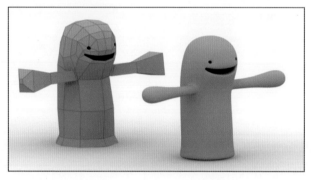

서브디비전으로 로우폴리곤을 하이폴리곤으로 변환 가능 / http://polygonblog.com/3d-monster/

3D 컴퓨터 그래픽 분야에서의 서브디비전은 특정 면들을 더욱 작은 단위로 나누는 것을 말한다.

---

❷ 폴리곤 기반 모델러의 단점

폴리곤 기반 모델러에서는 곡선을 표현하기 까다롭다. 폴리곤 기반 모델러는 버텍스와 엣지로 만들어진 폴리곤이 기본단위이기 때문에 곡선을 표현하기 위해서는 수많은 버텍스와 엣지가 사용되어야 한다. 보이기에만 곡선일 뿐, 일부를 확대해서 자세히 확인해 보면 짧은 직선(엣지)들이 모인 폴리라인일 뿐이다.

❸ 폴리곤 기반 모델러의 사용 분야

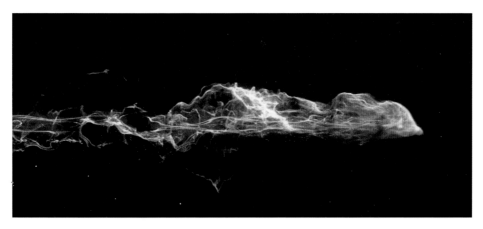

VFX에서 사용되는 효과는 폴리곤 모델러로 구현한다. / http://www.iamag.co/features/lucy-vfx-particles/

폴리곤 기반 모델러는 CG(Computer Graphic), 영화, 광고, 애니메이션, VFX(Visual FX) 등의 분야에서 많이 사용된다. 3D 형상이 '컴퓨터 밖으로 나오지 않는' 경우에 사용하는 것이라 생각하면 이해가 쉽다. 실제 100% 부드러운 곡면은 아니지만 렌더링(Rendering) 과 쉐이딩(Shading) 기술로 굉장히 부드러운 곡면으로 표현할 수 있기 때문에 3D 형상이 '컴퓨터 밖으로 나오지 않는' 범주에서만큼은 넙스 기반 모델러에 비해 '뾰족한 수'가 있는 셈이다.

2 넙스 기반 모델러

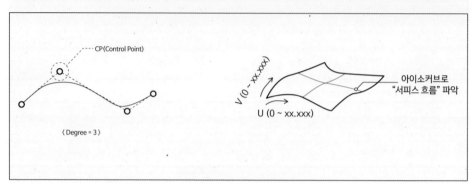

넙스 기반 모델러의 기본 단위

넙스 기반 모델러의 기본 단위는 CP(Control Point)와 차수(Degree)이다. 폴리곤 기반 모델러의 기본단위인 폴리곤을 이루는 버텍스와 엣지는 가시적으로 표현되는 요소들이기 때문에 이해하기 쉬우나, 넙스 기반 모델러의 기본 단위는 눈에 보이지 않아 이해하기 어렵다. 그 중 CP는 특정 명령어(Points On)를 이용해 육안으로 확인할 수 있으나, 특히 차수는 눈으로 볼 수도 없고 이해하기도 어렵다.

대표적인 넙스 기반 모델러인 라이노(Rhino3d)의 경우를 살펴보자. 라이노의 커브는 차수가 1이면 직선, 차수가 3이면 곡선이다. 물론 2, 4, 5, 6... 등의 차수도 있으나, 1이나 3이 아니고서는 인위적으로 설정을 조정해야 한다. 즉 라이노에서 직선을 만드는 명령어인 Line이나 Poly Line으로 제작한 커브의 차수는 1이며, 곡선을 만드는 명령어인 Curve로 제작한 커브의 차수는 3이다. 차수에 대한 심도 있는 내용은 추후에 더 자세히 다룰 예정이다.

곡선이나 곡면을 선택한 후에 Points On 명령을 입력하거나 F10 키를 누르면 CP를 확인할 수 있다. 처음과 끝에 위치한 CP를 제외하고 그 이외의 CP들은 모두 지오메트리와 떨어져 있는데, 이는 넙스 커브(Nurbs Curve)의 특징이다. CP의 수가 많을수록 굴곡지고 디테일한 형상을 표현할 수 있으나, 필요 이상의 CP는 오히려 우려한 형상을 만드는 데 방해가 된다.

넙스 기반 모델러에서 제작한 곡선은 넙스 커브(Nurbs Curve)라 하고, 곡면은 넙스 서피스(Nurbs Surface)라 한다. 넙스 커브는 1차원이며 넙스 서피스는 2차원이다. 편의상 넙스 커브는 '커브'로, 넙스 서피스는 '서피스'로 표기하도록 하겠다.

넙스 기반 모델러에서 제작한 커브는 차수가 1인 경우를 제외하고는 모두 곡선이다. 보이기에만 곡선인 것이 아니라 실제로 완벽하게 곡(曲)이 있는 곡선이다. 물론 이런 커브를 이용해 제작한 곡면 또한 유려하게 표현된다. 바로 이 점에서 폴리곤 기반 모델러와 차이가 생긴다.

❶ 넙스 기반 모델러의 장점

넙스 모델러로 디자인된 신발 밑 부분 / http://rangevision.com

넙스 기반 모델러인 라이노를 구성하는 코어(Core)에는 커브를 표현하는 함수식인 오픈넙스(Open Nurbs)가 있다. 오픈넙스 덕분에 폴리곤 기반 모델러에서는 표현할 수 없는 유려한 곡선을 쉽고 빠르게 만들 수 있다. 물론 라이노에서도 직선, 폴리라인, 메쉬(Mesh) 등의 지오메트리를 만들 수도 있다. 라이노에서 제작한 곡면을 스케치업 파일로 내보낸(Export) 후에 열어(Open) 본다면 서피스 사이에 '쪼개진' 엣지들을 볼 수 있다. 라이노 곡면 형상과 최대한 비슷해지려는 폴리곤 지오메트리기 때문에 폴리곤이 잘게 쪼개진 것이다. 스케치업에는 CP와 차수만 있으면 자동으로 연산을 해서 곡선과 곡면을 표현해 주는 오픈넙스가 없기 때문에 굳이 라이노의 서피스를 메쉬로 바꾸어야 스케치업으로 모델 데이터를 불러올 수 있다.

❷ 넙스 기반 모델러의 단점

넙스 기반 모델러에서는 지오메트리를 제작한 후에 형태를 수정하는 것은 수월하지 않다. 물론 수정할 부분의 디테일 정도나 부위에 따라서 다르겠지만 '형태 수정'에 있어서는 폴리곤 기반 모델러보다 불리한 것이 사실이다. 폴리곤 기반 모델러로 모델링하는 것이 찰흙으로 조소를 하는 것이라 비유한다면, 넙스 기반 모델러는 종이를 가위로 잘라 하나씩 붙이며 전체 형상을 만드는 것으로 비유할 수 있다. 3D 지오메트리를 만드는 데에 폴리곤 기반 모델러는 수많은 버텍스가 사용되는 데 반해 넙스 기반 모델러는 몇 개 안 되는 서피스가 사용된다. 라이노에서는 서피스 하나하나가 소중하다.

서피스를 이어 붙여가며 모델링하는 넙스 기반 모델러의 방식은 이러한 이유로 한계가 생긴다. 형태를 수정하는 과정이 폴리곤 기반 모델러에 비해 어렵고 복잡하다. 폴리곤 수를 제어하며 원하는 부분의 버텍스 위치를 조정하여 형태를 잡아가는 폴리곤 기반 모델러의 모델링 방식은 형태 변형에 영향을 받는 모든 서피스들의 형태를 다시 제작해야 하는 넙스 기반 모델러의 모델링 방식에 비해 작업이 용이하다.

❸ 넙스 기반 모델러의 사용 분야

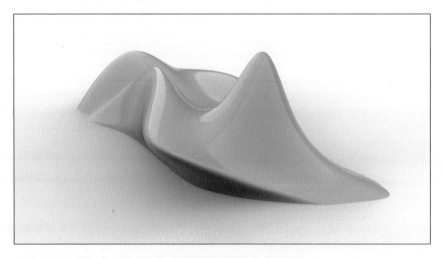

넙스 기반 모델러로 모델링된 곡면개체

폴리곤 기반 모델러가 '컴퓨터 밖으로 나오지 않는' 분야에서 주로 사용된다면, 넙스 기반 모델러는 '3D 형상이 컴퓨터 밖으로 나오는' 분야에서 많이 사용된다. 산업 디자인, 운송 디자인, 건축 등 실제로 제작되어 나오는 분야에서는 넙스 기반 모델러로 한 모델링이 필요하다. 넙스 기반 모델러는 3D 모델 데이터를 제작 도구에 필요한 데이터로 가공하기가 쉽다. 일례로 대량생산을 위해선 금형 작업이 필수인데, 금형 작업에 필요한 모델 데이터는 넙스(Nurbs)여야 한다.

SECTION 2
라이노와 친해지기

라이노 모델링 작업 효율을 높이는 원리 여섯 개를 소개한다. 단축 키 설정, 오스냅와 검볼 설정, 음영 뷰 화면 설정 방법을 알아본다. 절대공차(Absolute Tolerance)에 대한 개념 설명과 렌더링 없이 이미지를 만들어내는 방법도 학습한다.

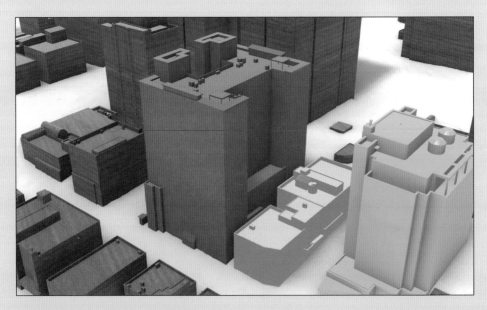

• 렌더링 뷰 화면을 고화질로 스크린 캡처할 수 있다.

대부분의 명령어가 표현된 라이노 툴바

라이노의 작업화면은 꽤나 귀여운 편이다. 그 어떤 모델링 소프트웨어보다 아이콘(Icon)이 귀엽게 표현되어 있다. 특히나 그래스호퍼(Grasshopper) 아이콘은 더 생동감 있게 표현되어 있다.

라이노 화면 좌측과 상단에 그림(아이콘)들로 표현된 곳을 툴바(Toolbar)라 한다. 툴바는 그림으로 표현된 명령어(Command) 집합이다. 아이콘들을 하나하나 모두 눌러보고 싶다면 하루 정도 시간을 내어 한 번씩 눌러보는 것을 추천한다. 앞으로 모델링 작업을 하면서 아이콘을 누르는 일은 거의 없을 테니 말이다. 툴바는 인테리어다. 단지 라이노 화면을 아름답게 구성하는 요소라고 생각하자. 명령을 아이콘 클릭(선택)으로 실행하지 않는 두 가지 이유가 있다.

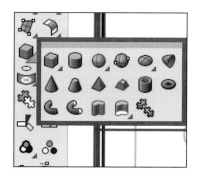

하위 툴바에 위치한 아이콘들

첫째, 아이콘이 많아 선택이 어렵다. 아이콘 중 우측 하단에 조그만 삼각형이 붙은 아이콘이 있는데, 여기에 '하위 툴바'가 있다. 이 아이콘을 길게 누르고 있으면 하위 툴바가 보인다. 라이노의 명령은 약 900개에 육박하므로 이 수많은 명령어들을 배치하기 위해서는 하위 툴바가 필수이다. 하지만 사실 이 중에서 건축 분야에 자주 사용되는 명령어는 90개가 채 되지 않는다. 라이노 전체 명령어의 10% 이하인 셈이다. 900개에 육박하는 아이콘 사이를 헤매며 명령어를 찾기보다, 필요한 명령어를 커맨드 라인(Command Line, 명령행)에 직접 입력하면 작업 효율이 상승한다.

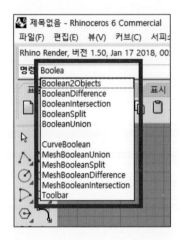

명령어 자동완성 기능이 있는 커맨드 라인

명령어 실행을 아이콘 클릭이 아니라 커맨드 라인에 직접 타이핑을 해야 하는 **두 번째 이유는, 명령어의 역할을 쉽게 기억하기 위해서다.** 물론 아이콘을 보고도 어떤 기능을 담당하는 명령어인지 쉽게 유추할 수 있다. 하지만 직접 명령어를 타이핑하면서 이해하는 것과는 이해도에서 차이가 난다. '차집합'을 예로 들어 보자. 차집합 아이콘은 솔리드 연산이라는 하위 툴바에 위치해 있다. 아이콘을 보더라도 '솔리드 끼리의 차집합 연산'임을 알 수 있다. 이는 명령어를 커맨드 라인에 직접 타이핑을 하면서 더욱 선명하게 학습할 수 있다. Boolean Difference를 커맨드 라인에 입력해 보자. 정확히 스펠링을 알고 있지 않아도 좋다. 라이노 커맨드 라인은, 자동완성 기능으로 명령어를 완성시켜 줄 뿐 아니라 관련 명령어들도 함께 보여준다.

위의 두 가지 이유로 명령어를 커맨드 라인에 타이핑을 해야 한다니, 오히려 작업 효율이 떨어지는 것이 아니냐며 걱정하는 사용자도 있을 것이다. 하위 툴바로 들어가더라도 차 집합 아이콘을 한 번 클릭하는 것이 'Boolean Difference'를 입력하는 것보다 빠를 거라 생각될 것이다. 하지만 전체 명령어를 타이핑 하지 않을 것이다. 자주 사용하는 명령어들 은 단축키(앨리어스, Aliases)로 만들면 된다.

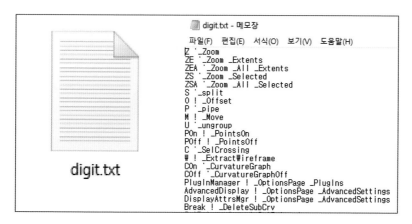

메모장 형태로 저장되는 라이노 단축키

[cafe.naver.com/digitarchi/87566]으로 접속하여 첨부되어 있는 메모장(digit.txt)을 다 운로드 받는다. 다운로드 받은 후에 열어보면 알겠지만, 이 메모장은 명령어 집합이 있는 데이터다. 주로 사용하는 명령어들이 단축키와 함께 적혀있는데, 예를 들어 Z는 Zoom, O는 Offset로 되어 있다. 이를 지금 라이노 단축키로 설정해 보자.

2   단축키 설정하기

라이노 단축키는 Options의 앨리어스에서 지정한다.

Options 명령으로 라이노 옵션을 실행한다. 옵션창이 나타난다. 좌측 메뉴는 문서 속성 (Document Properties)과 Rhino 옵션(Rhino Options)으로 구성되어 있다.

라이노 옵션은 문서 속성과 Rhino 옵션으로 나뉜다.

라이노 옵션은 두 가지로 구성된다.

문서 속성

- 해당 라이노 문서에 대한 속성.
- 문서를 새롭게 만들 때마다 세팅값을 설정해야 한다.

Rhino 옵션

- 라이노 프로그램 자체에 대한 속성.
- 한번 설정을 바꾸면 컴퓨터를 재부팅 하더라도 설정이 유지된다.

단축키는 Rhino 옵션의 앨리어스(Aliases)에서 설정한다. 앨리어스는 Rhino 옵션에 위치해 있기 때문에 라이노 파일을 매번 생성할 때마다 새롭게 지정해 줄 필요는 없다. 앨리어스를 선택하면, 우측에 기본 설정된 단축키들을 확인할 수 있다. 가져오기 버튼을 누른 후, 방금 다운로드 받은 메모장(digit.txt)을 불러온다. 기존에 있던 단축키 설정과 충돌되는 부분이 있음을 팝업창으로 알려준다. 모두 예(Yes to All) 버튼을 눌러 설정을 마무리한다.

> **⋯ TIP** 책에 있는 명령어 사용하는 방법
>
>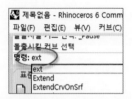
>
> 명령어를 입력하거나 단축키를 입력한다.
>
> 본 서적에 명령어는 영어로 기술했고, 괄호 안에는 단축키를 적었다. 명령행에 명령어를 띄어쓰기 없이 입력하거나, 괄호 안 단축키를 입력하고 Enter 를 누르면 명령어가 실행된다.
> 예를 들어 Extrude Crv(EXT)일 경우에, 명령행에 extrudecrv를 입력해도 되고 ext를 입력해도 된다.

3 작업 효율 300% 올려주는 세 가지 비법

❶ 뷰 세팅을 쉽고 빠르게

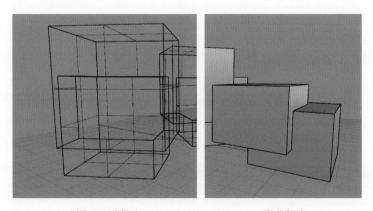

뒷쪽 오스탭 확인   형태 확인

와이어프레임 뷰와 음영 뷰

라이노는 렌더링 뷰, 테크니컬 뷰, 펜 뷰 등 다양한 뷰 세팅이 가능하다. 라이노 작업 대부분은 그 중 와이어프레임 뷰와 음영 뷰에서 이루어진다. 두 뷰 세팅은 서로 장단점이 확실하다. 뒤쪽 오스냅을 쉽게 잡아낼 수 있는 와이어프레임 뷰는 전체적인 지오메트리 형태 확인이 어렵다는 단점이 있다. 반대로 형태 확인이 쉬운 음영 뷰는 뒤쪽 오스냅이 잡히지 않는 단점이 있다.

●●● TIP 음영 뷰는 뒤쪽 오스냅이 잡히지 않는다?

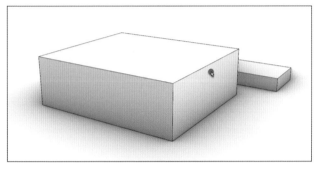

라이노 6.0 버전에서는 음영 뷰에서 뒷면에 감춰진 오스냅이 잡히지 않는다.

음영 뷰의 뒤쪽 오스냅이 잡히지 않는 것은 라이노 6.0 버전에서부터이다. 보이지 않는 뒤쪽 오스냅이 잡히지 않는 것은 단점이기도 하고 장점이기도 하다. 이는 논란의 여지가 있다.

WF와 SF 단축키로 쉽게 와이어프레임 뷰와 음영 뷰를 오갈 수 있다. 와이어프레임 뷰 세팅 명령어는 "'_SetDisplayMode _Viewport=_Active _Mode=_Wireframe"이며, 음영 뷰 세팅 명령어는 "'_SetDisplayMode _Viewport=_Active _Mode=_Shaded"이다. 디지트 단축키(digit.txt)에서는 이를 각각 WF와 SF로 지정했다. 이 두 명령어는 '다른 명령어가 실행 중일 때에도' 사용 가능하다. 라이노 작업 중에 언제든지 중간에 개입해 사용할 수 있다. Line, Box 등의 명령어로 지오메트리 제작 중에 WF와 SF를 사용해서 뷰 세팅을 바꿔보자.

❷ 개체확대는 ZS, 부분확대는 Z

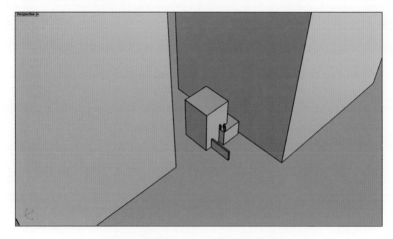

더 이상 마우스 휠로 줌이 안 되는 경우가 있다.

가끔 작업을 하다 보면 마우스 휠을 열심히 굴려도 확대되지 않는 경우가 있다. 반대로, 휠을 조금만 굴려도 민감하게 반응하여 작업 개체를 통과해서 확대되는 경우도 있다. 이럴 경우엔 작업 개체를 화면에 잡아내기 어렵다. 사용자가 원하는 화면을 잡는 데 어려움이 있다면, 이는 모델링 작업 효율이 떨어지는 결정적인 요인이 된다.

각 3D 모델링 소프트웨어마다 이에 대한 해결책이 있다. 라이노의 경우 해결책이 간단하다. '작업할 개체'를 선택한 후 ZS를 입력하면 된다. 선택한 개체를 확대해 주는 명령어, 줌 셀렉티드(Zoom Selected)의 단축키다. ZS는 digit.txt에서 설정한 단축키가 아니라 원래 라이노에서 기본 설정한 단축키다. Z는 줌(Zoom)의 단축키 인데 '작업할 부위'를 확대할 때 사용한다. Z를 입력한 후에 드래그(drag)로 작업할 부분을 선택하면 된다. ZS와 Z를 적절히 사용하면 사용자가 원하는 대로 작업 화면을 잡아낼 수 있기 때문에 작업 효율이 상승한다.

❸ 원점 부근 모델링

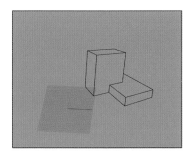 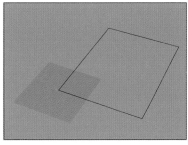

Make 2d, Create UV Crv 등의 명령은 원점 부근에 결과물이 출력된다.

특히 '건축 라이노 모델링'의 경우에 지켜야 할 사항이다. 건축은 밀리미터 단위로 큰 사이즈의 모델링을 하기 때문에 더욱 그렇다. 보통 지적도 파일을 가져온 후 그 위에 바로 모델링을 시작하는 경우가 많은데, 이는 좋은 모델링 습관은 아니다. 혹시 그런 방식으로 작업한 라이노 파일이 있다면 꼭 파일을 열어서 확인해 보기 바란다. 원점과 동떨어진 곳에 모델링이 있을 확률이 크다. Move(M) 명령을 이용해 원점 부근으로 작업모델을 이동하자. 화면 회전이나 명령어 실행이 좀 더 빨라짐을 느낄 수 있다.

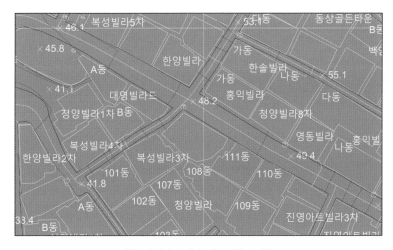

원점과 멀리 떨어져 있는 지적도 파일

지적도를 원점 부근에 위치시키지 않고 모델링 작업을 시작했다면, 자칫 '라이노가 무거운 프로그램이다'라고 오해할 수 있다. 라이노는 일반 노트북으로도 쉽게 모델링 가능한 프로그램인데도 말이다. 쾌적한 모델링 환경을 구축하기 위해 원점 부근에서 모델링을 해야 한다.

이 밖에 원점 부근에서 모델링을 해야 하는 또 다른 이유는 다이어그램 제작용 명령어인 Make 2d, 가전면의 전개도 작성 명령어인 Unroll Srf 등 원점에 결과물이 그려지는 명령어들 때문이다. 원점 부근에서 모델링을 한다면 Make 2d 등의 명령어 입력 이후 바로 결과물을 확인할 수 있다.

❶ 오스냅(Osnap) 설정

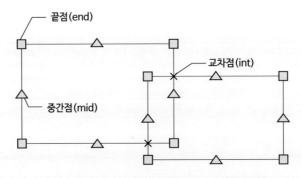

끝점(end)

교차점(int)

중간점(mid)

오스냅(Osnap)은 오브젝트 스냅(Object Snap)의 줄임말

라이노에서 스냅(Snap)은 그리드 스냅(Grid Snap)과 오브젝트 스냅(Object Snap)이 있다. 원점에 표시되는 격자를 그리드라 하는데, 그리드 스냅을 켜면 격자의 교차점에 포인트가 잡힌다. 격자 크기에 맞춰 모델링하는 경우는 거의 없으므로 그리드 스냅 옵션은 꺼놓는 것이 좋다. 그리드 스냅은 오히려 정확한 지오메트리를 모델링하는 데에 방해가 된다.

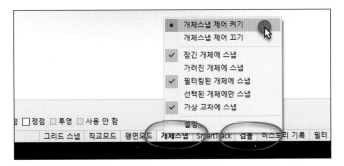
오브젝트 스냅은 3D 모델링을 하는 데 있어 필수적인 옵션이다. 오브젝트 스냅을 줄여서 오스냅이라 한다. 오스냅은 오브젝트를 구성하는 특정 부위에 잡히는 스냅을 뜻한다. 끝점(END), 근처점(NEAR), 중간점(MID) 등 개체를 기준으로 잡히는 스냅이다. 오스냅 설정은 라이노 화면 하단에서 할 수 있다. '개체스냅'을 클릭하면 굵은 글씨로 표시가 바뀐다. 좌측에 있는 '그리드 스냅' 옵션은 끄도록 하자.

키보드는 해당 키를 누르자마자 실행된다.

모델링 작업을 할 때 오스냅이 항상 사용되지는 않는다. AutoCad처럼 F3 키를 오스냅 전원으로 만들고 싶다면, Options의 키보드로 가서 F3 부분 텍스트를 〈'_disableosnap _toggle〉로 설정하면 된다.

'개체스냅'을 클릭했음에도 굵은 글씨로 표시되지 않는다면, 아직 아무런 오스냅 설정을 하지 않았기 때문이다. 바로 윗줄에 표현된 오스냅 중 주로 사용하는 오스냅들에 체크를 하자. 단, 지나치게 많은 오스냅 설정은 오히려 정확하고 빠른 모델링을 하는 데에 걸림돌이 되므로 필요한 것들만 켜도록 한다. 세 네 개 정도의 오스냅이 적당하다. 참고로 필자는 끝점, 중간점, 교차점, 수직점을 켜놓는다.

기존 오스냅 (예시)

☑끝점 ☑근처점 ☑점 ☑중간점 ☐중심점 ☐교차점 ☑수직점 ☐접점 ☐사분점 ☐매듭점 ☑정점 ☐투영 ☐사용 안 함

중심점 오스냅 우클릭

☐끝점 ☐근처점 ☐점 ☐중간점 ☑중심점 ☐교차점 ☐수직점 ☐접점 ☐사분점 ☐매듭점 ☐정점 ☐투영 ☐사용 안 함

오스냅 우클릭은 특정 오스냅만 사용할 때 사용

해당 오스냅을 제외한 나머지 오스냅 설정이 해제된다. 보통 중심점(CEN)이나 사분점(QUAD)을 잡아야 하는 특수한 경우에 사용한다. 단, 해당 오스냅을 사용하여 모델링 작업을 한 후에는 다시 우클릭으로 똑같은 설정을 눌러야 원래대로 돌아가니, 이 점을 유념하도록 하자.

❷ 검볼(Gumball) 설정

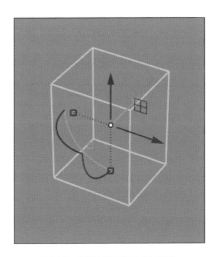

검볼은 개체를 선택해야만 보인다.

검볼은 개체스냅 설정 오른쪽에 있는 설정이다. 검볼은 설정을 켠다고 해서 라이노 화면에 당장 보이지 않는다. 개체를 선택해야만 검볼이 라이노 화면에 보인다. 검볼을 이용하면 선택된 개체에 세 가지 명령(이동, 회전, 크기조정)을 입력할 수 있다. 화살표 이동 (Move), 사분원 회전(Rotate), 사각형 크기조정(Scale 1d)의 기능을 갖고 있다. 각 부분을 마우스로 좌클릭한 후 값을 입력하여 명령을 실행할 수 있다. 클릭이 아니라 드래그를 해서도 명령을 실행할 수 있다. 검볼의 세 가지 기능 중 '이동'의 사용 빈도가 가장 높다.

검볼은 라이노 5.0에서 새롭게 추가된 기능이며 라이노 6.0에서 Gumball Auto Reset 기능으로 활용도가 더욱 올라갔다. Gumball Auto Reset은 검볼이 회전으로 돌아갔을 때에 자동으로 X, Y, Z축으로 검볼 방향을 맞춰 주는 기능으로 기본적으로 켜진 상태이다.

💬 **TIP** **F1** 키로 검볼 끄고 켜기

키:	명령 매크로:
F1	'_Gumball _t
F2	! _CommandHistory
F3	'_disableosnap _toggle
F4	
F5	
F6	! _Camera _Toggle
F7	noecho - _Grid _ShowGrid _ShowGridAxes _Enter
F8	'_Ortho
F9	'_Snap
F10	! _PointsOn

F1 키에 있던 Help는 지워도 좋다.

검볼은 개체 이동작업을 할 때 유용하다. 하지만 개체를 선택할 때마다 검볼이 보여 모델링 작업에 오히려 방해가 될 때가 있다. Options의 키보드로 가서, F1 부분 텍스트를 〈'_Gumball _t〉로 설정한 후 확인을 누른다. 이제 **F1** 키를 이용해 검볼을 쉽게 껐다 켤 수 있다.

Rhino

036　라이노 6.0 스크릿노트

❸ 스케치업 못지 않은 화면 세팅

기본 세팅 음영 뷰

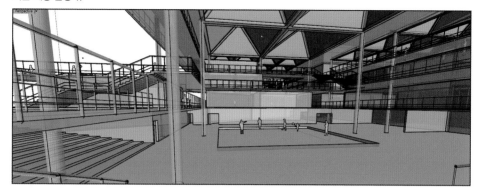

설정 변경 후 음영 뷰

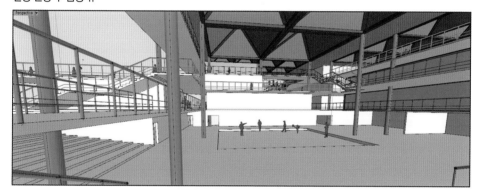

간단한 설정 변경으로 음영 뷰 세팅

라이노는 와이어프레임 뷰와 음영 뷰가 주로 사용된다. 기본 설정 음영 뷰는 스케치업 뷰 세팅에 비해 미려함이 떨어지는 것이 사실이다. 간단한 음영 뷰 설정 변경으로 스케치업 작업화면 못지 않은 화면을 만들 수 있다.

Options 명령으로 라이노 옵션창을 켠 후, 라이노 옵션에 위치한 디스플레이 모드로 들어가자. 음영 뷰 외에도 다양한 뷰 설정을 할 수 있는 곳이다. 음영(Shaded)을 선택하면 다음과 같은 설정창을 확인할 수 있다.

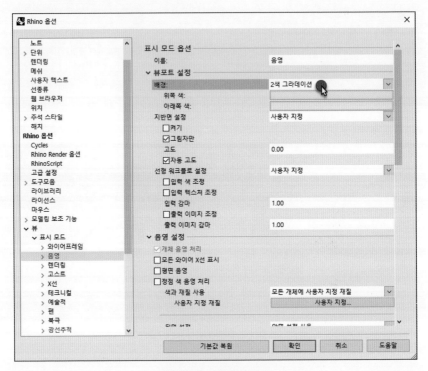

배경을 2색 그라데이션으로

상단에 위치한 배경을 2색 그라데이션으로 변경해 보자. 위쪽을 푸른 색으로, 아래쪽을 밝은 회색으로 설정하자. 혹시 필자와 완전히 동일한 색상으로 설정하고 싶다면 아래 색상 값을 참고하기 바란다. 색이 조금 다르다고 큰 일 나는 건 아니니 걱정하지 말자.

색상(H):	184	R:	214
채도(S):	41	G:	252
명도(V):	255	B:	255

위쪽 색

색상(H):	0	R:	242
채도(S):	0	G:	242
명도(V):	242	B:	242

아래쪽 색

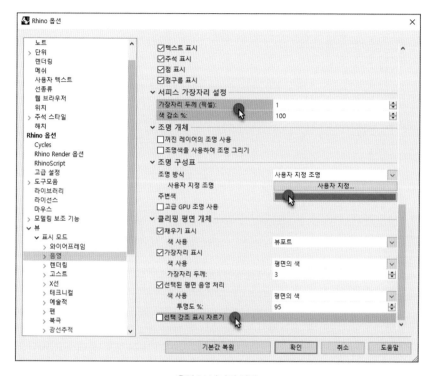

음영 뷰 나머지 설정

하단 설정에도 바꿀 부분이 있다. 서피스 가장자리 두께를 1픽셀로 변경하고, 색 감소는 100%로 설정한다. 조명 구성표의 주변 색을 어두운 회색으로 하려면 명도 125로 설정하면 적당하다. 마지막으로, 가장 하단에 위치한 '선택 강조 표시 자르기'를 선택해제하면 모든 설정이 끝난다.

음영 뷰 설정이 끝났다. 마치 단축키 설정을 내보내 듯 화면 세팅 값도 내보내기가 가능하다. 방금 설정한 음영 뷰 세팅을 내보내 보자.

표시모드 음영 선택 후 내보내기

단축키(앨리어스)를 내보내는 방법과 유사하다. 우측의 '표시 모드'를 선택하면 와이어프
레임, 음영을 비롯한 다양한 표시 모드가 표현된다. 여기서 음영을 선택하고 하단의 내보
내기를 누르면 된다. 특정 파일 포맷(.ini)으로 내보내진다. 만약 본 설정을 다른 컴퓨터에
그대로 적용하고 싶다면, 가져오기 버튼을 눌러 덮어쓰면 된다.

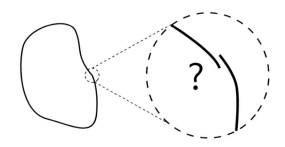

절대공차란 무엇일까?

절대공차는 Absolute Tolerance로도 잘 알려져 있다. AutoCad로 도면을 작성하거나 3D 모델러를 이용해 모델링을 하는 사용자라면 익숙한 용어일 것이다. '허용오차'라 생각하면 쉽다. 절대공차에 대해서 알아보기 전에 3D 모델링 소프트웨어 명령어 구분에 대해 알아보자.

모델링 소프트웨어 명령어는 크게 수치(Value) 기반 명령어와 관계(Relation) 기반 명령어로 나뉜다. 이 두 용어는 정확히 정의된 바가 없으나 이해를 돕기 위해 이름을 붙였다. 수치 기반 명령어는 값(Value)을 입력하거나 포인트 좌표(Point Coordinates)를 입력하거나 클릭하여 모델링하는 명령어다. 두 번 클릭으로 선을 그리는 Line, 포인트 위치 클릭으로 중심점을 설정하고 반지름을 입력해 구를 모델링하는 Sphere 등의 명령어가 대표적인 수치 기반 명령어이다. 수치 기반 명령어로 제작된 모델링은 정확하므로 '허용오차'가 개입할 부분이 없다. 즉, 수치 기반 명령어를 실행할 때에는 절대공차가 고려되지 않는다.

> **●●● TIP**   컴퓨터 계산에 오차가 있다?
>
> 물론 컴퓨터 자체의 한계로 100% 정확한 모델링이 제작되기는 힘들다. 이에 대한 오차는 굉장히 작아무시할 만하여 '정확한 모델링'이라 표현했다. 컴퓨터의 오차에 대해 좀 더 알고 싶다면 구글에 부동소수점(Float Number)을 검색해 보자.

'개체들 간의 관계'에 의해 형태가 만들어지는 관계 기반 명령어가 실행될 때엔 절대공차가 개입된다. 여러 커브가 이어지는 Join, 겹쳐진 두 개체를 정리하는 Trim, 심지어 중심 커브로부터 반경을 입력해 모델링되는 Pipe 등이 대표적인 관계 기반 명령어이다.

 TIP 관계 기반 명령어?

관계 기반 명령어로는 Join, Trim, Split, Section, Offset, Project 등이 있다.

닫힌 커브(Closed Crv) 같아 보이지만 아주 작은 틈이 있어서 해치(Hatch)가 적용되지 않는 경우, 마치 끝이 서로 맞닿아 있는 듯 한 두 개의 커브지만 아주 조금 떨어져 있어서 조인(Join)이 되지 않는 경우가 종종 있다. 이때 사용자는 각자 나름의 해결책이 있을 것이다. 어떻게든 뚫린(연결되지 않은) 곳을 찾아 메꾸거나 다시 커브를 그리는 방식으로 해결한다. 장담컨대 각 경우마다 해결하는 데에 1분 이상 작업 시간이 소요될 것이다. 작업을 하는 데 이런 경우가 자주 발생한다면 당연히 작업 능률도 떨어지고 모델링 하기도 싫어질 것이다. 놀랍게도 우리들을 괴롭혔던 이런 문제들은 절대공차로 쉽게 해결할 수 있다.

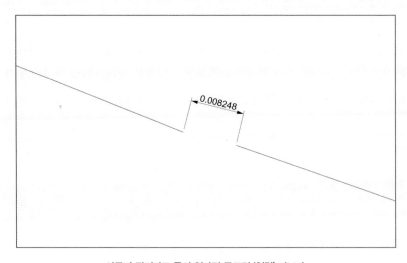

아무리 작더라도 틈이 있다면 무조건 '열린' 커브다.

해치를 적용하려던 커브에 다음과 같은 틈(간격)이 발견되었다. 이는 닫힌 커브일까, 열린 커브일까?

물론 간격이 있으므로 열린 커브다. 하지만 그 간격이 용인할만한 수준이라면 '닫힌 커브라 가정하고' 해치를 적용할 수 있다. 이때의 '용인할만한 수준'이 바로 '허용오차', 즉 절대공차다. 간격이 0.1이고 절대공차가 0.001이라면 용인할 수 없고, 간격이 0.01이더라도 절대공차가 0.1이라면 용인할 수 있다. 즉, '얼마나 간격이 있느냐'가 중요한 것이 아니라 '절대공차를 기준으로 간격이 무시할 만한 정도인가'가 중요하다.

라이노를 처음 실행하면, 작은 개체와 큰 개체로 나뉜 템플릿을 볼 수 있다. 그 둘의 결정적인 차이는 절대공차에 있다. 절대공차를 0.1이나 1 정도로 크게 설정한다고 해서 정확한 모델링에 문제가 생기지는 않는다. 수치 기반 명령어는 절대공차의 영향권 밖에 있기 때문이다. 절대공차가 크다면 오히려 구멍 난 곳을 찾아 메꾸는 작업을 하는 시간이 없어져 빠른 모델링이 가능하다.

> **●●● TIP**   절대공차 설정은 전략적으로
>
> 절대공차는 모델링하고자 하는 개체들 중 최소 사이즈를 생각해서 적용하면 된다. 예를 들어 모델링하는 부분 중 의자를 구성하는 파이프의 반지름이 3.5로 가장 작은 수치라면, 절대공차를 0.1로 설정하는 것이 합리적이다.

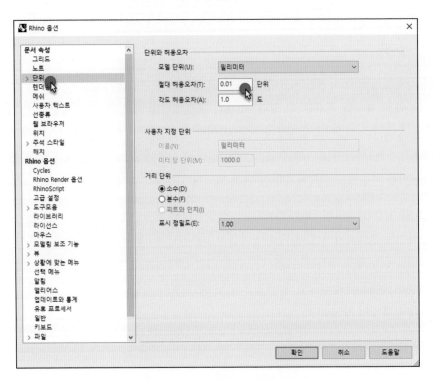

단위를 선택하면 절대공차를 변경할 수 있다.

Options 명령으로 옵션창을 띄운다. 절대공차는 문서 속성의 '단위(Units)'에서 설정할 수 있다. 절대공차는 라이노 문서를 새롭게 만들 때마다 새롭게 지정해 주어야 한다. 필자는 보통 라이노 파일을 새롭게 열 때 '템플릿 없음'을 선택한 후 절대공차를 0.1로 설정한다. 절대공차는 언제든 옵션창에서 변경할 수 있으니 값 설정 변경을 두려워하지 말자.

6 마감이 코 앞인 그대에게

크게 개선된 라이노 6.0 렌더링 뷰

라이노 5.0에서는 캡처해서 사용할만한 렌더링 뷰를 세팅하기 위해서 엄청난 노력과 시간이 소비되었다. 그렇기 때문에 렌더링 뷰 세팅이 아닌 음영 뷰 세팅을 스케치업 화면처럼 설정했던 것이다. 라이노 6.0에서는 이전 버전에 비해 괄목할만한 발전이 많다. 그 중 렌더링 뷰의 발전이 가장 큰 개선점이다. 기본 설정된 렌더링 뷰도 깔끔하고 사실적인 재질표

> **TIP**   라이노에서 가장 많이 사용하는 세 가지 뷰는?
>
> • 음영 뷰 명령어 단축키 = SF
> • 와이어프레임 뷰 명령어 단축키 = WF
> • 렌더링 뷰 명령어 단축키 = RF
>
> 위 세 개의 단축키는 손에 익도록 자주 타이핑하자.

현이 될 뿐 아니라 메탈, 나무, 프라스틱 등 다양하고 질 좋은 재료 라이브러리가 정리되어 있다. 이번 시간에는 라이노 작업화면을 캡처하여 사용하는 방법을 알아본다. 라이노 5.0 사용자는 '음영 뷰'를, 라이노 6.0 사용자는 '렌더링 뷰'를 기준으로 캡처를 준비하자.

❶ 쉽고 빠른 카메라 배치

라이노에서 장면(Scene)을 잡기 위한 카메라 배치는 어렵지 않다. 3ds Max처럼 카메라 개체를 생성하고 배치하는 방식이 아니라, 스케치업처럼 화면을 이동하면서 장면을 잡는 방식이기 때문이다. 우리가 보고 있는 Perspective 뷰는 사실 'Perspective' 딱지가 붙은 카메라가 보고 있는 장면이다.

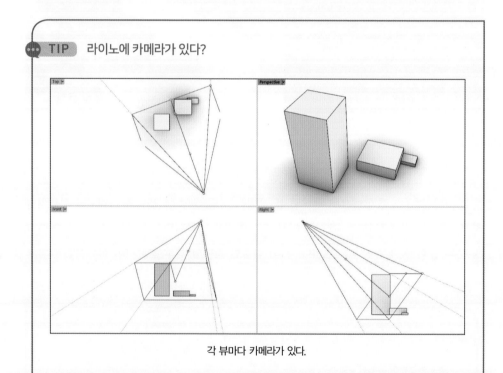

•••TIP 라이노에 카메라가 있다?

각 뷰마다 카메라가 있다.

작업 화면이 4분할인 상태에서 Perspective 창 부분을 한번 클릭하여 활성 뷰포트로 설정하고 **F6** 키를 누르자. 나머지 세 개 뷰에서 Perspectieve 카메라 존재를 확인할 수 있다. 다시 **F6** 키를 눌러 카메라 미리보기를 없앨 수 있다.

Named View(명명된 뷰) 창

Perspective라 적힌 부분을 더블클릭하여 창을 최대화하자. 큰 화면으로 봐야 장면 잡기가 용이하다. Named View 명령을 입력하면 '명명된 뷰' 옵션창이 나타난다. 원하는 장면을 카메라로 잡은 후(Perspective 화면을 이동하여) 저장을 해보겠다.

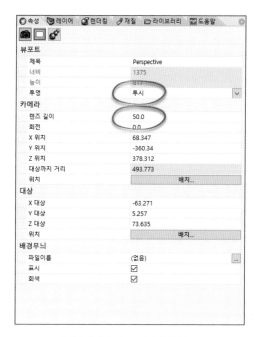

화면(카메라)은 속성 탭에서 설정한다.

라이노 화면 우측에 있는 속성 탭을 보자. 뷰포트의 투영은 평행, 투시, 2점투시 설정을 하는 곳이다. 카메라의 렌즈 길이는 mm 단위로 값을 조정할 수 있다. 이 두 부분을 조정하여 다양한 장면을 연출할 수 있다.

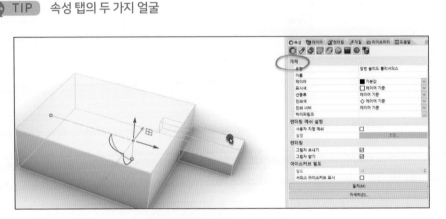

••• TIP 속성 탭의 두 가지 얼굴

개체를 선택하면 '개체 속성'이 보인다.

개체가 선택된 상태라면 개체 속성이 보인다. 개체가 선택되지 않은 상태라면 카메라 속성이 보인다.
투영과 렌즈 길이 등의 카메라 속성을 설정하려면 개체가 선택되지 않은 상태여야 한다.

투영을 투시로, 렌즈길이는 28로 설정한다. 화면이 약간 왜곡되어 넓어 보인다. 화면을 이동하여 뷰를 세팅한 후 명명된 뷰 창의 좌측 상단에 있는 디스켓 아이콘을 누른다. 뷰 이름을 입력하라는 옵션창이 나타나는데, 'View_1'이라 입력한다. 같은 방법으로 'View_2'와 'View_3'도 좋은 뷰를 잡아 저장하자.

서로 카메라 위치를 바꿔가며 세 뷰를 저장한다.

세 장면을 저장한 후, 명명된 뷰에서 각 장면을 더블클릭하면 해당 뷰로 순식간에 넘어
간다. 모델링이 단순하거나 자신이 직접 했던 모델링이라면 View_1, View_2, View_3의
위치 관계에 대해서 명확하게 인지하고 있을 것이다. 만약 명명된 뷰를 다른 사람에게 보
여줄 프레젠테이션 용도로 사용한다면, 순식간에 넘어가는 뷰로는 위치 관계를 설명하기
어렵다. 정면도에서 갑자기 측면도로 넘어갔는데, 좌측인지 우측인지 일일이 설명하면서
프레젠테이션할 것인가?

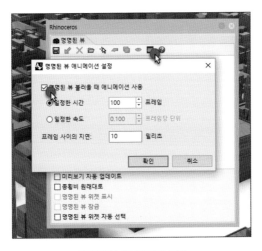

명명된 뷰 애니메이션 설정

명명된 뷰는 각 장면이 넘어 갈 때마다 이를 애니메이션으로 보여주는 기능이 있다. 필름 모양 아이콘을 클릭하면 '명명된 뷰 애니메이션 설정' 창이 나타난다. 가장 상단에 위치한 '명명된 뷰 불러올 때 애니메이션 사용' 부분을 체크하면 된다. 단 하나의 체크일 뿐인데 장면 간 이동 시 변환이 애니메이션으로 표현된다.

TIP 장면 간 이동에 연산이 오래 걸린다면?

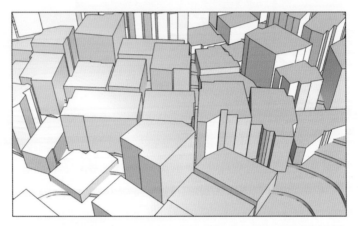

와이어프레임 뷰 연산과 음영 뷰 연산은 오랜 시간이 걸리지 않는다.

라이노 6.0의 렌더링 뷰로 설정된 상태에서는 장면 간 이동이 '애니메이션' 형태라면 로딩이 오래 걸릴 수 있다. 만약 장면 간 이동을 수월하게 렌더링하고 싶다면 음영 뷰(SF)로 설정하자.

❷ 렌더링 없이 이미지 뽑아내기

렌더링 뷰로 작업 중인 화면

프레젠테이션, 보고서 제작, 피피티 제작 등의 용도로 갑작스럽게 이미지를 만들어내야 할 때가 있다. 하지만 꼭 이럴 때에는 라이노 브이레이에 문제가 생기거나 설치되어 있지 않다. 이번에는 렌더러가 없더라도 고화질 이미지를 빠르고 쉽게 출력하는 방법을 알아 보겠다. 명명된 뷰 'View_1' 장면을 더블클릭하고 다음의 과정을 시작하자.

라이노 화면 캡처 명령어는 5.0 버전에도 있었다. 다만 6.0 버전에서 많이 개선되었을 뿐 이다. View Capture To File은 활성 뷰포트(지금은 View_1)를 캡처해 이미지 파일로 저 장하는 명령이다. 만약 이미지 파일로 저장하지 않고 곧바로 파워포인트나 워드, 카카오 톡으로 이미지를 Ctrl+V로 붙여 넣으려면 View Capture To Clipboard 명령을 입력하면 된다.

먼저 라이노 5.0을 기준으로 설명하겠다. 라이노 5.0에서는 활성뷰포트의 가로, 세로 픽 셀 사이즈 이상으로 이미지 저장이 되지 않는다. 즉, 작은 노트북으로 작업하는 사용자 와 큰 모니터로 작업하는 사용자가 캡처한 이미지 사이즈에 차이가 있다. 단, 작업화면보 다 더 큰 사이즈 이미지를 출력하는 방법이 있다. 명령어 앞에 대시(−)를 붙이면 사이즈 조정을 비롯한 각종 설정이 가능하다. −View Capture To File을 입력하면 커맨드라인에 각종 옵션이 표시되는데, 그 중 크기조정 옵션을 2로 설정하면 기존보다 두 배 높은 해상도 이미지를 출력할 수 있다.

라이노 6.0에서는 화면캡처가 더 쉽다. 대시를 명령어에 굳이 붙이지 않고도 각종 설정을 할 수 있기 때문이다. 뷰 캡처 명령을 입력하면 옵션창이 나타난다. 이미지 크기 조정은 물론이고 배경을 투명하게도 출력할 수가 있다. 게다가 렌더 뷰의 발전으로, 굳이 렌더링을 하지 않더라도 질 좋은 이미지를 쉽고 빠르게 출력할 수 있다.

❸ 클리핑 평면 제대로 활용하기

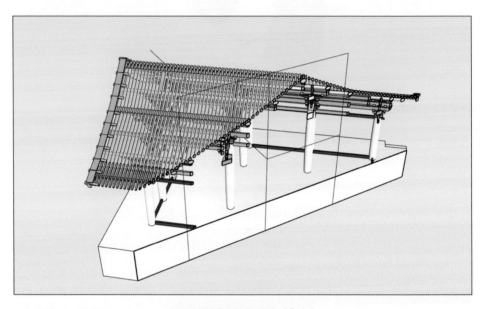

클리핑 평면은 필요할 때만 사용하자.

클리핑 평면(Clipping Plane)은 검볼과 함께 라이노 5.0 버전에 새롭게 생긴 기능이다. 클리핑 평면은 '절단 평면'이라고도 불린다. 특정 평면을 기준으로 개체들이 잘려 보이게 할때에 사용된다. 실제로 개체가 트림(Trim)되어 잘리는 것은 아니다. 마치 '잘린 것처럼' 보이게 한다. 단면을 잘라 화면을 캡처하거나 렌더링을 할 때에 클리핑 평면을 사용한다. 절단의 기준인 클리핑 평면은 일반 개체처럼 선택해 이동(Move)이나 회전(Rotate)을 할수도 있다.

클리핑 평면을 사용할 때에 주의할 점이 있다. 특정 개체만 선택하여 잘라낼 수 없다는 점이다. **전체 라이노 개체를 자르기 때문에 연산에 오랜 시간이 소요될 수 있다.**

> **TIP** 특정 개체만 선택해 잘라볼 수 없는 클리핑 평면
>
> 클리핑 평면으로 잘라낼 개체가 몇 개 되지 않거나 주변에 수많은 모델링이 있다면 자를 개체만 Export 하여 따로 라이노 파일을 제작하자. 만약 피치못할 사정으로 기존 모델링 파일에서 클리핑 평면 작업이 필요하다면, 작업 후 클리핑 평면을 삭제(Delete)하자. 클리핑 평면은 존재 자체로 컴퓨터 리소스를 많이 소비한다.

SECTION 3
라이노 알아가기

라이노 개체를 지오메트리(개체)와 기타 개체로 구분해 알아본다. 각 개체별 특징을 학습하고, 기타 개체를 일반 개체로 변환해 활용하는 방법도 알아본다.

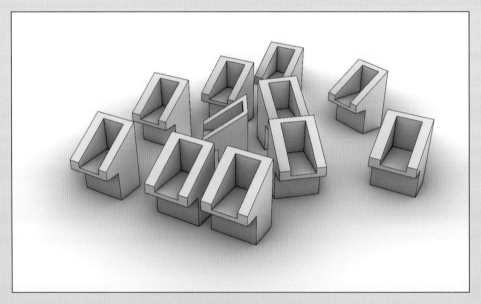

- 블록(Block)은 동시에 여러 개체를 편집하기에 용이하다.

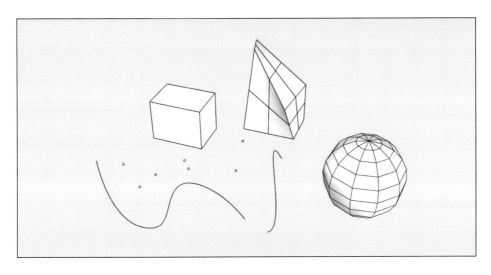

라이노의 다양한 지오메트리

지오메트리란 컴퓨터 상에서 표현되는 형상을 말한다. 포인트와 서피스, 커브들이 라이노의 지오메트리다. 라이노의 여섯 가지 지오메트리 분류를 알아보고 각각의 차이점과 특징을 명확히 기억하자.

> **··· TIP**   명령어에 이런 단어가 있다면
>
> 명령어 중에는 지오메트리 분류가 표현된 경우가 많다. 다음의 단어가 뜻하는 것이 무엇인지 기억하고 있다면 도움이 된다.
>
> | Closed | 닫힌 | | Crv | 커브 |
> | --- | --- | --- | --- | --- |
> | Open | 열린 | | Srf | 서피스 |
> | Pt | 포인트 | | | |

❶ 포인트

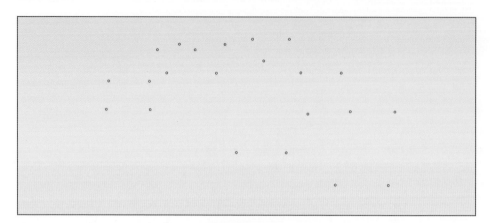

포인트 지오메트리

포인트는 Point나 Points, Divide 등의 명령어로 제작한다. 길이와 면적, 볼륨 등의 정보가 없으며 (x, y, z)의 형태로 표현되는 개체다. 폴리곤 기반 모델러의 기본 단위인 폴리곤의 버텍스는 특정 개체(폴리곤)에 귀속되지만, 라이노의 포인트는 개별로 존재한다. 물론 컨트롤 포인트는 특정 커브나 서피스에 귀속된다.

❷ 커브

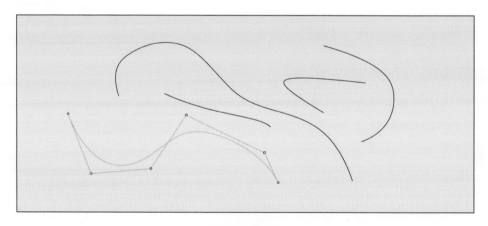

커브 지오메트리

Line, Polyline, Curve 등의 명령어로 커브를 제작한다. 폴리곤 기반 모델러에서는 넙스 커브(Nurbs Curve)를 구현할 수 없다. 하지만 반대로, 넙스 기반 모델러에서는 폴리라인(Polyline)을 그릴 수 있다. 즉, 라이노에서는 직선으로 표현되는 라인과 폴리라인은 물론이고 곡선 형태의 넙스 커브도 제작할 수 있다.

●●● TIP 평면형이 아닌 닫힌 커브의 면적 계산은?

Patch는 평면형 커브가 아니더라도 서피스가 만들어진다.

면적과 해치를 적용할 수 있는 닫힌 커브는 '평면형'일 때다. 평면형 닫힌 커브가 아니라면 면적을 구할 수도, 해치를 적용할 수도 없다. 만약 약간의 오차를 감안하더라도 평면형이 아닌 닫힌 커브의 면적을 구하고 싶다면 Patch로 서피스를 생성한 후에 그 서피스의 면적을 구하면 된다.

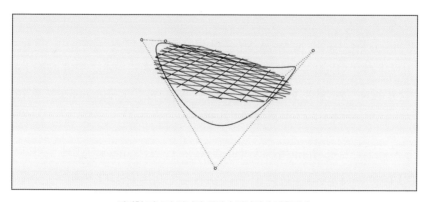

평면형 커브가 아니면 해치가 이상하게 적용된다.

라이노 커브는 닫힌 커브(Closed Crv)와 열린 커브(Open Crv)로 구분할 수 있다. 커브를 구성하는 컨트롤 포인트의 시작 점과 끝 점이 같으면 닫힌 커브, 그렇지 않으면 열린 커브다. 닫힌 커브는 면적(Area)도 계산할 수 있고 해치도 적용할 수 있다. 물론 열린 커브더라도 절대공차 기준으로 간격이 용인할 만하다면 Area나 Hatch 명령어 적용이 가능하다.

❸ 서피스

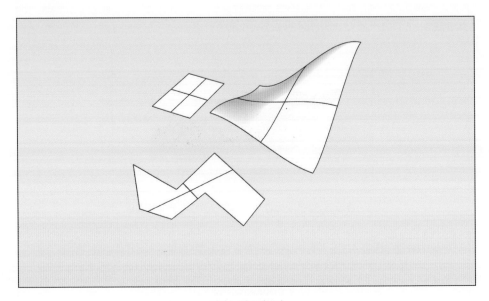

서피스 지오메트리

Plane, Planar Srf, Patch, Network Srf 등의 명령어로 서피스를 제작할 수 있다. 커브는 닫혀 있느냐 열려 있느냐의 구분이 중요하다. 서피스도 물론 닫히고 열린 기준이 있기 때문에 '닫힌 서피스'와 '열린 서피스'로 구분할 수 있다. 하지만 구(Sphere)를 제외한 모든 서피스는 열린 서피스이므로 구분의 의미가 없다.

라이노 서피스는 트림(Trim) 여부에 따라 트림된 서피스(Trimmed Srf)와 트림되지 않은 서피스(Untrimmed Srf)로 구분할 수 있다. 서피스의 아이소커브가 서피스의 끝에서 끝까지 길게 뻗어있으며 모든 서피스를 사각형으로 구분 짓고 있다면 트림되지 않은 서피스이다. 즉, 곡면이든 평면이든 사각형의 형태라면 트림되지 않은 서피스이다. 이때 서피스를 이루는 x 방향의 커브와 y 방향의 커브를 각각 u 커브와 v 커브라 한다. 재질을 입히기 위해서는 서피스의 흐름에 u, v 방향으로 재료를 배치한다. 이를 'uvw 맵핑'이라 한다.

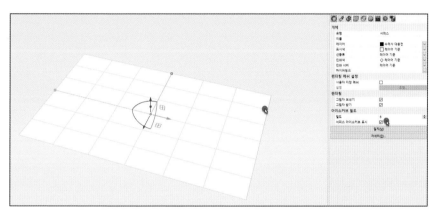

TIP 서피스 아이소커브를 확인하는 방법

서피스를 선택한 후 우측의 속성 탭(Properties)에서 아이소커브 미리보기를 체크한 후 적당한 값(3 또는 6)을 입력하면 육안으로 아이소커브를 확인할 수 있다. 평소에는 아이소커브를 안 보이게 설정해야 효율적인 모델링 작업을 할 수 있다.

서피스를 선택해야 속성 탭에서 아이소커브 설정을 할 수 있다.

다섯 개 이상의 엣지로 만들어진 서피스는 트림된 서피스이다. 즉, 사각형이 아닌 다각형을 표현하기 위해선 트림(Trim) 명령으로 서피스를 자르는 과정이 있어야 한다. 다각형 폴리라인을 제작하고 Planar Srf로 다각형 서피스를 만든 라이노 유저는 억울할 것이다. 평면형이 아닌 닫힌 커브에 Patch로 곡면 서피스를 만든 경우도 마찬가지다. 분명 트림(Trim) 명령을 사용하지도 않았는데 어째서 트림된 서피스로 구분될까? Points On 명령에 그 해답이 있다.

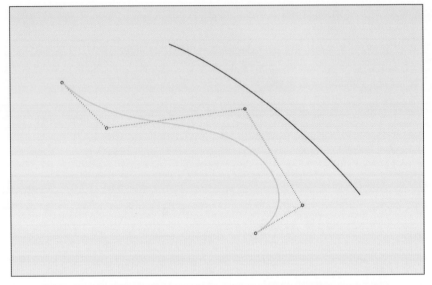
트림되지 않은 서피스의 경우엔 서피스 엣지 바깥 부분에도 컨트롤 포인트가 표현된다. Planar Srf로 다각형 서피스를 제작하든 Patch로 찌그러진 곡면을 제작하든 라이노는 내부적으로 두 번의 연산 과정을 거친다. 커다란 사각형 서피스를 만든 후, 사용자가 지정한 커브로 트림을 하는 두 가지 과정이 진행된다. 닫히지 않은 커브를 선택하고 Patch 명령을 입력하면 커브 형상에 맞지 않는 사각형 서피스가 제작된다. 두 번째 과정인 트림이 되지 않았기 때문이다.

즉, 어떤 과정으로 제작되었든 사각형 서피스가 아닐 경우는 모두 트림된 서피스이다. 믿지 못하겠다면 Untrim 명령으로 트림된 서피스의 엣지(Trimmed Edge)를 선택해 보자.

트림되기 전 서피스 형상으로 복원된다. Trimmed Edge에 원래 서피스 형상 정보를 담고 있기 때문이다.

❹ 폴리서피스

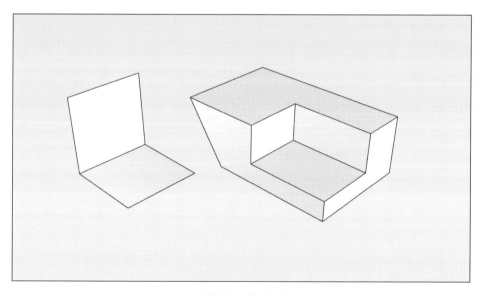

폴리서피스 지오메트리

폴리서피스는 2개 이상의 서피스가 엣지를 공유하며 붙어있는 개체를 말한다. 볼륨(Volume)을 계산할 수 있는지 여부에 따라 열린 폴리서피스와 닫힌 폴리서피스로 구분할 수 있다. 이때 볼륨을 계산할 수 있는 닫힌 폴리 서피스를 솔리드라 한다. 솔리드 간에는 합집합(Boolean Union), 차집합(Boolean Difference) 등의 솔리드 연산이 가능하다.

커브와 서피스는 Points On 명령으로 컨트롤 포인트 배치를 조정하며 형태를 잡아갈 수 있다. 아쉽게도 폴리서피스는 컨트롤 포인트가 없기 때문에 Points On 명령으로 형태를 조정할 수 없다. Solid Pt On 명령은 폴리서피스를 이루는 버텍스(컨트롤 포인트와 구분하기 위해서 '버텍스'라 표현했다)를 보이게 하는 명령이다. 폴리서피스는 여러 서피스로 구성되어 있다. 그리고 서피스 모서리 끝 부분마다 버텍스가 있다. 오스냅 중 끝점(END)이 잡히는 곳이다. 폴리서피스는 Solid Pt On으로 버텍스를 보이게 하고, 그 버텍스의 위치를 조정하며 형태를 수정할 수 있다.

폴리서피스의 형태를 수정하는 좀 더 고급스러운(?) 방법이 있다. 검볼(Gumball)의 이동(Move) 기능을 이용하면 된다. 검볼 옵션이 켜져 있어야 사용 가능한 방법이다. '컨쉬클'이라는 방법인데, 'Ctrl + Shift + Click'을 뜻한다. 폴리서피스의 엣지(Edge)나 페이스(Face; 폴리서피스의 서피스 부분을 페이스라 한다)를 Ctrl, Shift 키를 동시에 누른 채 클릭하면 선택된 엣지나 페이스 상에 검볼이 표현된다. 만약 선택되었다고 개체의 가장자리가 노랗게 표현되었음에도 검볼이 보이지 않는다면, 하단의 검볼 옵션이 꺼져 있는 것은 아닌지 확인하자. 라이노 화면에 표시된 검볼의 화살표 부분(Move)을 클릭한 후 이동시킬 거리 값을 입력하자. 물론 마우스 드래드(Drag)로 이동시켜도 좋다.

컨쉬클로 엣지나 페이스가 잘 선택되지 않는다면 라이노 명령어 Move Edge나 Move Face를 사용하자. 명령어를 사용할지, 검볼과 함께 컨쉬클을 사용할지는 취향 차이므로 쉽게 무엇이 더 좋다고 말하기 힘들다. 다만, 검볼을 잘 사용하지 않는 유저의 경우엔 Move Edge, Move Face 명령을 직접 입력하는 것이 더 좋다.

❺ 돌출(익스트루전)

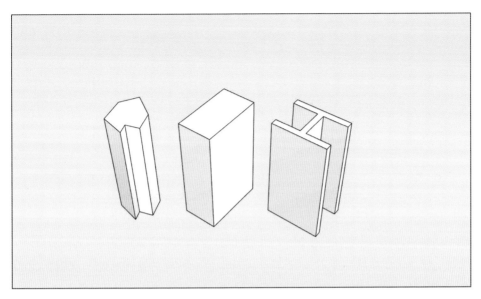

익스트루전 지오메트리

익스트루전은 라이노 5.0 버전 때 새롭게 만들어진 지오메트리 타입으로, '돌출'이라고 해석된다. 익스트루전은 평면형 커브가 한쪽 방향으로 돌출(Extrude)된 지오메트리를 말한다. C형강이나 H빔이 대표적인 익스트루전 형태다. 단면 형상 데이터에 특정 길이 벡터만 있으면 정의되므로 같은 형태 폴리서피스보다 모델링 용량이 가볍다.

커브를 돌출시키는 Extrude Crv(EXT) 명령으로 돌출시킨 지오메트리가 익스트루전이다. Extrude Crv(EXT)는 모델링 작업 시 자주 사용되는 명령어이다. 작업중인 모델의 많은 부분이 익스트루전일 수 있다. 모델링 용량이 가벼우니 활용도가 높을 것 같지만 사실 그렇지는 않다. 오히려 데이터 호환에 문제가 있을 수 있다. 지금은 개선되었지만, 한때 렌더링 프로그램 키샷(Keyshot)으로 라이노 모델링 데이터를 불러올 때 익스트루전 타입 지오메트리가 불러와지지 않는 문제가 이슈였다. 만약 익스트루전 때문에 모델링 데이터 호환에 문제가 생겼다면, 라이노 상의 모든 익스트루전을 폴리서피스로 바꾸면 된다. Sel Extrusion 명령으로 모든 익스트루전을 선택한 후 Convert Extrusion 명령을 실행하면 된다.

❻ 메쉬

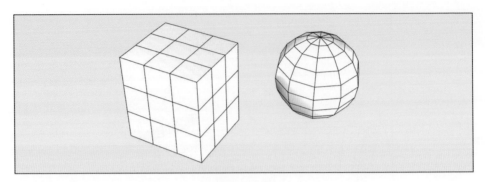

메쉬 지오메트리

라이노에서 메쉬를 제작하는 경우는 거의 없다. 보통 스케치업 모델을 라이노로 불러들일 때 메쉬로 불러오기 때문에 지오메트리의 마지막 분류로 '메쉬'를 선택했다. 메쉬는 그 많은 오스냅 중 유일하게 정점(Vertex)만 잡힌다. 라이노에서 메쉬는 사용자에게 해를 끼치진 않지만, 만약 메쉬 형태를 수정해야 한다고 하면 많은 문제를 일으킨다. 라이노에서는 절대 메쉬 형태를 수정하지 말자.

대신 좋은 정보 하나를 말하자면 다음과 같다. 라이노를 사용하지 않는 사람들은 보통 스케치업을 사용할 것이다. 또 스케치업 유저가 아니더라도 3D 웨어하우스(https://3dwarehouse.sketchup.com/)에서 모델링 데이터를 다운로드 받은 적은 있을 것이다.

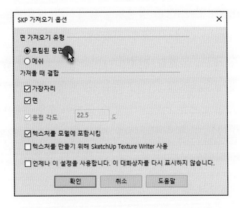

스케치업 파일을 열 때 '트림된 평면' 옵션을 선택해 보자.

이때 스케치업 모델링 파일을 라이노로 깔끔하게 불러오는 방법을 알려주려 한다. 라이노 5.0 버전은 8버전 이하의 스케치업 파일만 열 수 있다. 라이노 6.0 버전은 스케치업 2016 파일도 열 수 있다. 라이노에서 스케치업 파일을 열 때, 기본 설정된 값으로 열게 되면 사각 폴리곤으로 쪼개진 메쉬 데이터가 보인다. 설정을 단 하나만 바꾸면 스케치업 파일을 정돈된 폴리서피스 모델로 변환하여 열 수 있다.

스케치업 파일을 열 때 면 가져오기 유형을 '트림된 평면'으로 선택한다. 메쉬 데이터를 모두 트림된 서피스로 바꾸어 주는 설정이다. 물론 데이터 변환을 해야 하기 때문에 약간의 연산 시간이 필요하다. 정점(Vertex) 오스냅만 잡히던 메쉬 데이터가 아니라 라이노에서 흔히 모델링하던 폴리서피스 형태로 불러와진다면, 추가로 모델링 작업을 해야 한다 해도 부담이 없다.

2 기타 개체 분류

텍스트, 해치, 디멘전, 블록을 기타 개체로 분류했다. 앞서 살펴보았던 일반 지오메트리와는 다르게 추가 속성이 있는 개체들이다.

TIP 기타 개체를 폭파시키면?

기타 개체는 Explode(폭파)하면 갖고 있던 추가 속성을 잃고 일반 지오메트리로 변환됨.

분류	추가 속성	폭파 후 분류	디멘전	치수 정보	다양함
텍스트	폰트, 사이즈	닫힌 커브	블록	블록 정보	폴리서피스
해치	패턴, 배율	커브			

---

❶ 텍스트

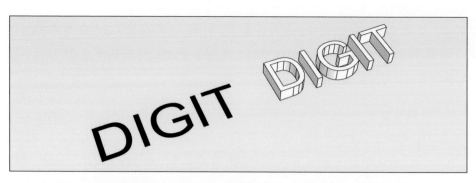

텍스트 개체는 Explode를 해야 돌출(Extrude Crv; EXT)시킬 수 있다.

텍스트는 Text 명령으로 제작된 개체다. Text 명령어 입력 후 글씨 제작할 곳을 지정하면 텍스트 설정창이 뜬다. 입력할 텍스트와 폰트, 사이즈 등을 입력한 후 확인버튼을 누르면 텍스트가 제작된다.

> 💬 **TIP**   라이노 6.0에서는 화면에 평행한 텍스트도 제작 가능.
>
> 텍스트 옵션창의 '뷰에 수평'을 체크하면 라이노 화면이 돌아가더라도 텍스트는 항상 정면에서 보이도록 배치된다.
>
>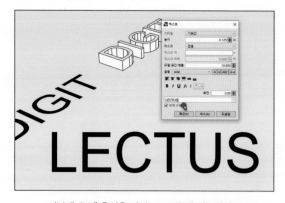
>
> '뷰에 수평' 옵션은 라이노 6.0의 새 기능이다.

제작된 텍스트를 선택한 후 우측 속성 탭을 확인하자. 일반 지오메트리 개체와는 달리 특수한 탭이 하나 있다.

기타 개체엔 특수 탭이 있다. 기타 개체를 Explode(X)하면 깨지는 부분이다.

텍스트는 이 특수 탭에서 폰트와 글씨 사이즈 등을 설정할 수 있다. 한번 제작한 텍스트는 Explode(X)로 폭파하지만 않는다면 특수 탭을 통해 언제든 다양한 설정을 적용할 수 있다.

텍스트는 보통 두께(Extrude)를 적용하기 위해 Explode(X)로 폭파한다. 폭파된 텍스트는 닫힌 커브(Closed Crv)로 변환되는데, 폭파 후에는 더 이상 폰트를 바꿀 수 없다. 글씨 사이즈는 Scale 명령으로 조정할 수 있지만, 폰트는 폭파 후 조정이 불가능하다. 그래서 반드시 수정하지 않을, 확정된 텍스트만 폭파시켜야 한다. 폭파되어 닫힌 커브로 변환된 개체들을 모두 선택한 후, Extrude Crv(EXT)를 하면 건축물 입면에 회사 이름이 적힌 간판을 만들 수 있다. 필자는 Text 명령을 시작으로 H빔 모델을 제작하기도 한다.

❷ 해치

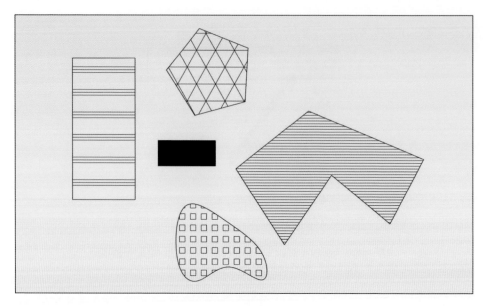

해치 개제

Hatch 명령으로 제작된 패턴을 해치라 한다. 해치는 보통 재료를 표현할 때 사용되는데, 라이노에서는 좀 더 다양한 방식으로 사용된다. 어떤 방식으로 응용되어 사용하는지는 해치 패턴을 제작한 후에 알아보자.

Hatch 명령은 '닫힌 평면형 커브'에 해치를 제작할 때 사용한다. 당장 라이노 화면에 마땅한 닫힌 평면형 커브가 없다면 Rectangle(REC) 명령으로 사각형을 하나 제작하자. Hatch 명령을 입력하고 닫힌 평면형 커브를 선택한 후 Enter 를 누르면 해치 패턴 설정창이 뜬다. 적용할 패턴을 선택한 후 적당히 배율을 조정하자. 만약 어떤 패턴이든 꽉 찬 솔리드처럼 표현된다면 배율이 충분히 높지 않다는 뜻이다. 설정이 끝났다면 확인 버튼을 눌러 해치를 제작하자.

해치도 속성에 특수 탭이 있다. 텍스트 특수 탭에는 폰트와 글씨 사이즈 등의 속성이 있었다. 해치의 특수 탭에는 패턴과 배율 등의 속성이 있다.

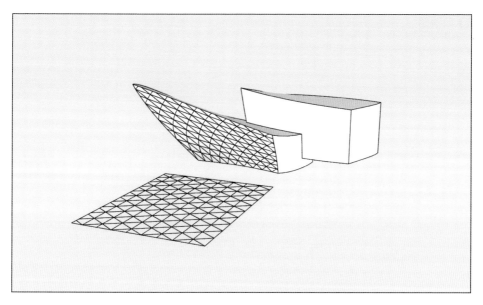

해치 패턴을 이용해서 간단하게 패널링을 해 볼 수 있다.

해치는 보통 패턴을 건축물 외벽에 적용하기 위해 Explode(X)한다. 폭파된 해치는 커브로 변환된다. 건축물 외벽면(서피스)에 특정 패턴을 빠르게 배치해 볼 때에 사용한다. 이에 대해서는 'Chapter4, 곡면 건축물 모델링 프로세스'에서 자세히 알아 볼 것이다.

●●● TIP　　더 많은 해치 패턴을 다운로드 받으려면?

McNeel Wiki에 가면 더욱 많은 라이노 해치 패턴을 다운로드 받을 수 있다. 다음의 과정을 따라오면 된다.

1. https://wiki.mcneel.com/ko/rhino/draftingpage에 접속한다.
2. Zip 파일을 다운로드 받는다. 설명 중 앞 부분에 있다.
3. 압축을 해체하고 hatchpatterns.txt 파일 이름을 hatchpatterns.pat로 바꾼다.
4. Options의 문서속성 중 해치를 선택한다.
5. 가져오기 버튼을 눌러 hatchpatterns.pat 파일을 가져온다.

❸ 디멘전

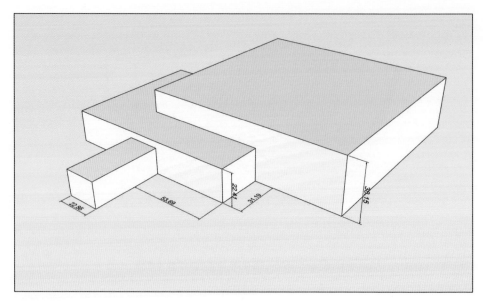

디멘전 개체

Dim, Dim Aligned, Dim Rotated 등의 명령어로 제작된 개체이다. 디멘전은 무조건 Dim Aligned로 제작할 것을 추천한다. Dim Aligned는 '정렬된 치수'라 한다. Dim Aligned를 입력한 후 두 지점을 차례대로 지정해주면 정렬된 치수가 만들어진다. 위(Top View)에서 보았을 때에 클릭한 두 점 사이의 간격 치수를 재는 데 수직 치수나 수평 치수에 비해 자유도가 높다.

> ⦁⦁⦁ **TIP**   높이(Height) 방향 치수를 입력하려면?
>
> 높이를 굳이 치수로 제작할 일은 거의 없다. 만약 X, Y 평면과 평행하지 않은 길이의 치수를 재야 할 때에는 Front 뷰나 Left 뷰 등에서 Dim Aligned로 치수를 기입하자.

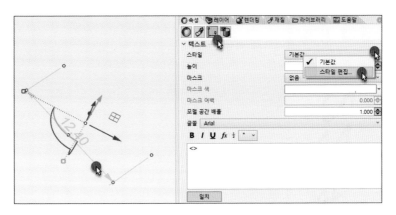

속성 탭에서도 치수 속성을 선택해야 한다.

디멘전도 물론 기타 개체이기 때문에 텍스트나 해치처럼 속성에 특수 탭이 있다. 제작된
디멘전을 선택한 후 특수 탭을 확인하자. 텍스트 스타일에 있는 스타일 편집을 클릭하자.
디멘전 설정을 조정하는 옵션창이 나타난다. Options 명령으로도 접근할 수 있는 경로다.

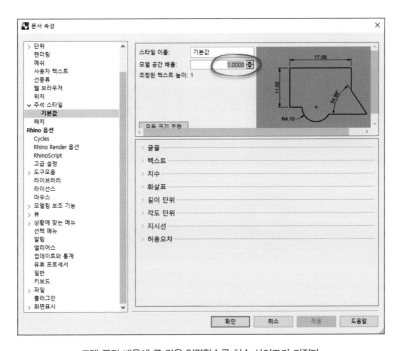

모델 공간 배율에 큰 값을 입력할수록 치수 사이즈가 커진다.

'모델 공간 배율'에 입력된 값을 조절하여 적당한 치수 사이즈로 조정하자. 기존에 제작되어 있었던 모든 치수에 일괄적으로 적용된다.

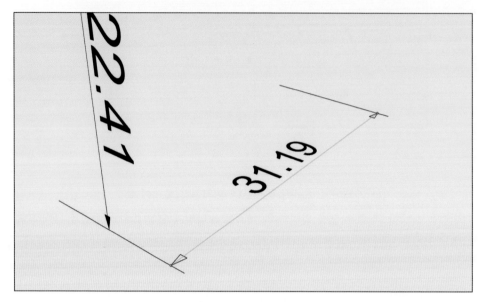

디멘전은 폭파하지 말자.

텍스트는 두께를 주기 위해, 해치는 패턴을 서피스 위에 입히기 위해 Explode(X)했다. 하지만 디멘전은 Explode(X)해서 좋을 것이 없다. 별다른 이유가 없다면 디멘전을 Explode(X)하지 말자.

❹ 블록

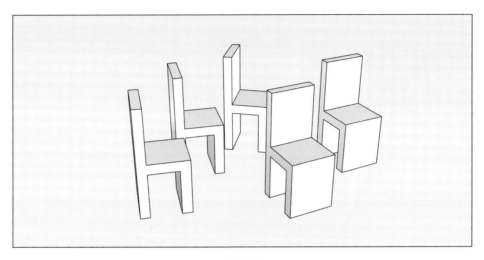

블록 개체

블록은 Block 명령으로 지정된 개체를 말한다. 스케치업 컴포넌트(Component)와 같은 개념으로, 반복되는 동일한 모델에 적용하면 좋다. 다음 과정을 따라가 보며 블록에 대한 개념을 익히자.

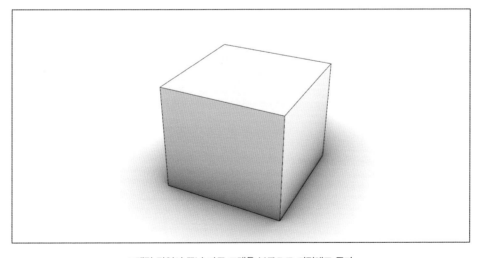

모델링 작업이 끝난 가구 모델을 블록으로 지정해도 좋다.

1. Box로 박스를 하나 제작한 후에 이를 블록으로 지정한다. Block 명령을 입력한 후 박스를 선택하고 **Enter** 를 누른다.

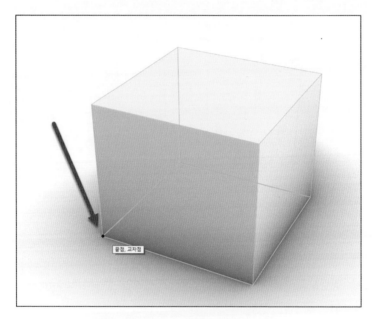

블록 기준점은 복사나 이동에 사용할 수 있다.

2. '블록 기준점'을 지정해야 한다. 박스의 한쪽 구석 끝점을 지정한다.

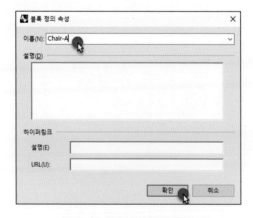

블록 이름과 설명을 적을 수 있다.

3. '블록 정의 속성' 옵션창이 나타난다. 이름에 'Chair-A'라 입력하고 확인을 누른다.

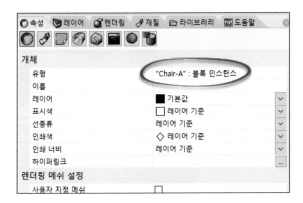

〈"블록_이름" : 블록 인스턴스〉로 표현된다.

4. 이제 이 박스는 블록이다. 선택한 후 속성 탭을 보면 개체 유형에 블록임이 표현된다.

개체 몇 개는 Rotate(RO) 명령으로 회전시켜 놓는다.

5. 블록이 된 박스를 Copy(C) 명령으로 약 10개 정도 복사하자. 원본을 포함하여 11개의 'Chair-A'블록이 생겼다. 이제 진짜 블록의 힘을 이용해 보자.

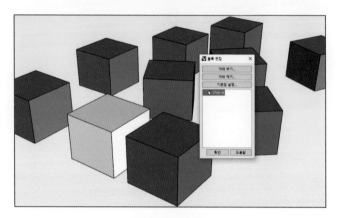

독립 모드로 들어오면 나머지 개체들은 선택이 안된다.

6. 11개의 블록 중 아무 것이나 하나를 더블클릭한다. '블록 편집' 옵션창이 나타난다. 선택된 개체를 제외하고는 모두 잠겨서 진한 회색으로 표현될 것이다. 해당 블록을 수정할 수 있는 독립 모드로 들어온 것이다.

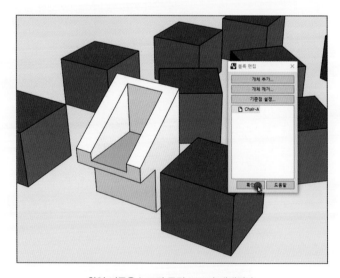

확인 버튼을 누르면 독립 모드가 해제된다.

7. 컨쉬클이나 Move Edge를 이용해서 박스 형태를 변형시키자. 합집합이나 차집합 등 솔리드 연산을 사용해도 좋다. 형태 편집이 끝났다면, '블록 편집' 창의 확인을 눌러 독립모드를 빠져나온다.

블록은 서로 연결, 연동되는 개체이다.

8. 11개의 블록들이 모두 수정한 형태로 바뀌었다.

블록은 같은 형태, 같은 개수의 폴리서피스보다 용량이 적다. 용량이 적어 모델링 작업이 쾌적할 뿐 아니라 형태를 일괄적으로 바꿀 수 있기 때문에 의자나 테이블 등 반복되는 모델이 많은 경우에 사용하면 좋다.

💬 TIP   스케치업에서의 블록도 사용 가능할까?

라이노에서 스케치업 모델링을 불러왔는데 그 중 블록이 있다면 방금 배운 내용을 그대로 적용해서 사용할 수 있다.

라이노 학습 200% 효과보기

지금부터 알려주는 두 가지 방법은 이 책에서 가장 중요한 부분이다. 다른 모델링 소프트웨어 숙련도에 관계 없이 모두에게 공통적으로 도움이 되는 두 가지 비법을 알려주겠다. 이 두 가지 비법을 무시하고 라이노 모델링을 진행한다면 일정 수준 이상의 작업은 힘들 것이다. 반대로, 이 두 가지만 잘 지킨다면 아주 쉽게 수준급 라이노 모델링을 할 수 있게 될 것이다.

명령행(Command Line)이라는 말이 어색하다면 '커맨드 라인'이라 해석해도 좋다. 모든 라이노 명령(Command)은 아이콘 클릭이 아니라 명령행에 명령어를 입력하여 실행한다. 또 '자동완성' 기능이 있다고 가볍게 언급하고 넘어갔다. 사실 명령행에는 큰 가치가 있다. 명령행은 사용자가 라이노에 명령을 내리는 부분이기도 하지만, 반대로 라이노가 사용자에게 응답을 하는 부분이기도 하다. 다음은 Scale 1d(SC) 명령을 입력하고 개체 선택을 한 후의 명령행의 상태다.

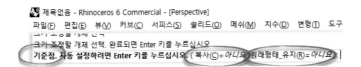

명령행은 라이노와 이야기할 수 있는 소통의 창구다.

라이노가 사용자에게 '기준점'을 설정하라고 응답하고 있다. 복사는 할 것인지, 원래 형태는 유지할 것인지도 물어본다. 이번에는 닫힌 평면형 커브를 선택해 Extrude Crv(EXT) 명령을 입력해 보겠다.

명령행을 통해 다양한 옵션을 설정할 수 있다.

Extrude Crv(EXT) 명령은 사용자에게 더 많은 말을 한다. 돌출 거리는 몇으로 설정할 것인지, 방향은 어디로 설정할 것인지, 양쪽으로 돌출하는 것인지, 솔리드로 만들 것인지 등, 명령행을 항상 확인하면서 모델링하는 습관을 들이자. 라이노 명령어 하나하나는 많은 옵션을 설정할 수 있다.

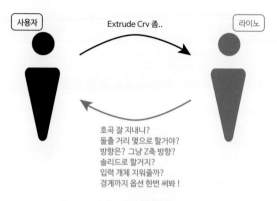

라이노는 수다스럽지만 훌륭한 조력자다.

엑셀에 있던 도움말 강아지를 기억하는가? 재롱이라는 이름도 있다. 다양한 모션(애니메이션)이 적용된 캐릭터였다.

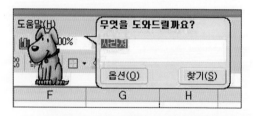

엑셀에 있는 강아지. 이름은 '재롱이'다.

프로그램을 접하는 사용자 대부분은 도움말을 무시한다. 도움이 안 되기 때문이다. 필자도 재롱이 모션 몇 개는 기억하지만, 이 녀석에게 도움을 받은 기억은 없다. 프로그램을 개발하고 판매하는 입장에서 도움말은 중요하다. 프로그램에 있는 도움말이 얼마나 사용자에게 안내를 잘 해 주느냐가 프로그램의 성패를 결정하기도 한다. 라이노는 도움말 수준에 있어선 최고의 프로그램이라 말할 수 있다.

자동 업데이트를 체크하면 명령어를 입력할 때마다 안내를 해준다.

도움말 탭은 속성 탭과 같은 패널에 위치해 있다. 만약 도움말 탭이 보이지 않는다면 명령행에 Command Help를 입력하자. 수많은 라이노 명령어들에 대한 자세한 소개가 도움말 탭에 이미지와 동영상으로 안내된다. 자동 업데이트를 체크하고, Orient 3pt(O3)를 명령행에 입력해 보자.

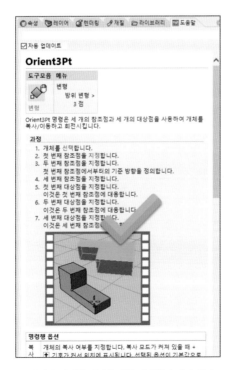

명령행에 입력한 명령에 대한 자세한 소개가 있다.

그렇게 이해하기 힘들었던 Orient 3pt(O3) 명령도 동영상과 상세한 설명이 있으니 이해가 쉽게 된다. 자세한 명령어 사용법을 알고 싶다면 도움말 탭을 읽어가며 학습해도 충분하다.

본 서적은 명령어 하나하나에 대한 아주 자세한 설명을 하지 않는다. 약간은 불친절하게 넘어가는 부분도 있다. 필자는 건축 모델링을 하려는 라이노 사용자에게 파빌리온과 건축물을 모델링하는 과정을 소개하고 싶어서 이 책을 쓰게 되었다. 그래서 명령어 조합으로 만들어지는 형태(3D 지오메트리)를 구축하는 과정에 초점을 맞추었다. 이 책을 공부해 나가면서 프로그램 개념이나 건축 모델링 과정이 이해되지 않는다면 필자의 잘못이다. 다만, 명령어 하나하나에 대한 상세한 설명이 궁금한 독자는 도움말 탭을 참고하기 바란다.

··· TIP   도움말 탭 완전정복

특정 명령어에 대해서 자세히 학습하고 싶다면 도움말 탭으로 독학할 수도 있다.
아래는 도움말 탭으로 학습하려는 분들을 위한 가이드다.

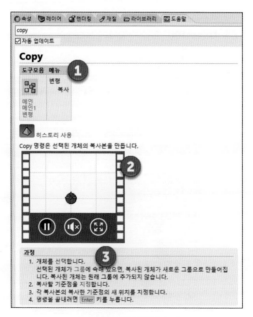

도움말 탭 상단 부분

#1. 명령어 아이콘(그림)과 해당 명령어가 있는 툴바 위치. Copy(C) 명령은 메인, 메인1과 변형까지 총 세 개의 툴바(Tool bar)에 존재한다.

#2. 명령어 사용 예시가 동영상으로 표현된다.

#3. 명령어 사용 방법을 하나씩 순서대로 알려준다.

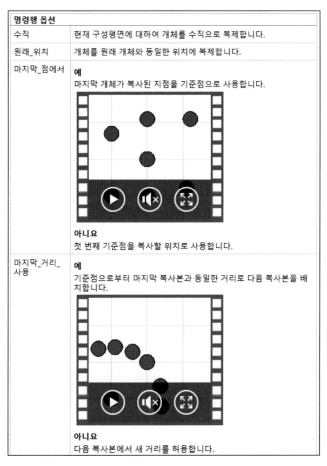

명령행 옵션	
수직	현재 구성평면에 대하여 개체를 수직으로 복제합니다.
원래_위치	개체를 원래 개체와 동일한 위치에 복제합니다.
마지막_점에서	**예** 마지막 개체가 복사된 지점을 기준점으로 사용합니다. **아니요** 첫 번째 기준점을 복사할 위치로 사용합니다.
마지막_거리_ 사용	**예** 기준점으로부터 마지막 복사본과 동일한 거리로 다음 복사본을 배치합니다. **아니요** 다음 복사본에서 새 거리를 허용합니다.

도움말 탭 하단 부분

쉽게 넘어갈 수 있는 부분이다. 도움말 탭 하단 부분은 명령이 갖고 있는 다양한 옵션 사용방법을 알려준다.

라이노 6.0 시크릿노트

건축 라이노
모델링 원리

SECTION 1

모델링 준비작업

건축 도면(DWG나 DXF)을 라이노로 불러온 후 해야 하는 작업에 대해 알아본다. 블록 인스턴스를
폭파하고 바닥에 배치하는 방법, 레이어 생성 및 설정 방법, 3D 공간에 도면을 배치하는 방법을 학
습한다.

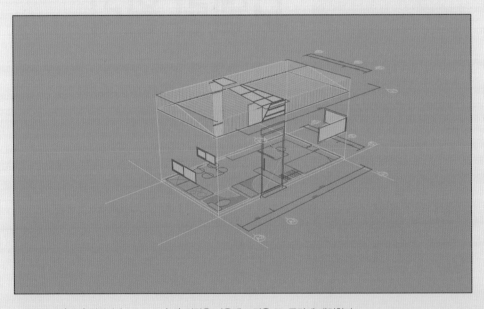

* Rotate 3d(RO3) 명령이나 Orient 3pt(O3) 명령을 이용해 도면을 3D 공간에 배치한다.

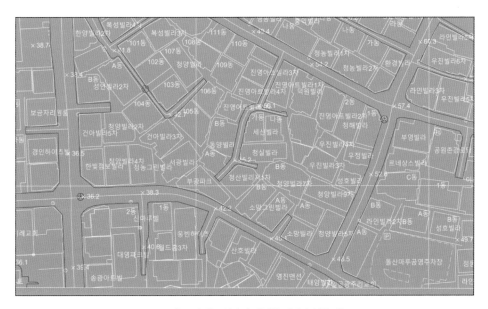

2D 도면(.dwg)에는 얼마나 다양한 개체가 있을까?

Sel Block Instance	블록 모두 선택	Set Pt	개체 바닥배치(Z 체크)
Explode(X)	폭파	바닥(World XY) 선택	이 바닥의 Z값(0)으로.
Ctrl + A	모든 개체 선택		

오토캐드(AutoCad) 도면을 라이노로 불러오면서 모델링 작업은 시작된다. 도면을 불러
온 후 해야 하는 두 가지 작업이 있다. 블록 인스턴스를 폭파해 일반 개체로 만들고, 전체
개체를 바닥(World XY)에 배치하는 작업이다. 이는 쾌적한 3D 모델링 작업환경을 만들
기 위해서다. 두 작업에 사용되는 명령어는 총 세 가지(Sel Block Instance, Explode(X),
Set Pt)이며, 두 작업을 하는 데는 10초가 채 걸리지 않는다.

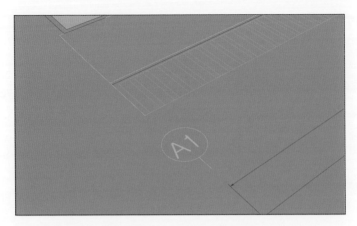

도면에 있는 블록 인스턴스는 3D 모델링 작업에 도움이 되지 않는다.

❶ 블록 인스턴스 폭파

복사된 블록(Block)들을 통틀어 '블록 인스턴스'라 한다. 블록은 동시에 여러 개체를 편집할 수 있다. 하지만 도면을 작성한 후, 이를 그대로 3D 모델링해야 하는 단계에서는 블록을 이용한 도면 변경이 없다. 즉, 이 단계에서는 '2D 블록'의 '일괄 수정' 기능이 필요 없다.

1. Sel Block Instance로 도면 내 모든 블록 인스턴스를 선택한다.
2. Explode(X)로 폭파하여 일반 지오메트리로 변환시킨다.

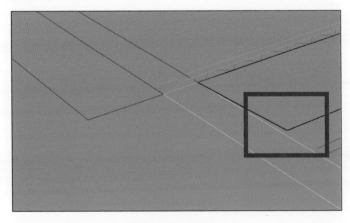

모든 개체 바닥에 배치

❷ 모든 도면 구성요소 바닥 배치

간혹 커브 몇 개가 수직 방향(Z)으로 떠 있어 트림(Trim)이 안 되는 경우가 있다. 트림이 안 되어 도면 작업에 오랜 시간이 걸린 적이 있을 것이다. Set Pt로 모든 개체를 바닥에 배치하면, 2D 작업(Trim, Split 등)을 하는 데 문제가 없다.

Z에만 체크

1. **Ctrl** + **A** 키를 눌러 화면 상의 모든 라이노 개체(도면 요소)를 선택한 후 Set Pt 명령을 입력한다.
2. 점 설정 옵션창이 나타난다. Z 설정에만 체크하고 확인을 누른다.
3. 점 위치를 설정해야 한다. 바닥(World XY)을 클릭한다. 클릭한 곳(바닥)의 Z값만 선택한 개체에 적용한다. 즉, 모든 개체가 바닥에 배치된다.

•••TIP 속성별 개체 선택 명령어

01	블록 인스턴스	Sel Block Instance	→	폭파(Explode)
02	커브	Sel Crv	→	결합(Join)
03	열린 커브	Sel Open Crv	→	삭제(Delete)
04	닫힌 커브	Sel Closed Crv	→	돌출(Extrude Crv)
05	서피스	Sel Srf	→	인버트 하이드(HH)
06	포인트	Sel Pt	→	삭제(Delete)

블록 인스턴스, 커브, 서피스 등 개체 속성별로 선택을 하는 유용한 명령어들을 소개한다. 각 속성별 개체를 선택한 후에 주로 연이어 입력하는 명령어도 함께 소개한다.

10초도 안 되는 사이 도면 세팅을 마쳤다. 3D 모델링을 위한 세 가지 준비작업이 있다. 노란색 개체를 검정색 개체로 표시되도록 하는 작업과 레이어를 생성 및 설정하는 작업이다.

① 색상 설정

Sel Color	특정 색깔 개체만 선택
Select	노란색 개체 선택
속성 탭	개체 표시색을 검정색으로 변경

라이노는 개체를 선택하면 엣지 부분이 노란색으로 표현된다. 오토캐드에서 작성한 도면이라면 가장 굵은 내력벽이나 기둥이 노란색으로 표현되어 있을 것이다. 라이노에서는 '선택된 개체'인지, '원래 개체가 노란색'인지 구분하기가 쉽지 않다. 노란색 개체들을 모두 선택한 후 표시색을 검정색으로 바꾸어야 한다.

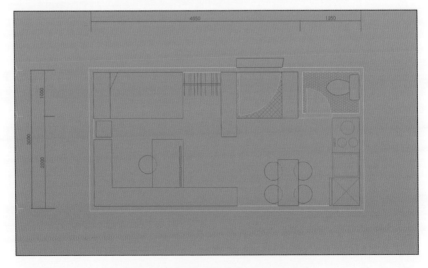

노란색 커브는 개체 선택 여부를 판단하기 어렵다.

1. Sel Color는 특정 색상 개체만 선택하는 명령어이다. Sel Color 입력 후 노란색으로 표시되는 개체를 하나 선택한다.

2. **Enter** 를 누르면 라이노 화면 상의 노란색 개체들이 모두 선택된다. 선택이 유지된 상태로 우측 속성 탭에서 개체 표시색을 '검정색'으로 변경한다.

3. **ESC** 키를 눌러 선택을 해제한다. 노란색으로 표현되었던 개체들이 검정색으로 표현된다.

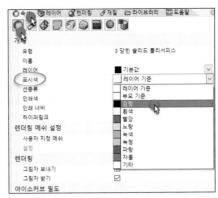

'개체 표시색'을 검정색으로 설정한다.

❷ 레이어 정리 및 생성

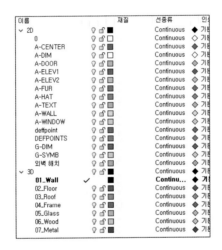

레이어 정리가 3D 모델링 작업의 시작

레이어 탭	2D 레이어 생성
기존 레이어 담기	2D 레이어에 기존 레이어들 넣기
레이어 탭	3D 레이어 생성
새로운 레이어 생성	이름 규칙에 맞게 3D 레이어의 하위 레이어 생성

1. 레이어는 2D와 3D로 나누어 구분한다. 기존 도면은 2D 레이어의 하위 레이어로, 모델링 개체가 설정될 레이어는 3D 레이어의 하위 레이어로 만든다. 레이어는 색상과 재질 설정이 중요하다.

2. 오토캐드 도면 레이어가 그대로 표현되 있다. 수많은 레이어가 정렬되어 있다. 3D 모델링을 하기 위해서는 레이어 정리가 선행되어야 한다.

3. '2D' 레이어를 생성해서 기존의 오토캐드 도면 레이어들을 2D 레이어의 하위 레이어로 위치시킨다. 기존 도면 레이어들을 모두 선택해 2D 레이어로 드래그하면 된다. 2D 레이어에서는 더 이상 개체를 생성하지 않을 것이다. 3D 모델링을 위한 레이어는 따로 제작한다.

4. '3D' 레이어를 생성한다.

5. 3D 레이어의 하위 레이어에 3D 모델링을 위한 레이어를 생성할 것이다. 그 규칙은 다음과 같다.

••• TIP 레이어 이름 생성 규칙

1. 레이어 이름은 숫자(00, 01, 02...)로 시작한다.
2. 영문으로 입력한다.
3. 대소문자로 띄어쓰기를 대체한다(win frame 〉 WinFrame).
4. 적용하는 재질별로 구분하여 레이어를 생성한다.

외벽 해지	♀ ♂ ▢
A-WINDOW	♀ ♂ ▢
A-CENTER	♀ ♂ ▢
∨ 3D	♀ ♂ ■
Default	✓ ■
01_Wall	♀ ♂ ■
02_WinFrame	♀ ♂ ■
03_Glass	♀ ♂ ▢
04_Door	♀ ♂ ▢
05_Wood	♀ ♂ ■
06_Roof	♀ ♂ ■
07_RoofFrame	♀ ♂ ■

레이어 생성 후 색상 설정

---

6. 생성할 레이어들의 색상과 재질도 설정한다. 색상은 음영 뷰(SF), 재질은 렌더링 뷰(RF)에서 보여진다. 대부분의 모델링 작업은 음영 뷰에서 이루어진다. 만약 사실감 있는 모델링 작업을 하고 싶다면, 색상을 재질 느낌이 나도록 설정하는 것도 좋은 방법이다.

TIP 유형별 개체 선택 명령어

01	레이어별	Sel Layer (SL)	→	레이어 변경(속성탭)
02	색상별	Sel Color	→	색상 변경(속성탭)
03	겹친 개체	Sel Dup	→	삭제(Delete)
04	마지막 만든 개체	Sel Last	→	이동(Move)
05	마지막 선택 개체	Sel Prev	→	계속 선택

레이어별, 색상별, 겹친 개체 등 유형별로 개체를 선택하는 유용한 명령어들이 있어서 소개한다. 이 중 레이어별 선택(Sel Layer(SL))은 자주 사용하는 명령이므로 digit.txt에 단축키로 지정되어 있다. 각 명령어 실행 후 자주 이어서 사용하는 명령어도 함께 소개한다.

❸ 레이어 재질 설정

레이어 탭	재질 버튼 클릭
레이어 재질	새로운 재질 사용, 더 많은 유형
유형	파일에서 가져오기
Render Content	재질 선택
레이어 재질	확인 버튼 누르기

라이노 6.0에는 수많은 재질 라이브러리가 제공된다. 금속, 나무, 유리 등 반사 값과 이미지 소스가 완성된 채 제공된다. 레이어 색상을 설정했다면 이어서 재질을 설정한다.

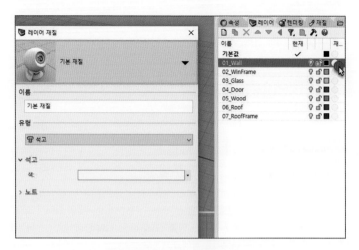

레이어 탭에서 재질 버튼을 누른다.

1. 레이어 탭 색상 옆에 재질 설정이 붙어 있다. 01_Wall 재질 설정을 클릭하면 레이어 재질 옵션창이 나타난다.

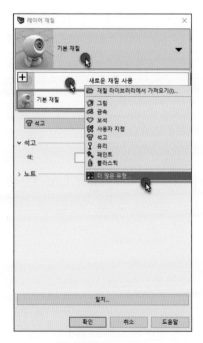

기본 설정된 재질은 '석고'다.

2. 상단 기본 재질이라 되어 있는 곳을 클릭하면, 새로운 재질을 설정할 수 있다. 새로운
   재질 사용 버튼을 클릭하고 더 많은 유형을 누른다.

'처음부터 다시 시작'과 '기존 파일로 시작'이 있다.

3. 좌측 상단에 있는 파일에서 가져오기 버튼을 누르면 폴더가 열린다.

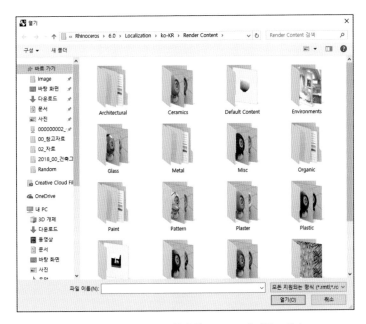

Render Content 폴더에는 환경맵(Enviromnets) 파일도 있다.

4. 원하는 재질을 선택한다. 아이콘 사이즈를 키우면 모든 재질의 미리보기도 가능하다.

재질을 설정하는 데 약간의 로딩 시간이 필요하다.

5. 레이어별 재질을 모두 설정한다.

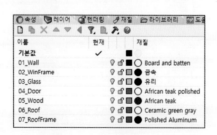

색상과 재질 설정이 완료된 레이어

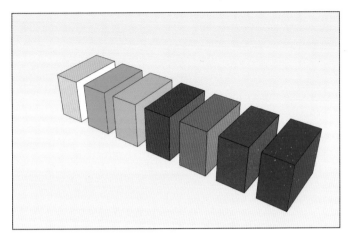

레이어 색상이 표현되는 '음영 뷰(SF)'

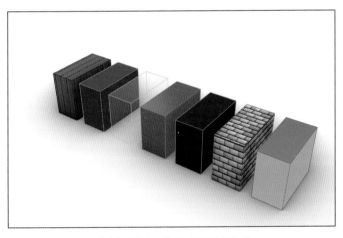

레이어 재질이 표현되는 '렌더링 뷰(RF)'

레이어를 생성하고 두 가지를 설정했다. 레이어 색상과 레이어 재질이다. 레이어 색상은 음영 뷰(SF)에서 표현되며, 레이어 재질은 렌더링 뷰(RF)에서 표현된다. 결국 최종 이미지를 사용하기 위해서는 렌더링 뷰를 스크린 샷하거나 렌더링을 해야 하므로 재질 설정이 제일 중요하다. 하지만 대부분의 모델링 작업은 음영 뷰에서 하기 때문에 색상 설정도 중요하다. 색상과 재질이 너무 이질감이 들지 않도록 설정하자.

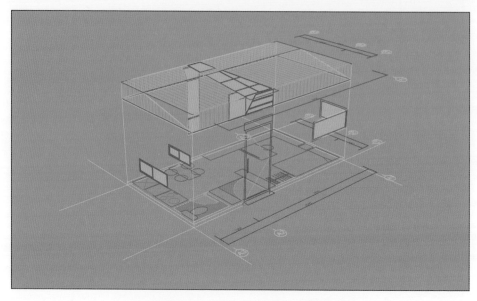

3D 모델링을 위한 도면배치. 각 도면별로 그룹되어 있다.

Select	뷰(View)별로 도면 선택
Group(G)	그룹
Move(M)	그룹된 도면 이동
Rotate 3D(RO3)	3D 회전해서 배치 마무리

평면도와 정면도, 측면도 등의 도면을 3D 공간에 배치해야 한다. 도면을 기준으로 3D 모델링을 하는 일반적인 경우에 필요한 작업이다. 넙스 모델러인 라이노를 이용해 모델링할 때는 보통 스케치나 사진을 갖고 모델링을 시작하는 경우도 있다. 스케치(Hand Drawing)를 평면에 깔고 모델링을 시작하는 과정은 추후에 알아볼 것이다.

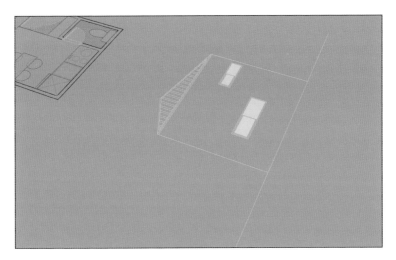

개체를 선택하고 Ctrl + G 를 눌러도 그룹된다.

1. 평면도를 제외하고 각 뷰별 도면을 선택해서 Group(G)한다. 그룹하면 '한 번 클릭으로' 그룹된 개체들을 선택할 수 있다. 그룹을 한다고 해서 레이어나 색상, 속성이 바뀌지는 않는다. 평면도 요소들은 추후 가구 모델링에 개별적으로 이용되기 때문에 그룹하지 않는다.

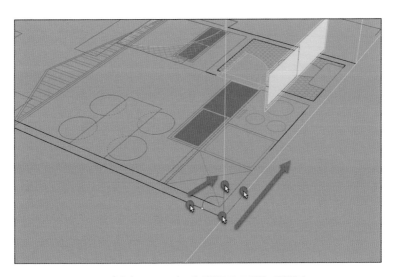

Move(M)와 Rotate 3d(RO3) 명령으로 도면을 배치한다.

2. 각 도면들이 그룹되었다면, 이제 위치에 맞게 배치해야 한다. Move(M)와 Rotate 3d(RO3) 명령으로 그룹된 도면을 배치한다. Move(M)로 평면도 모서리에 맞춰 측면 도를 배치하고, Rotate 3d(RO3)로 도면을 일으켜 세우면 된다. Rotate 3d(RO3) 명령 은 첫 두 번의 클릭으로 축을 설정한다. 평면도와 맞닿아 있는 두 끝점을 차례대로 선 택하면 된다. 축만 맞게 설정한다면, 회전하는 방식은 일반 회전(Rotate) 명령과 사용 방법이 동일하다.

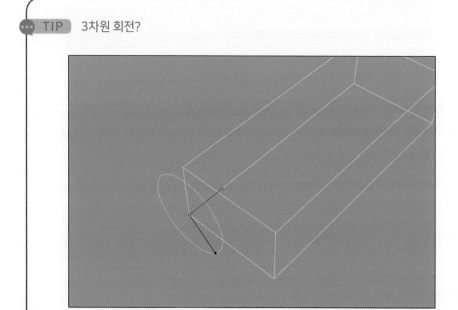

TIP 3차원 회전?

Rotate 3d(RO3)는 축을 설정하고 개체를 회전시키는 명령

Rotate(RO)는 개체가 XY평면과 평행하게 회전하는 명령이다. 3차원 공간에서 축을 새롭게 설정해 개 체를 회전시키고 싶다면, Rotate 3d(RO3) 명령을 사용해야 한다. 첫 두 번의 클릭으로 축을 설정하고 회전시키는 방법이다.

3. Move(M)와 Rotate 3d(RO3) 명령이 합쳐진 고급 명령어가 있다. Orient 3pt(O3)다. 오토캐드의 Align 기능을 3D 공간에서 구현하는 명령이다. Orient 3pt(O3)는 평면 두 개를 정의하는 명령이다. 처음 세 번의 클릭으로 기존 평면(Original Plane)을, 나중 세 번의 클릭으로 목표 평면(Target Plane)을 정의한다.

Orient 3pt(O3)는 라이노 5.0에서는 사용하기 어려운 명령이었는데, 라이노 6.0에서는 가이드가 표현되어 사용하기가 편해졌다. 추후 건축물 입면 서피스를 Orient 3pt(O3) 명령을 이용해 전개할 것이다. 그때 Orient 3pt(O3) 명령을 사용해 보자.

TIP Orient 3pt(O3) 명령 사용이 어렵다면?

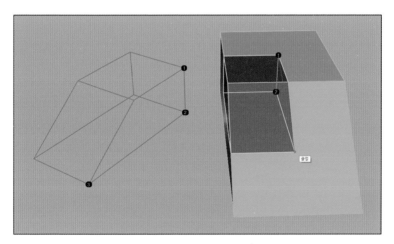

Orient 3pt(O3)는 이동과 회전을 한 번에 하는 셈이다.

Orient 3pt(O3)는 두 평면을 지정해서 개체를 이동시키는 명령이다. 세 번씩 나누어, 두 개의 평면을 정의한다고 생각하자. Orient 3pt(O3) 명령이 어색하고 어렵다면 Move(M)와 Rotate 3d(RO3) 명령을 이용하면 된다.

SECTION 2

건축요소 모델링

배치된 도면을 이용해 모델링하는 방법을 알아본다. 박스형 개체 모델링 프로세스를 외벽, 개구부, 프레임과 루버를 제작하며 학습한다.

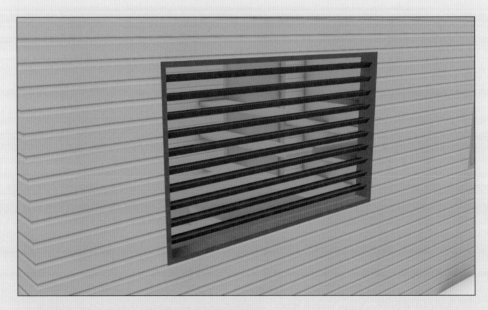

• Distribute 명령을 이용해 루버를 균등한 간격으로 배치했다.

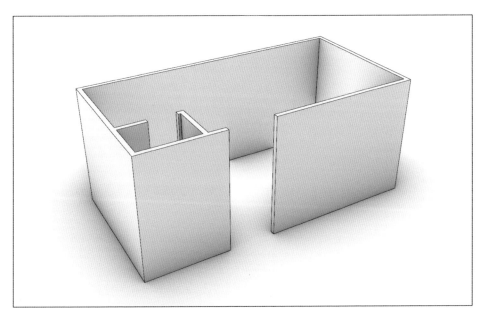

Extrude Crv(EXT) 명령으로 만든 외벽

Select	외벽 생성 기준선(닫힌 커브) 선택
Isolate(HH)	독립 모드로 진입
Hide(H)	입면도 커브 숨기기
Extrude Crv(EXT)	돌출 명령어 입력(솔리드 = '예', 돌출값 입력)
Show(SH)	전체 개체 보이기

외벽 생성 기준선이 만약 닫힌 커브라면 이를 이용해 외벽을 제작하기가 수월하다.
Extrude Crv(EXT) 명령으로 한 번에 솔리드 형태 외벽을 만들 수 있기 때문이다. 만약 그
렇지 않을 경우(외벽 생성 기준선이 열린 커브일 경우)에는 추가 작업이 필요하다. 여기서
는 평면도 커브가 정돈되었다고 가정하고 작업을 진행하겠다.

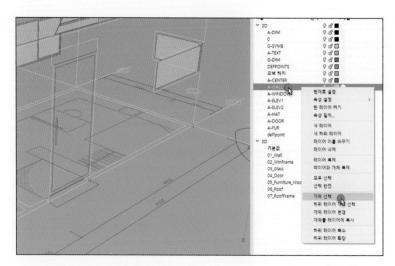

특정 레이어에 속한 개체를 선택할 때는 레이어 이름을 우클릭하고 개체 선택을 누른다.

1. 외벽 선 커브는 A-Wall 레이어에 속해 있다. 레이어 탭에서 A-Wall 레이어를 찾아 우클릭한다.

2. 옵션 중 '개체 선택'을 클릭한다. 라이노 화면에 A-Wall 레이어에 속한 개체들이 선택된다.

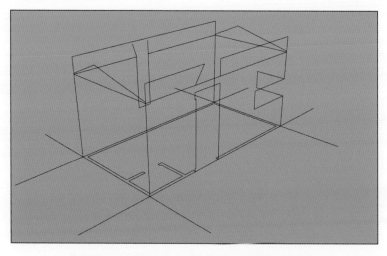

특정 개체만 작업할 때엔 Isoalte(HH) 명령이 유용하게 사용된다.

3. 외벽 선이 선택된 상태에서 Isolate(HH) 명령을 입력한다. 라이노 화면에 외벽 선 개체만 남고 나머지는 숨겨진다.

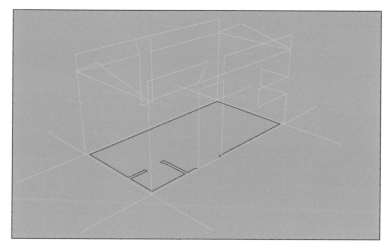

입면 커브들은 뷰별로 그룹(Group)되어 있기 때문에 선택이 쉽다.

4. 입면 커브들을 선택하고 Hide(H) 명령으로 숨긴다. 평면도에 있는 A-Wall 레이어 커브만 필요하기 때문이다.

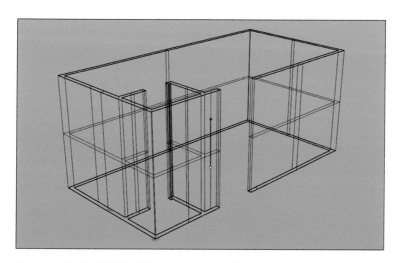

Extrude Crv(EXT) 명령 입력 시에는 마우스 커서가 돌출 방향(Z 방향)에 위치해 있어야 한다.

5. 남겨진 평면도 외벽 선 커브를 선택하고, Extrude Crv(EXT) 명령을 입력한다. 솔리드 옵션은 '예'로, 돌출 거리는 2600으로 입력한다.

6. Show(SH) 명령을 입력해 화면에 숨겨졌던 개체들을 보이게 한다.

TIP 외벽은 반드시 솔리드여야 할까?

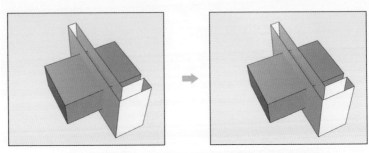

솔리드 연산(합집합, 차집합 등)은 열린 폴리서피스도 가능

사실 외벽이 '열린 폴리서피스'로 만들어진다 해도 솔리드 연산을 하는 데에 문제는 없다. 하지만 추후 3D 프린팅을 위한 모델링이나 체적(Volume) 계산이 필요할 경우가 있을 수 있다. 어렵지 않게 닫힌 폴리서피스(솔리드)로 만들 수 있는 모델링을 굳이 열린 폴리서피스로 만들 이유는 없다. 되도록이면 솔리드를 유지하자.

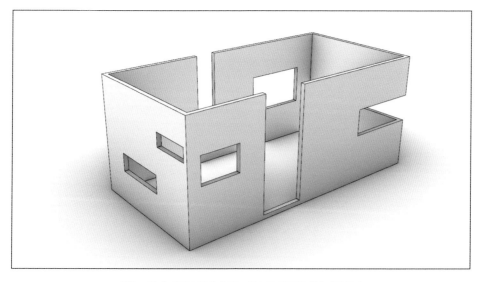

외벽 모델에 개구부 형태에 맞는 박스를 차집합해서 제작한다.

Box	끝점 오스냅 맞춰 박스 생성
Scale 1d(SC)	개구부 사이즈 조정(세 번 실행)
Boolean Difference(BD)	차집합으로 외벽에 개구부 생성

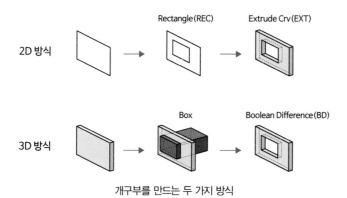

개구부를 만드는 두 가지 방식

두 가지 방식으로 개구부를 만들 수 있다. 정확한 창문 사이즈 커브를 만들어 외벽 기준 선과 동시에 돌출시켜 한 번에 형태를 만드는 2D 방식과, 개구부 사이즈 박스를 만들어 외벽에서 차집합하는 3D 방식이다. 라이노에선 3D 방식으로 개구부를 만드는 방식이 좀 더 수월하다.

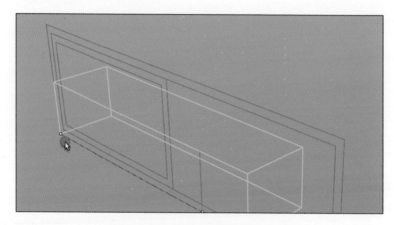

시작 기준점만 잘 잡아도 절반은 성공한 셈이다.

1. Box로 창틀 끝에 조그만 박스를 만든다. 입면도에 그려진 창틀의 끝점 오스냅을 시작 으로 모델링한다.

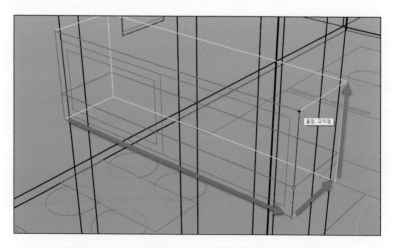

박스 폭은 입면도를 참조해 입력한다. 근처점이나 끝점 오스냅을 이용하면 된다.

2. 세 번(X방향, Y방향, Z방향)의 Scale 1d(SC) 명령으로 창틀 사이즈에 맞는 박스를 제작한다.

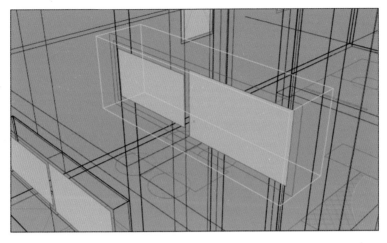

모델링 작업 중에 WF/SF를 적절히 활용하자.

3. 보이지 않는 곳 스냅을 잡기 위해 와이어프레임 뷰(WF)와 음영 뷰(SF) 사이를 자주 오가며 작업한다. 참고로 라이노 6.0 버전에선 음영 뷰 상태에선 뒤쪽 오스냅을 잡을 수 없다.

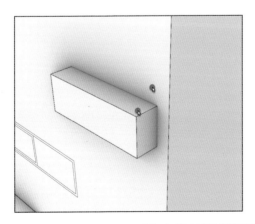

박스를 일부러 외벽에 넘어가는 사이즈로 만들었다. 차집합 연산을 확실히하기 위해서다.

4. Boolean Difference(BD) 명령을 이용해 외벽(솔리드)에서 박스를 차집합한다. 원래 개체는 외벽, 계산에 사용할 개체는 박스를 선택한다.

TIP 만들고 설정, 만들고 설정

기본값 레이어를 항상 현재 레이어로 설정한다.

개체와 레이어에 대한 이야기다. 현재 레이어는 항상 '기본값' 레이어로 설정해 놓는다. 제작하는 모든 개체 레이어가 '기본값' 레이어로 설정된다. 개체가 완성될 때마다 Change Layer(CL) 명령을 이용해 개체를 해당 레이어로 설정한다. 음식을 부엌(기본값 레이어)에서 정성껏 만들어, 음식에 맞는 접시(특정 레이어)에 올려 놓듯이 모델링 작업을 한다.

건축물에서 창틀(프레임)은 얼굴과도 같음

Isolate(HH)	외벽 개체만 독립모드로 진입
Box	아래 창틀 기준 박스 제작
Scale 1d(SC)	정확한 사이즈로 조정
Ctrl + C , Ctrl + V	아래 창틀 박스 복붙
Move(M)	위 창틀로 이동
Box	좌측 창틀 박스 제작
Scale 1d(SC)	정확한 사이즈로 조정
Ctrl + C , Ctrl + V	좌측 창틀 박스 복붙
Move(M)	우측 창틀로 이동
Boolean Union(BU)	합집합
Merge All Faces(MAF)	엣지 정리

개구부에 유리(glass) 개체를 만든 후 렌더링을 하면 어색한 이미지가 만들어진다. 프레임 (창틀)은 개구부 표현을 풍부하게 해주는 요소다. 모델링 작업 효율을 올려주는 컨씨컨브이(Ctrl + C , Ctrl + V) 사용법도 알아보자.

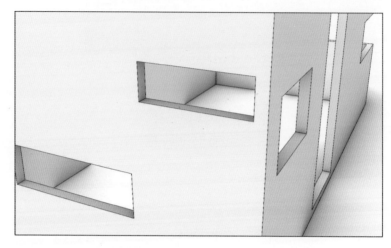

개구부가 표현된 외벽 개체만 남기고 나머지는 숨긴다.

1. 외벽 개체만 선택하고 Isolate(HH) 명령을 입력한다. 외벽 개체만 남기고 나머지를 숨겨 창틀 만드는 작업을 쉽게 하기 위해서다.

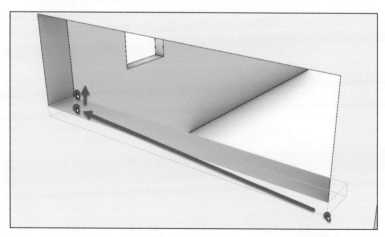

외벽 개체 오스냅을 이용해 모델링한다. 높이는 대략 설정한 후 Scale 1d(SC) 명령을 이용해 정확한 사이즈로 조정한다.

2. 뚫린 개구부에 창틀을 제작한다. Box 명령으로 개구부와 폭이 같은 박스를 제작한다.

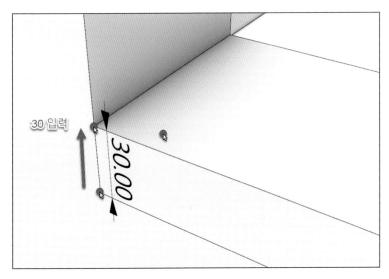

Scale 1d(SC) 명령은 활용도가 높다.

3. Scale 1d(SC) 명령으로 높이를 30으로 조정한다.

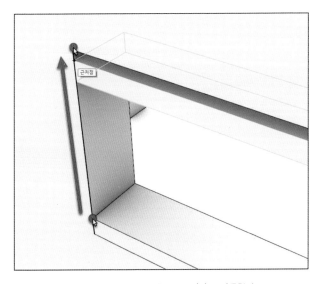

컨씨컨브이 직후엔 곧바로 Move(M)로 이동한다.

4. 조정된 박스를 선택하고 Ctrl + C , Ctrl + V (컨씨컨브이)를 눌러 복사와 붙여 넣기를 실행한다. 같은 자리에 개체가 복사된다. 선택된 상태 그대로 Move(M) 명령을 이용해 위 창틀 박스 위치로 이동시킨다.

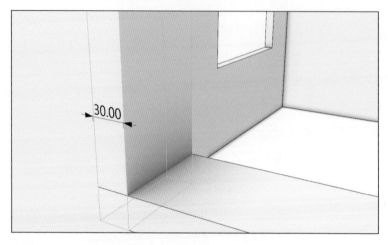

합집합해야 하므로 다른 창틀과 겹치더라도 상관 없다.

5. 이번에는 측면 창틀을 제작한다. Box 명령으로 좌측 창틀을 만들고 Scale 1d(SC) 명령을 이용해 폭을 30으로 조정한다.

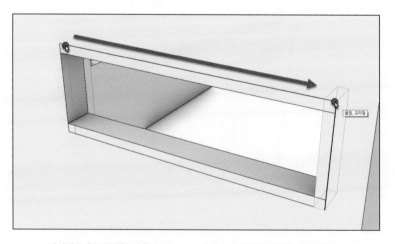

컨씨컨브이로 복사한 직후에 바로 Move(M)하지 않으면 개체가 겹치게 된다.

6. 좌측 창틀 박스를 선택하고 <kbd>Ctrl</kbd> + <kbd>C</kbd> , <kbd>Ctrl</kbd> + <kbd>V</kbd> 한 후 Move(M)로 우측 창틀 박스를 제작하자. Copy(C) 명령을 이용해 모델링하면 이 방식보다 쉽고 빠르게 작업할 수 있다고 생각할 것이다. '컨씨컨브이'의 진짜 힘은 이제 시작이다. 조금 어색하더라도 Copy(C) 대신 컨씨컨브이로 작업을 하자.

⊕⊕ TIP   겹쳐진 개체들을 정리하려면?

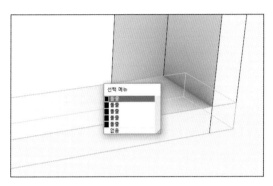

컨씨컨브이를 자주 사용하다 보면 가끔 개체가 겹쳐 있기도…

Sel Dup은 복제된 개체(겹쳐진 개체)를 선택하는 명령이다. Sel Dup을 입력하고 <kbd>Delete</kbd> 키를 누르면 손쉽게 겹쳐진 개체들을 삭제할 수 있다.

7. 창틀 박스 배치가 끝났다면 Boolean Union(BU) 명령으로 박스들을 합집합한다.

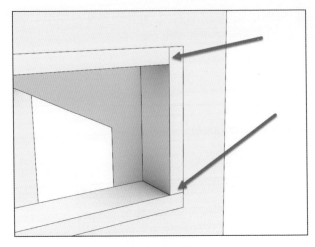

Merge All Faces(MAF)로 정리되기 전 엣지 표현

8. 합집합을 한 후에는 Merge All Faces(MAF) 명령으로 엣지를 정리한다. 합집합이나 차집합을 한 후에는 꼭 Merge All Faces(MAF)를 습관적으로 적용하자.

엣지 정리 후 창틀에 재질을 적용해 보았다.

TIP 솔리드 연산을 한 후에 엣지 정리를 하는 이유는?

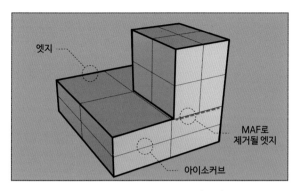

동일 평면상에 있는 엣지는 Merge All Faces(MAF)의 제거 대상

개체 형태를 표현하기 위한 모서리를 엣지라 한다. 단, 이어진 평면 사이에 표현되는 엣지는 형태 표현과는 무관하다. 같은 높이 박스를 합집합하면 '동일 평면상 엣지'가 생긴다. Merge All Faces(MAF)는 평면상 엣지들을 모두 정리(제거)해주는 명령이다. 솔리드 연산을 실행했다면 습관적으로 Merge All Faces(MAF)를 실행하자.

루버가 배치된 개구부

Isolate(HH)	창틀 독립 개체로 진입
Rectangle(REC)	루버 기준선 제작(50*30)
Points On(F10)	컨트롤 포인트 조정
Orient 3pt(O3)	루버 위치에 정위치(하단 창틀)
Extrude Crv(EXT)	루버 길이에 맞게 돌출(수평루버)
Copy(C)	수평루버 7개 복사
Move(M)	수평루버 하나를 루버 위치에 정위치(상단 창틀)
Select	분배할 개체(루버) 선택
Distribute	균등분배(Z축)
Show(SH)	전체 개체 보이기

루버는 건축물 전체 입면을 풍성하게 해주는 요소다. 건축물에 적절하게 사용된 루버는 미관상 멋질 뿐 아니라 실제로 차양 효과가 있어 친환경 건축 요소이기도 하다. 라이노 6.0의 새로운 명령어인 개체분배(Distribute)도 사용해 보자.

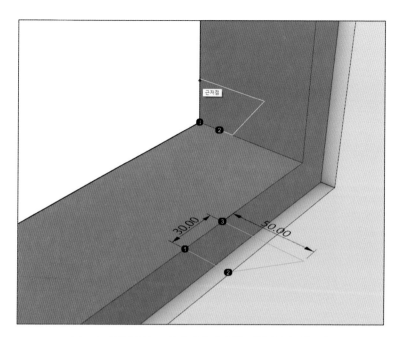

Orient 3pt(O3) 명령으로 루버 제작 기준선을 이동시킬 수 있는가?

1. 하단 창틀 부근에 근처점 스냅을 잡고 Rectangle(REC)로 조그만 사각형을 제작한다.
   사이즈는 50*30으로 하자.
2. 제작된 커브(사각형)을 선택하고, **F10** 을 눌러 컨트롤 포인트를 켠다. 컨트롤 포인트
   를 하나 선택해 검볼로 이동하여 사다리꼴 형태로 수정한다. 만들어진 사다리꼴 커브
   는 루버 제작 기준선이다(이미지 참고).
3. Orient 3pt(O3) 명령으로 커브를 수평 루버가 배치될 곳으로 위치시킨다. Orient
   3pt(O3) 명령 사용이 익숙치 않다면 Move(M)와 Rotate 3d(RO3) 명령을 이용하자.

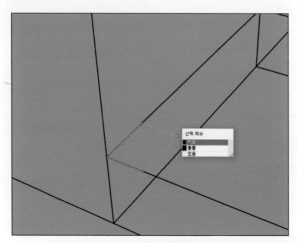

TIP 겹쳐진 개체 선택은?

'선택 메뉴' 창에서 개체를 지정하면 선택된다.

개체가 겹쳐져 있거나 비슷한 위치에 있을 경우, 개체를 클릭하면 '선택 메뉴' 옵션창이 나타난다. 이때 스페이스 바를 누르면 리스트 최상단에 있는 개체가 선택된다. 화살표 아래키를 눌러 다른 개체를 선택 할 수도 있다.

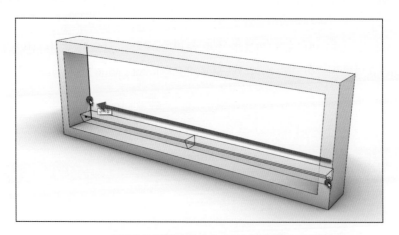

근처점 오스냅이 유용하게 사용되기도 한다.

4. 사다리꼴 커브를 Extrude Crv(EXT) 명령으로 창틀 폭에 들어차도록 모델링한다.

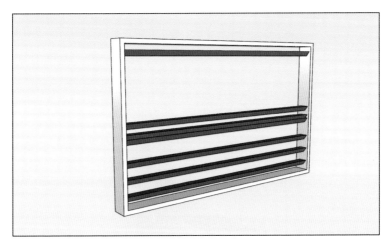

균등 분배할 것이다. 간격이 일정하지 않아도 좋으니 최상단과 최하단 루버만 정확히 위치시키자.

5. Copy(C) 명령으로 수평 루버 여섯 개를 복사한다. 이 중 하나는 위쪽 창틀에 위치시킨다.

6. 만들어진 루버 일곱 개를 모두 선택하고, Distribute 명령으로 균등 분할한다. 균등 분할 옵션은 'Z축'을 선택한다.

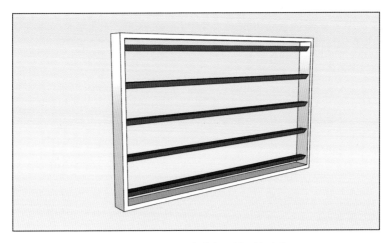

Distribute 명령으로 루버 간격 조정을 자유자재로

7. 만약 루버 간격이 너무 촘촘한 것 같다면 수평 루버를 몇 개 제거(Delete)하고 다시 Distribute한다. 만약 간격이 성글다면 컨씨컨브이로 수평 루버를 더 제작한 후 Distribute하면 된다.

TIP 라이노 6.0의 새로운 명령어, Distribute(개체분배)

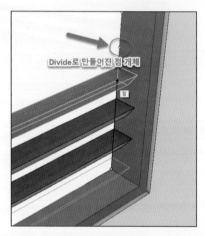

점 오스냅만 켜져 있다면 복사 기준점을 지정하기 수월하다.

라이노 5.0에서는 Distribute 명령을 사용할 수 없다. 라이노 5.0 유저들은 수직 창틀 엣지를 Divide하여 참조 포인트들을 생성하고, 그 기준점에 맞게 루버를 Copy(C)하면 된다. 점 오스냅을 우클릭하면 나머지 다른 오스냅들이 꺼진다는 점을 이용해서 모델링하자.

모델링의 정점은 디테일에서

빠르게 박스형 개체를 모델링하는 팁을 배운다. 닫힌 폴리서피스(솔리드) 개체에 디테일을 주는 방법, 가구를 모델링하는 방법, 지붕을 모델링하는 방법을 학습한다.

● 카메라 배치 후 최종 렌더 이미지를 고려하며 적절한 디테일로 모델링한다.

섬세한 입면 표현을 위한 디테일

Rectangle(REC)	입면에 사각형 생성(수직 옵션)
Scale 1d(SC)	사각형 사이즈 조정
Extrude Crv(EXT)	생성된 커브를 돌출시켜 3D 박스로 제작
Box	교차 부분 연결 박스 제작
Boolean Union(BU)	입면 디테일 파트 합집합
Merge All Faces(MAF)	엣지 정리
Fillet Edge(FE)	솔리드 엣지 필렛

도면에는 표현되어 있지 않지만 입면 디테일을 추가하고자 한다. 디테일 모델의 세세한 부분까지 신경 쓰지는 말자. 아니, 적절히 신경 쓰자. 적당한 수준의 디테일에만 관여하면 된다. 오랜 시간에 걸쳐 모델링 작업을 한 아주 작은 디테일이, 렌더링에서는 1픽셀로 표현될 수도 있다. 최종 이미지를 고려하며 작업하자. 선택과 집중이 필요하다.

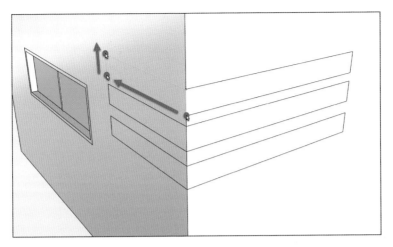

Rectangle(REC)의 수직 옵션 사용

1. Rectangle(REC) 명령으로 외벽 면에 붙은 수직 사각형을 제작한다(수직 옵션).
2. 정확한 사이즈는 Scale 1d(SC)로 조정한다. 높이는 100으로 조정하자.

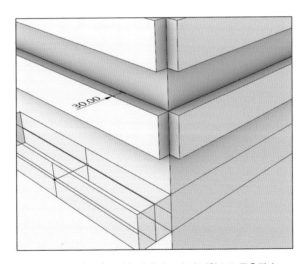

Extrude Crv(EXT) 명령은 입력 커브 수직 방향으로 돌출된다.

3. Extrude Crv(EXT) 명령으로 사각형을 돌출시켜 박스로 만든다. 돌출 높이는 30으로
   한다.

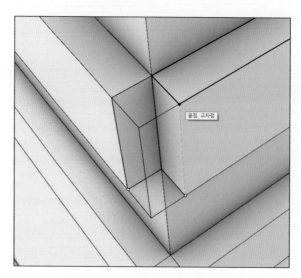

Box 명령으로 교차되는 곳의 빈 부분을 채운다.

4. 교차 부분의 빈 곳은 Box 명령으로 박스를 만들어 채워 넣는다.

5. 돌출된 개체들을 Boolean Union(BU)으로 합집합한다.

6. 솔리드 연산(합집합)을 했으니 Merge All Faces(MAF)로 평면 상의 엣지를 정리한다.

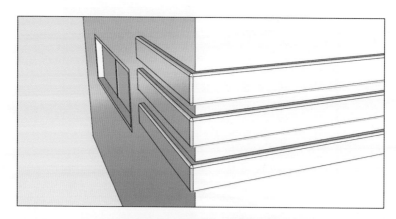

솔리드는 Fillet Edge(FE)로 디테일을 살린다.

7. 엣지가 정리된 솔리드에는 필렛을 적용하기 좋다. Fillet Edge(FE) 명령으로(반지름 10) 입면 요소에 디테일을 살린다.

TIP Fillet Edge(FE) 명령을 실행하니 모델이 터진다?

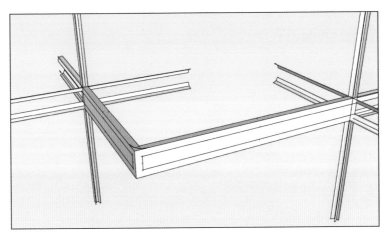

엣지가 터진다면 실행취소(Ctrl + Z) 후 더 작은 값으로 Fillet Edge(FE)

반지름을 너무 크게 입력하면 엣지 부분에서 모델이 터진다. 만약 Fillet Edge(FE) 명령 중 모델이 터졌다면 Ctrl + Z 를 이용해 되돌아가야 한다.

❶ 직접 만드는 라이노 가구

빠르게 모델링할 수 있는 가구만 모델링

Rectangle, Circle	가구 평면 기준선 제작
Extrude Crv(EXT)	돌출
Gumball	검볼 이동(클릭 후 값 입력)
Boolean Union(BU)	합집합
Merge All Faces(MAF)	엣지 정리

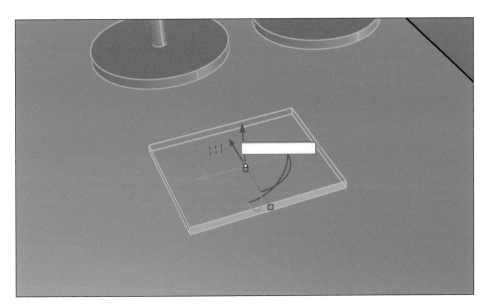

검볼 화살표를 클릭하면 정확한 치수로 이동 가능

가구는 기본 조형 명령어로 제작한다. Box, Cylinder 등의 명령어도 사용할 수 있다. 평면도에 있는 가구 기준선을 다시 제작한 후 Extrude Crv(EXT)로 두께를 적용한다. 만약 다시 그리는 데에 오랜 시간이 소요된다면 기존 도면에 있는 커브를 사용해도 좋다.

수직으로 개체를 이동해야 할 때엔 Move(M) 명령의 수직 옵션을 사용해도 좋지만, 검볼(Gumball)의 화살표(이동)를 적극적으로 사용하자.

가구 모델링 작업을 할 때에 창틀 모델링, 루버 모델링에 사용했던 명령어들을 사용할 수 있다. 균등 분배하는 Distribute, 차집합인 Boolean Difference(BD), 합집합인 Boolean Union(BU), 1차원 스케일 조정 명령어 Scale 1d(SC) 등은 모델링하려는 개체가 어떤 것이든 유용하게 사용된다.

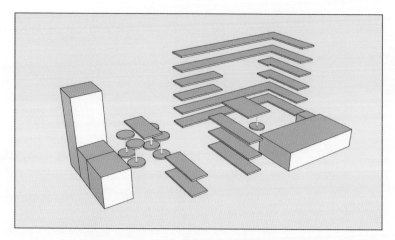

모델링 작업에 30초 이상 시간이 소요된다면 외부 소스를 사용

모든 가구를 모델링하면서 너무 많은 시간을 쏟지는 말자. 외부 소스를 사용해서 가구를 가져올 수도 있다. '가구 한 개 모델링하는 데에 30초 이상' 소요된다면 외부 소스를 사용하는 것이 좋다.

간단하게 의자와 테이블, 책장을 하나씩 만들어 보자. 이어서 외부 소스를 사용하는 방법도 알아보자.

❷ 의자 모델링

Cylinder로 모델링된 의자

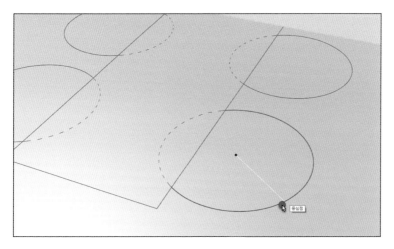

마우스 커서가 호(Arc) 근처에 있어야 중심점 오스냅이 잡힌다.

1. 평면도에 의자가 원으로 표현되어 있다. 도면 상 원의 중심을 원기둥의 중심점으로 설정해 Cylinder를 제작해야 한다. Cylinder 명령 입력 후 원의 중심 스냅을 잡기 위해 중심점 오스냅을 우클릭한다. 중심점을 제외한 나머지 오스냅들이 꺼진다.
2. 오스냅을 이용해서 원의 중심을 정확하게 클릭하고, 다시 중심점 오스냅을 우클릭한다. 오스냅을 원래 설정대로 되돌려야 하기 때문이다.
3. 아직 Cylinder 명령이 실행 중이다. 반지름을 입력하라고 하는데, 원의 근처점을 잡는다. 원과 같은 사이즈로 Cylinder가 제작된다.

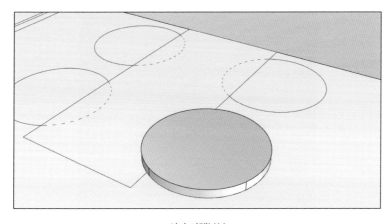

의자 아랫부분

4. 마지막으로 원통의 끝을 입력하라고 한다. 높이(30)를 입력한다. 의자를 구성하는 아랫부분이 완성되었다.

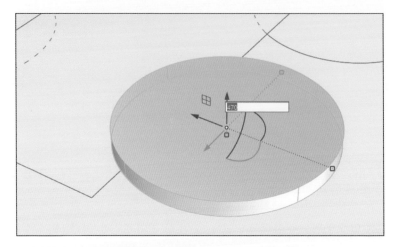

컨씨컨브이 직후 검볼을 이용해 개체를 이동시킨다.

5. 컨씨컨브이로 방금 제작한 개체를 복붙하고 검볼의 이동(화살표) 기능을 이용해서 Z방향으로 470만큼 이동시킨다. 검볼의 파란색 화살표를 클릭한 후 이동시킬 값(470)을 입력하면 된다. 이렇게 윗부분도 완성되었다.

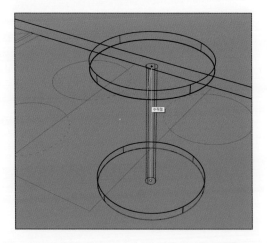

명령어 실행 중이라도 와이어프레임 뷰(WF)로 설정을 변경할 수 있다.

6. 이제는 아래와 위 구성요소를 연결하는 봉(실린더 형태)을 제작해야 한다. 처음 아랫부분을 만들 듯이 중심점 오스냅을 이용해 반지름 20, 높이는 위 구성요소의 근처점 스냅으로 지정한다. 반지름을 수치나 클릭으로 지정할 수 있듯이, 높이 또한 수치나 클릭으로 지정할 수 있다.

7. 아래와 위, 두 개를 잇는 중간 요소까지 총 세 개체가 만들어졌다. 모두 선택한 후 Boolean Union(BU), Merge All Faces(MAF)한다.

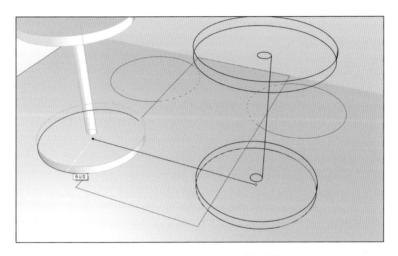

의자를 복사할 때에도 중심점 오스냅이 사용된다.

8. 이렇게 복사된 의자는 Copy(C) 명령으로 도면상 맞는 위치에 배치한다.

❸ 테이블 모델링

Box로 모델링된 의자

1. 테이블은 상판과 네 개의 다리로 구분하여 모델링한다. 상판을 먼저 모델링한다. XY 축에 평행한 사각형 테이블이라면 Box 명령으로 쉽게 상판 제작이 가능하다.

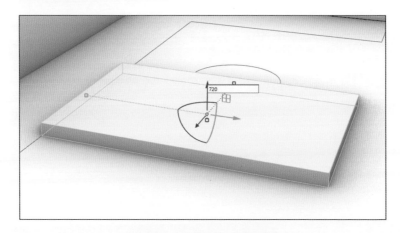

Move(M)의 수직 옵션을 사용해도 좋다.

2. Box로 두께 50짜리 상판을 제작하고 검볼을 이용해 720만큼 Z방향으로 이동시킨다.
3. 네 개의 다리도 Box로 제작한다.

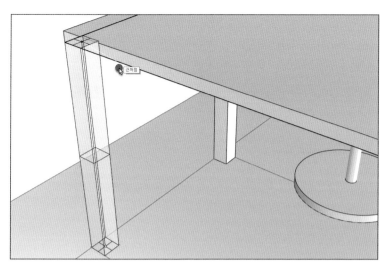

박스 높이 지정 시 테이블 상판의 끝점이나 근처점 오스냅을 이용

4. 높이 지정 시 테이블 상판의 오스냅을 이용하자.
5. Copy(C) 명령으로 나머지 다리들도 제작한다.
6. 상판까지 총 개체가 다섯 개다. 모두 선택하고 Boolean Union(BU), Merge All Faces (MAF)한다.

❹ 책장 모델링

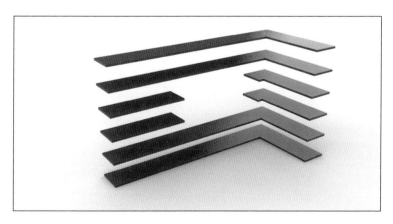

Box와 차집합 연산으로 모델링된 책장

1. 책장은 기역 자 형태로 꺾여 있다. 책상 모듈은 Polyline(L)으로 다각형을 그린 후에 Extrude Crv(EXT)해도 된다. 좀 더 쉬운 방법으로 모델링해 보겠다. 박스를 두 개 제작한 후 합집합할 것이다. Box 명령으로 30높이의 박스를 만든다. 평면도에 표현된 책장 커브를 가이드로 삼자. 만들어진 두 개의 박스는 합집합 후 면 정리를 할 것이기 때문에 겹쳐져서 모델링되더라도 상관없다.

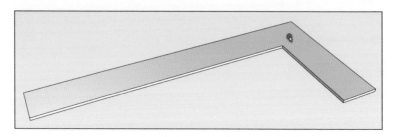

Merge All Faces(MAF)로 엣지가 정리된 책장 기본 모듈

2. 기역 자로 배치된 박스 두 개를 선택하고 Boolean Union(BU), Merge All Faces (MAF)한다.
3. 수평 루버를 배치했던 것처럼 Distribute로 균등분배할 것이다. 최대 높이까지 개체를 Copy(C)로 다섯 개 복사한다.
4. 기역 자 형태의 책장 모듈들을 선택하고 Distribute 명령으로 균등분배한다.
5. 창문과 겹치는 부분이 있을 것이다. 솔리드 연산으로 해당 부분을 제거할 것이다. Box 명령으로 창틀 끝점 오스냅에 시작하는 박스를 제작한다.

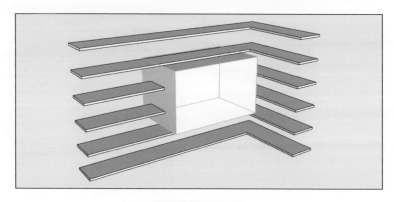

차집합을 위한 매스 제작

6. Scale 1d(SC) 명령으로 창문 폭, 높이는 같으나 책장을 충분히 감싸는 두께로 박스 크기를 조정한다.
7. Boolean Difference(BD)로 책장의 겹친 부분을 제거한다.

❺ 외부 소스 사용하기

가구 모델을 하나 제작하는 데 약 30초 이상이 소요될 것이라 판단하면 외부 소스를 사용하자. 대표적인 웹사이트가 두 개 있다. 플라잉 아키텍처(https://flyingarchitecture.com/)와 3D 웨어하우스(https://3dwarehouse.sketchup.com/)이다. 3D 웨어하우스는 스케치업 유저가 아니더라도 많은 사람들이 알 것이다. 수많은 폴리곤 모델링들이 공유되는 곳이기 때문이다. 플라잉 아키텍처는 넙스 기반 모델러인 라이노를 사용하는 사용자에겐 성지와도 같은 곳이다. 두 웹사이트에서 모델링을 다운로드 받아 사용하는 방법을 알아보자.

■ 플라잉 아키텍처

플라잉 아키텍처에선 다양한 넙스 모델링을 다운로드 받을 수 있다.

플라잉 아키텍처는 Furniture, Exterior, Construction 등 다양한 분류의 넙스 모델을 제공한다. 이 중에는 유료 모델도 있다. 필자는 무료 모델을 자주 다운로드 받아 사용해 보았지만, 무료 모델이라고 해도 섬세한 표현에 사실적인 재질까지 제공해주어 유료 모델이라 해도 비용이 아깝지 않을 정도이다. 플라잉 아키텍처에서 넙스 모델을 다운로드 받는 방법을 알아보자.

1. 플라잉 아키텍처 웹사이트(https://flyingarchitecture.com/)에 접속한다.
2. 우측 상단의 Sign Up 버튼을 눌러 회원가입을 한다. 이미 회원이라면 Sign In 버튼을 눌러 로그인한다.
3. 상단 메뉴 중 3D Models 버튼을 누른다.
4. 상세 카테고리가 하단에 표시된다. Furniture 부분을 클릭한다.
5. 렌더링 이미지로 가구들이 표시된다. 이 중에서 다운로드 받을 모델링을 선택한다. 필자는 'LG TV and decoration set'를 선택했다.

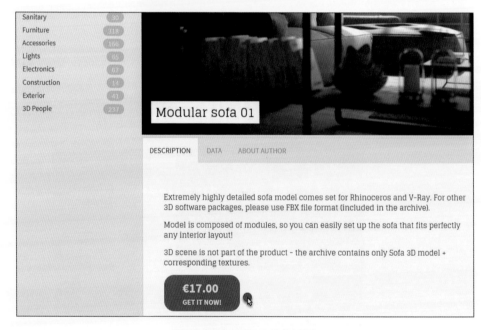

유료 모델링엔 금액이 표시되어 있다.

6. Description 쪽에 빨간 버튼에 Download라고 쓰여 있다. Download라 쓰인 버튼을 클릭한다. 유료 모델링은 Download라는 글씨 대신 금액이 쓰여 있다. 만약 금액이 쓰여 있다면 무료 가구 모델링을 다시 찾아보자. 무료 모델이 마음에 안 든다면 그때 유료 모델을 결제해도 늦지 않다.

7. 압축 파일(.zip)이 다운로드 받아진다.

8. 압축 파일을 우클릭해 압축을 해제한다.

9. 압축 해체한 폴더 안에는 라이노 모델과 맵핑용 재질이 들어 있다.

10. 가구를 배치할 라이노 파일을 연다(Open).

11. 삽입(Insert)으로 라이노 가구 모델링을 선택한다.

재질이 입력되어 있는 가구 모델링

12. 사이즈가 맞지 않는다면 Scale 명령으로 가구 전체 사이즈를 조정한다.

13. 렌더링 뷰로 맵핑된 가구를 확인한다.

■ 3D 웨어하우스

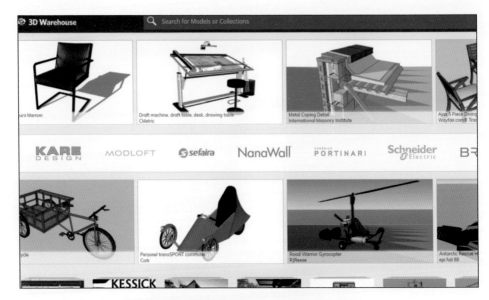

가장 많은 무료 폴리곤 모델이 있는 웹사이트, 3D 웨어하우스

3D 웨어하우스에는 수많은 무료 폴리곤 모델이 있다. 물론 트림블(Trimble) 사에서 운영하는 곳이기 때문에 스케치업 파일 포맷으로 모델을 제공한다. 그렇기 때문에 메쉬(Mesh) 데이터로 제공되지만, 그렇더라도 라이노에서는 이를 불러와 사용할 수 있다. 3D 웨어하우스에서 가구 모델을 다운로드 받아 사용하는 방법을 알아보자.

1. 3D 웨어하우스 웹사이트(https://3dwarehouse.sketchup.com/)에 접속한다.
2. 상단에 검색 창이 있다. Table이라 검색하자.
3. 다양한 테이블이 검색되었다. 다운로드 할 모델을 선택한다.
4. 모델에 대한 상세 페이지로 넘어왔다. 우측 상단의 Download 버튼을 누른다.
5. 라이센스와 관계된 내용이 팝업창에 나타난다. 사용상의 유의사항이 자세하게 쓰여 있다. 시간을 내서 본 내용을 검토해 보기 바란다. 모든 내용을 검토하고 동의한다면 하단의 'By Clicking Here, I Accept The Above Terms'를 클릭한다.

다운로드 가능한 스케치업 파일 버전

6. Download 버튼 하단에 몇 개의 스케치업 버전이 표시된다. Collada 형식과 스케치업 2014~2018 버전으로 파일을 다운로드 받을 수 있다. 만약 스케치업이 깔려 있다면 해당 버전으로 모델링을 다운로드 받자. 만약 스케치업이 깔려 있지 않다면 무료 버전의 스케치업을 다운로드 받아서 설치해야 한다. 라이노 6.0 유저라면 2017 버전 스케치업 파일을 다운로드 받아 바로 열 수 있다. 5.0 버전 유저만 7번과 8번 과정을 진행한다.

7. 스케치업을 열고 다운로드 받은 가구 모델을 불러온다.

8. 다른 이름으로 저장한다. 'Sketch Up 8' 버전으로 저장한다. 라이노5.0 버전에서는 8 버전 스케치업 모델 파일만 불러올 수 있기 때문이다.

9. 라이노에서 8 버전으로 저장한 가구 모델링을 Open한다.

면 가져오기 유형을 '트림된 평면'으로 설정

10. 팝업창 중 면 가져오기 유형을 '트림된 평면'으로 체크하고 확인을 누른다.

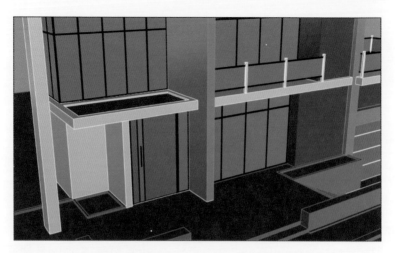

스케치업의 폴리곤 데이터가 넙스 데이터로 변환되어 열린다.

11. 스케치업 모델이 넙스로 변환되어 불러와진다. 곡면 부분은 아쉽게도 조각난 넙스 서 피스로 표현되지만, 모델 자체에는 문제가 없다.

12. 렌더링 뷰로 모델 상태와 맵핑 상태를 확인한다.

렌더링 이미지가 고려된 디테일 모델링

Named View	작업 부분 뷰 설정
Select	작업할 가구 선택
Isolate(HH)	독립 모드로 진입
Fillet Edge(FE)	솔리드 엣지 필렛으로 디테일 살리기
Show(SH)	숨겨진 개체들을 보이게 처리
E Map	환경맵 적용으로 모델링 마감 면 확인
렌더링 뷰(RF)	마감 재질 적용 후의 렌더링 상태 확인

디테일 모델링은 항상 중요하다. 반대로 그만큼 주의해야 한다. 아무 목적없이 디테일에 매달려선 안 된다는 뜻이다. 카메라 뷰(View)를 잡고 보이는 부분을 고려하며 전략적으로 모델링 작업을 해야 한다. 이번에는 디테일 모델링 작업에 도움이 되는 두 가지 명령 (Isolate(HH), E Map)에 대해서 알아보자.

❶ 뷰(View)부터 잡고 보자

인테리어 모델링도 전략적으로

Named View로 뷰를 세팅하는 방법은 앞서 다뤘기 때문에 자세한 튜토리얼은 진행하지 않는다. 다만, 인테리어 모델링을 하는 데에 뷰를 잡는 두 가지 이유를 짚고 넘어가자.

① 패널에 사용할 인테리어 렌더링 이미지를 미리 잡는 데 사용한다.

물론 프레젠테이션 용도로 인테리어 이미지를 제작하는 경우에도 마찬가지다. 구체적으로 인테리어 렌더링을 몇 장 제작할 것인지, 어떤 뷰를 어떤 사이즈로 사용할 것인지를 정해야 한다. 렌더링에 보이지 않는 부분까지 군이 구체적으로 시간을 들여 가며 모델링할 필요는 없다.

② 작업할 부분에 카메라 전환이 쉽지 않을 때 사용한다.

특정 개체만 모델링할 경우엔 Isolate(HH) 명령으로 독립시켜 작업하면 된다. 하지만 서로 멀리 떨어진 부분을 오가면서 모델링해야 할 경우에 Named View를 유용하게 사용할 수 있다.

❷ 독립 모드(Isolate(HH))로 빠른 작업을

Isolate(HH)는 선택한 개체만 화면에 보이게 한다. Invert(반전 선택)와 Hide(숨기기) 기능이 합쳐져 생긴 명령이다. 물론 ZS로 선택한 개체만 줌(Zoom)할 수 있으나, ZS로는 벽체나 다른 개체에 의해 가려지는 부분까지 해결할 수 없다.

필렛을 적용할 가구를 선택하고 Isolate(HH)한다. 선택한 가구만 제외하고는 모두 숨겨질 것이다. Fillet Edge(FE) 명령으로 가구에 디테일을 살린다.

모든 작업이 끝나면 Show(SH)하여 숨겨진 개체들을 보이게 한다.

❸ 빠른 렌더 미리보기

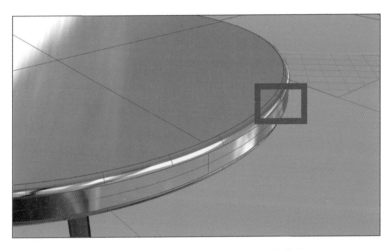

E Map 옵션에 따라 다양한 표현(블렌드, 아이소커브) 가능

E Map 명령은 개체에 환경맵이 적용된 미리보기를 보여준다. Fillet Edge(FE)로 엣지에 필렛이 적용되 곡면이 생긴 가구를 선택하고 E Map 명령을 실행하자. 환경맵 옵션창이 나타난다. 적절한 환경맵을 선택한다. 필자는 개인적으로 스페이스 니들을 자주 사용한다.

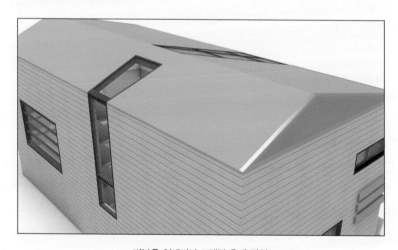

... TIP   Fillet Edge(FE) 반지름을 재설정하려면?

라이노 5.0까지만 하더라도 필렛 기록이 남지 않았다. 필렛 반지름을 수정하고 싶다면 모델링을 처음
부터 다시 하는 수 밖엔 없었다. 라이노 6.0에서는 Fillet Edge(FE) 명령에 '편집' 옵션이 생겼다. Fillet
Edge(FE) 명령 입력 후 편집을 클릭하고 개체를 선택하면 필렛 반지름을 수정하거나 추가, 삭제할 수
있다.

라이노 6.0 버전이라면 렌더링 뷰(RF)로 확인한다. 미리 레이어마다 재질을 적용해 놓았
으니 렌더링 뷰(RF) 명령을 입력하면 라이노 뷰포트에서 바로 확인된다.

4 건물의 뚜껑, 지붕 만들기

지붕은 인테리어 모델링 후에 작업

Polyline(L)	폴리라인으로 지붕프레임 측면 기준선 제작
Offset(O)	안쪽으로 옵셋
Select	두 개의 커브 선택
Extrude Crv(EXT)	돌출하여 3D 형태 제작
Scale 1d(SC)	정확한 사이즈로 프레임 폭 조정
Mirror(MI)	대칭 복사하여 우측 지붕 프레임 제작
Orient 3pt(O3)	지붕에 기준이 된 두 개의 커브를 바닥에 배치
Explode(X)	커브 폭파
Extend(EX), Trim(TR)	커브 연장, 트림하여 지붕 측면 기준선 제작
Join(J)	조각난 커브들을 다시 폴리라인으로 변환
Orient 3pt(O3)	지붕프레임 옆으로 폴리라인 배치
Extrude Crv(EXT)	지붕 제작
Rectangle(REC)	지붕 개구부 사각형 제작
Extrude Crv(EXT)	개구부 뚫기용 솔리드 제작
Boolean Difference(BD)	차집합으로 지붕에 개구부 생성
Group(G)	지붕 개체들을 모두 선택하고 그룹

이쯤 되면 대략 감을 잡았을 것이다. 라이노 모델링을 하는 데에 사용되는 명령어는 그리 많지 않다. 물론 곡면 건축물을 모델링할 때에 다양한 새로운 명령어들을 접할 것이다. Extrude Crv(EXT), Scale 1d(SC)는 그 중에서도 특히 많이 사용되는 명령어이다. 건축물 안 가구까지 모델링을 마쳤으니 이제 건물의 뚜껑인 지붕을 제작해 보겠다.

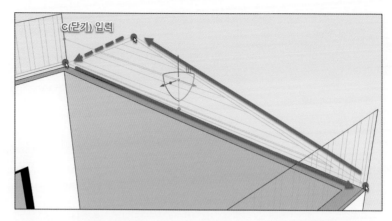

Polyline(L)의 닫기 옵션을 사용하면 마지막 지점을 직접 클릭하지 않아도 된다.

1. Polyline(L)으로 지붕프레임 측면 커브를 제작한다. 측면도 오스냅에 맞춰 작업한다.

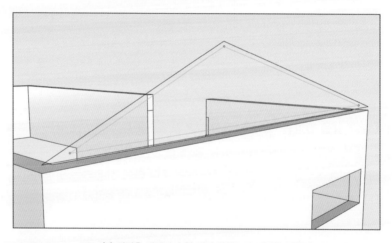

Offset(O) 명령은 개체가 속한 평면 방향으로 간격을 띄운다.

2. 측면 커브를 안쪽으로 25만큼 Offset(O)한다.

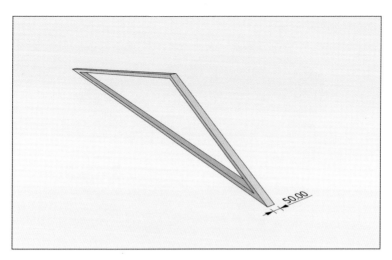

두 폐곡선을 같이 선택하고 Extrude Crv(EXT)하면 가운데가 뚫린 형상의 솔리드가 만들어진다.

3. 제작된 두 개의 커브를 선택하고 Extrude Crv(EXT)한다.
4. Scale 1d(SC)로 폭을 50으로 조정한다.

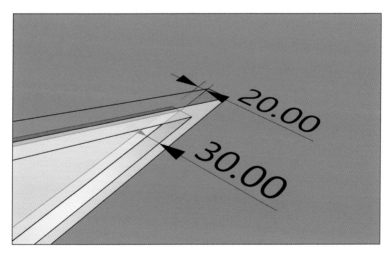

한 폐곡선만 선택하고 Extrude Crv(EXT)하면 커브 형태 그대로 솔리드가 만들어진다.

5. 옵셋한 안쪽 커브만 선택하고 Extrude Crv(EXT)한다.
6. Scale 1d(SC)로 폭을 20으로 조정하고, Move(M) 명령으로 30만큼 안쪽으로 이동시킨다.

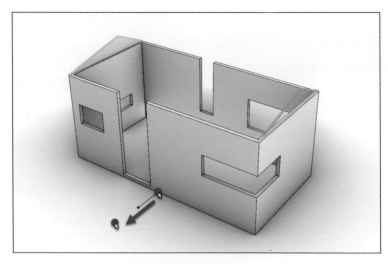

중간점 오스냅을 이용한다.

7. Mirror(MI)로 건축물 우측에도 똑같은 지붕프레임을 복사한다.

8. 지붕프레임 제작 기준선을 변형하여 지붕 제작 기준선을 제작해야 한다. Orient 3pt(O3) 명령으로 두 개의 폴리라인을 바닥에 배치시킨다.

9. 바닥에 배치된 두 개의 폴리라인을 선택하고 Explode(X)한다. 여섯 개의 개별 커브로 변환될 것이다.

10. Extend(EX) 명령으로 커브를 연장하여 지붕 제작 기준선을 제작한다.

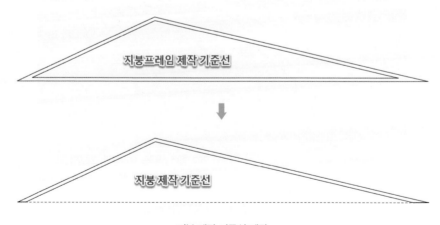

지붕 제작 기준선 제작

11. 필요 없는 부분은 Trim(TR)으로 제거한다.

12. 형태가 만들어졌다면 조각난 커브들을 선택하고 Join(J)한다. 여러 커브가 하나의 닫힌 폴리라인으로 변환된다.

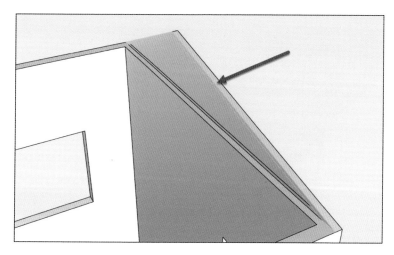

지붕 제작 기준선을 돌출시키면 지붕이 된다.

13. 커브를 선택하고 Orient 3pt(O3) 명령으로 지붕프레임 옆에 정확히 위치시킨다.

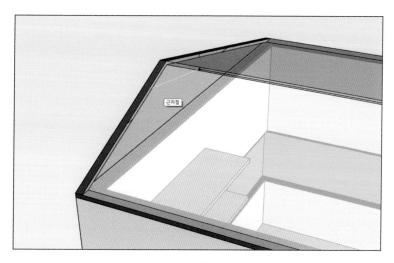

지붕도 Extrude Crv(EXT) 명령으로 제작한다.

14. Extrude Crv(EXT) 명령으로 지붕을 제작한다. 반대편 지붕프레임 오스냅을 이용할
수 있으니 Scale 1d(SC) 명령을 사용하지 않고도 정확한 사이즈 지붕을 만들 수 있다.

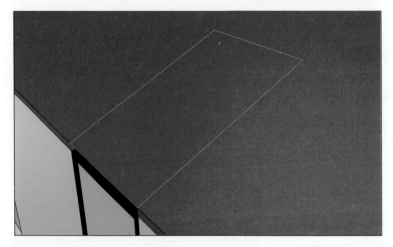

Rectangle(REC)의 3p 옵션을 이용해 지붕 면에 평행상 사각형을 제작할 수 있다.

15. Rectangle(REC) 명령으로 지붕 면에 뚫릴 개구부 기준선을 만든다. 3점 옵션을 사용
해서 도면과 동일한 사각형을 제작한다. 지붕 면에 밀착된 사각형이 만들어진다.
16. 사각형을 선택하고 Extrude Crv(EXT)한다.
17. Boolean Difference(BD) 명령으로 지붕에 개구부를 만든다.
18. 제작된 지붕 개체들을 모두 선택하고 Group(G)한다. 한번 클릭으로 지붕 그룹을 선
택하고 Hide(H)하면 건축물 내부를 쉽게 확인할 수 있다.

최단시간 다이어그램

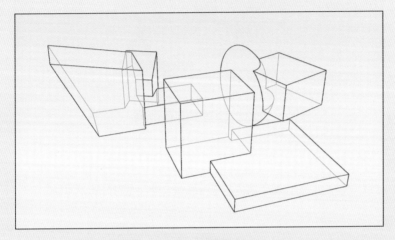

● 보이는 선과 숨겨진 선이 다른 색으로 표현된다.

라이노 모델을 이용해서 다이어그램을 제작하는 경우가 많다. 라이노의 Make 2d 명령은 곡면 개체도 무리없이 그려내기 때문이다. 라이노에서 다이어그램을 만드는 명령어(Make 2d)를 사용하는 방법부터 일러스트에서 색상을 입히는 방법까지의 과정을 알아보도록 하자.

속성 탭(카메라 설정)	뷰포트 투영(평행, 투시, 2점 투시) 및 카메라 렌즈 길이 조절
Named View	다이어그램을 위한 두 개의 뷰 세팅
Select	다이어그램을 그릴 개체 선택
Make 2d	다이어그램 제작 명령어 입력
옵션 설정	Make 2d 옵션 설정
Named View	원점 뷰로 전환, 다이어그램 확인
Export	Adobe Illustrator(*.ai)로 커브 내보내기

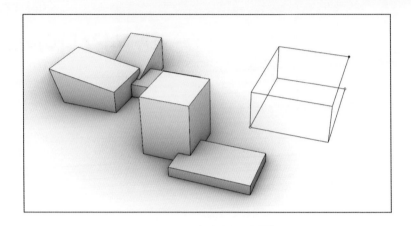

간단한 조형 명령어로 만든 개체

1. 모델은 간단한 조형 명령어(Box, Sphere, 컨쉬클 등)와 합집합(Boolean Union(BU))
   을 이용해 만들었다. 지금까지 배운 명령어를 복습한다 생각하고 개체들을 만들어 보자.

투영이 평행이면 렌즈 길이 설정 불가

2. 다이어그램 제작은 카메라(뷰포트) 설정에서부터 시작한다. 속성 탭에서 투영과 렌즈
   길이를 조정하여 뷰포트를 설정한다.

라이노에서 화면 저장은 카메라 위치 저장과 같다.

3. 모든 개체가 뷰포트에 보이도록 장면을 잡고 Name View 명령으로 뷰포트를 저장한다. 이름은 'Diagram_00'으로 설정한다.

4. 다이어그램 그릴 개체들을 선택하고 Make 2d 명령을 입력한다.

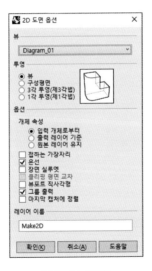

Make 2d 설정창

5. '2D 도면 옵션' 옵션창이 나타난다. 개체 속성을 '입력 개체로부터'로, 은선과 그룹 출력을 체크하고 확인을 누른다.

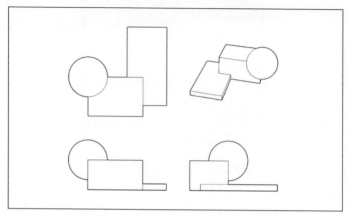

실루엣 커브는 인쇄 너비가 0.5로 설정되어 있다.

Make 2d로 만들어지는 실루엣은 선 두께가 0.5로 설정되어 있다. Print Display(PD) 명령의 상태를 켜면 뷰포트에서 선 두께 확인이 가능하다.

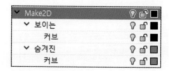

Make 2d 실행 시 자동으로 생성되는 레이어

6. 레이어 탭을 보자. 'Make2d' 레이어에 '보이는'과 '숨겨진' 하위 레이어가 생겼다. 보이는 선과 숨겨진 선은 서로 다른 레이어로 출력된다.

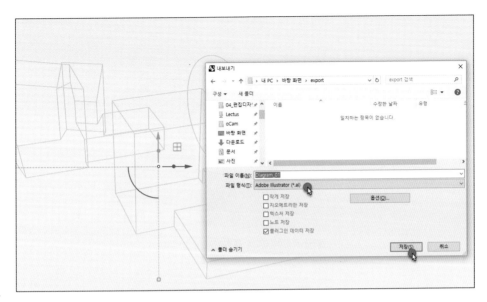

Top 뷰에서 출력 커브들을 선택하고 Export

7. Top 뷰로 넘어가 출력된 커브를 확인한다. Make 2d로 만들어진 커브는 클릭 한번으로 모두 선택되도록 그룹되어 있다. 설정 중 '그룹 출력'에 체크를 했기 때문이다. 커브들을 Top 뷰에서 선택하고 Export한다. 파일 이름은 Diagrma_00이라 하고, 파일 형식은 Adobe Illustrator(*.ai)를 선택한다.

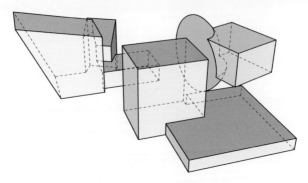

일러스트레이터에서 선 설정과 색상 배치

[Ai]일러스트레이터

파일 열기	일러스트 파일(.ai) Open
Ctrl + **A**	전체 커브 선택
Ctrl + **C**	복사
패널 문서로 이동	제작 중인 패널 문서 선택
붙일 때 레이어 기억(R)	레이어 탭 옵션 조정
Ctrl + **V**	붙여 넣기
크기 조정	적절한 사이즈로 다이어그램 크기를 조정한다.
Layer	각 레이어별 커브 선택 후 색상과 두께 조정
'보이는' 레이어 선택	외곽 커브들만 선택
K	라이브 페인트 설정
색상 선택 후 Click	색상 입히기

1. 라이노에서 내보낸 일러스트 파일을 연다.
2. Make 2d로 제작한 커브들이 레이어가 구분되어 있다. **Ctrl** + **A** 로 모든 커브를 선택하고 **Ctrl** + **C** 를 눌러 복사한다.
3. 작업 중인 마감 패널 문서로 이동한다.

'붙일 때 레이어 기억(R)' 옵션

4. 레이어 탭 옵션 중 '붙일 때 레이어 기억(R)'을 선택한다. 이 옵션을 선택하지 않으면 붙여 넣을 때 복사한 개체의 모든 레이어가 뭉쳐진다.

5. Ctrl + V 로 붙여 넣는다.

6. 적당한 사이즈로 다이어그램 크기를 조정한다.

레이어에 속한 개체를 선택하려면 우측 원을 클릭

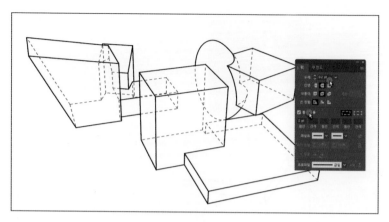

선 종류, 두께 등 설정

7. 각 레이어(보이는, 숨겨진)별로 개체를 선택하고 선 두께와 색상을 조정한다. 획 (Ctrl + F10) 탭에서 조정한다.

8. 선 설정이 끝났으면 '보이는' 레이어에 속한 커브들을 선택한다.

9. K를 눌러 라이브 페인트로 진입한다. 선택한 커브('보이는' 레이어)를 기준으로 색상을 입힐 수 있다.

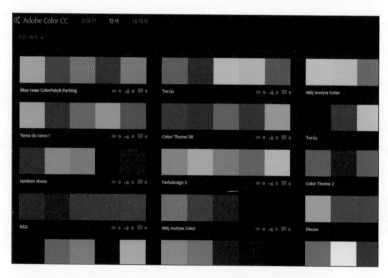

색상 조합 참고사이트 / color.adobe.com

10. 색상을 설정하고 클릭으로 색을 입력한다.

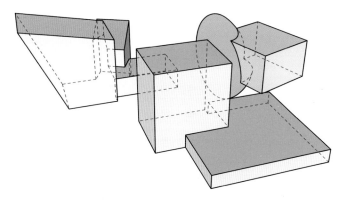

선 설정 후 색상을 입력해 다이어그램 완성

라이노 6.0 시크릿노트

03

곡선 조형물
모델링 프로세스

라이노의 꽃, CP와 Degree

라이노 넙스 커브를 이루는 기본단위인 컨트롤 포인트(Control Point, CP)와 차수(Degree)에 대해서 알아본다. 컨트롤 포인트와 차수를 확인하는 방법과 이를 모델링 작업에 응용하는 방법을 학습한다.

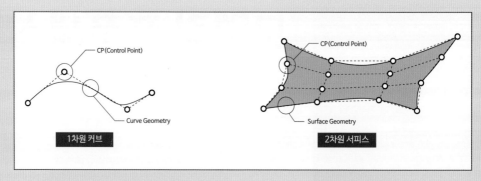

● 넙스 커브와 넙스 서피스에는 컨트롤 포인트가 있다.

라이노는 수많은 컨트롤 포인트가 배치, 연결되어 지오메트리를 구성한다. 라이노의 기본 단위인 컨트롤 포인트는 드러나 보이지 않아 특별한 명령어 입력 없이는 눈으로 확인이 힘들다. 라이노 지오메트리 중 커브와 서피스만이 컨트롤 포인트를 갖고 있다.

이번 장에서는 컨트롤 포인트를 편집하는 방법과 Untrimmed Srf(트림되지 않은 서피스 / '언트림드 서피스'라 읽는다)와 Trimmed Srf(트림된 서피스 / '트림드 서피스'라 읽는다) 구분 방법에 대해 알아본다.

컨트롤 포인트를 뷰포트에서 확인하는 방법은 간단하다. 이전에 다룬 내용이기도 하다. 커브나 서피스를 선택한 후 Points On 명령을 입력하면 된다. **F10** 키를 눌러도 된다.

⋯ TIP 만약 서피스인데 컨트롤 포인트가 1개나 3개만 보인다면?

질문이 틀렸다. '서피스인데'가 아니라 '서피스처럼 보이는데' 라고 문장을 수정해야 한다. Points On 명령을 입력했음에도 컨트롤 포인트가 1개나 3개만 보인다면 서피스가 아닌 것이다.

서피스로 의심되는 개체를 선택하고, 우측 속성 탭을 확인하자. 블록이거나 익스트루전(돌출)일 것이다. 커브를 Extrude Crv(EXT)하면 서피스처럼 보이는 '익스트루전'이 만들어진다. 서피스 형태에 맞는 2차원 배열의 컨트롤 포인트를 확인하고 싶다면 Explode(X)로 돌출 개체를 폭파하면 된다.

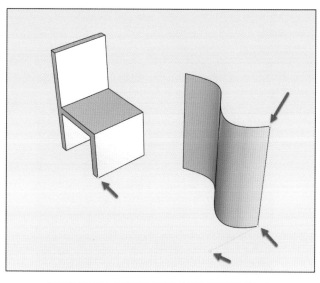

블록은 1개, 익스트루전은 3개의 컨트롤 포인트를 갖는다.

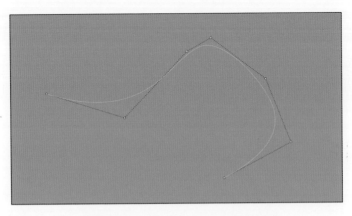

컨트롤 포인트가 항상 넙스 커브 위에 있지는 않다.

커브는 1차원 개체다. 한 줄로 늘어선 컨트롤 포인트로 구성되어 있다. 어떤 커브의 컨트롤 포인트를 켰든 간에, 커브 양 끝에 위치한 컨트롤 포인트는 정확히 커브 개체를 꼭 잡고 있다. 서피스는 2차원 개체며, U커브와 V커브로 구성되어 있다. 이론적으로 X방향이 U, Y방향이 V이다. 그래서 서피스 컨트롤 포인트는 2차원으로 표현된다.

●●● TIP 　서피스의 정확한 U, V방향을 알고 싶다면?

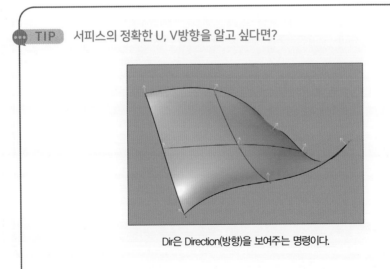

Dir은 Direction(방향)을 보여주는 명령이다.

서피스를 선택하고 Dir 명령을 입력하자. 빨간색 화살표는 U, 초록색 화살표는 V방향이다.

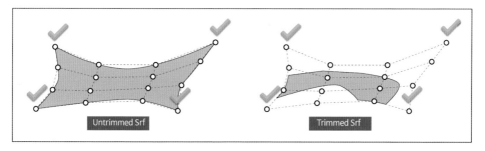

서피스 컨트롤 포인트(4개)가 엣지 끝에 위치해 있는지 여부로 Untrimmed Srf와 Trimmed Srf 구분

커브는 양 끝 두 개 컨트롤 포인트가 커브를 잡고 있다. 서피스는 각 엣지 끝 부분, 4개의 컨트롤 포인트가 서피스를 잡고 있다. 이때 4개의 컨트롤 포인트가 모두 서피스 엣지 끝에 붙어 있으면 Untrimmed Srf, 그렇지 않다면 Trimmed Srf다. 원래 서피스를 구성하는 엣지 중 Trimmed Edge가 하나라도 있으면 Trimmed Srf로 구분한다. 각 엣지들을 하나씩 일일이 검문해 볼 것은 아니기에 간단히 4개의 컨트롤 포인트 위치 확인만으로 Untrimmed Srf와 Trimmed Srf를 구분한다.

> **TIP** 트림되었지만 Untrimmed Srf인 경우가 있다?
>
>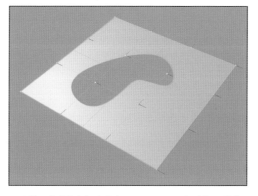
>
> 트림(Trim)되었지만 여전히 Untrimmed Srf인 경우도 있다.
>
> 예외가 하나 있다. 만약 Trim으로 서피스에 구멍을 뚫었을 경우엔 여전히 Untrimmed Srf를 유지한다.

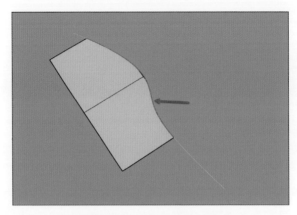

트림된 모서리는 Trimmed Edge라 한다.

Trim(TR)이나 Split(SP)으로 조각난 서피스는 Trimmed Srf다. Plane으로 평면 서피스를 제작하고, 그 서피스를 가로지르는 Curve를 그린다. Trim(TR)으로 서피스의 한쪽 부분을 자르자. 간단히 Trimmed Srf를 만들었다. 조각난 서피스를 선택하고 F10 을 눌러보자. 서피스 지오메트리에 벗어난 컨트롤 포인트가 보인다. Trimmed Srf이기 때문에 그렇다. ESC 키를 눌러 컨트롤 포인트를 끈다.

Untrim 명령으로 Trimmed Edge(서피스의 잘려나간 부분의 엣지)를 선택하자. 트림되기 전 서피스 형상으로 돌아왔다. Trim(TR)과 Split(SP)으로 서피스가 잘려나가더라도 Trimmed Srf는 원래 개체 정보를 모두 갖고 있다. Untrim 명령은 Trimmed Edge에 있는 정보(절대공차, 원본 서피스 등)를 활용해 원래 서피스로 원상복구 해준다.

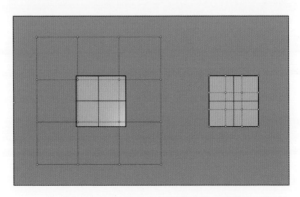

Shrink Trimmed Srf는 서피스 정보를 정리해준다.

이번에는 Plane으로 사각형 서피스를 만들고, 그 안쪽에 Rectangle(REC)로 사각형을 그린다. 사각형 커브 기준으로 사각형 서피스 바깥쪽을 Trim(TR)한다. Curve로 대략 그린후 Trim(TR)한 것과는 다른 방식이다. 서피스의 U, V방향에 맞춰 트림했기 때문이다. 사각형 사이즈로 조각난 서피스는 Trimmed Srf다. 조각난 서피스를 선택하고 F10을 눌러보면 확인 가능하다.

Shrink Trimmed Srf는 Trimmed Edge에 담긴 원래 서피스의 정보를 최소한으로 정리해준다. 특히 방금 제작한 조각 서피스처럼 U, V방향에 맞춰 잘려진 경우엔 완전히 최적화시켜준다. 조각 서피스를 선택하고 Shrink Trimmed Srf 명령을 입력한다. F10을 눌러 컨트롤 포인트를 확인해 보자. 이제 서피스의 컨트롤 포인트가 서피스 엣지에 바짝 붙어 표현될 것이다.

Shrink Trimmed Srf는 모델링 작업을 하면서 자주 사용하는 명령어가 아니다. 모델링을 하다가 컴퓨터가 버벅댄다고 생각되면 Sel Srf로 모든 서피스를 선택하고 Shrink Trimmed Srf를 입력하자.

2   Degree, 어떻게 확인해?

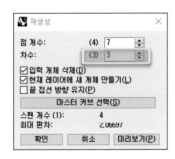

Rebuild 명령으로 CP 개수와 차수를 '확인'만 할 수도 있다.

차수(Degree)는 CP보다 더욱 이해하기 힘들다. 컨트롤 포인트는 특정 명령어를 이용해 육안으로 확인이 가능했다. 하지만 차수는 쉽게 확인할 수 없다. 컨트롤 포인트와 차수 편집 명령어 Rebuild를 이용해 확인하는 방법이 가장 쉽다.

커브를 선택하고 Rebuild를 입력하면 '재생성' 옵션창이, 서피스를 선택하고 Rebuild를 입력하면 '서피스 재생성' 옵션창이 나타난다. 1차원인 커브는 한 방향의 컨트롤 포인트를 갖고 있고, 2차원인 서피스는 두 방향(U, V)의 컨트롤 포인트를 갖고 있다. '점 개수'라고 되어 있는 부분이 컨트롤 포인트 정보다. 차수도 마찬가지다. 1차원인 커브는 한 개의 차수를, 2차원인 서피스는 두 개의 차수(U, V)를 갖는다. 차수 부분에 괄호 안 숫자가 현재 차수다. 보통은 1이나 3으로 되어 있다.

차수가 1이면 직선, 3이면 곡선이다. 차수에 대한 정확한 개념을 알려주지는 않았다. 다만 차수가 1 또는 3일 경우가 많다는 것만 기억하자. 차수는 설명하기가 굉장히 난해하나 이해하기 쉽도록 설명하는 방법이 있다.

차수는 영향력의 범위를 나타낸다. 그리고 차수는 홀수인 것이 자연스럽다. 다음의 예를 보자.

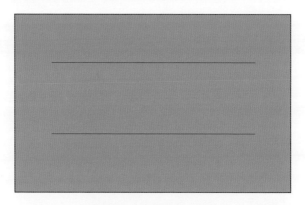

길이 100짜리 라인(10/3, 10/5)

두 커브 모두 Line 명령으로 만들었다. 길이는 100으로 동일하고, X축과 평행하게 그렸다. 위쪽 커브는 Rebuild 명령으로 10/3(점 개수 10에 차수 3. '10에 3'이라 읽는다), 아래쪽 커브는 10/5(10에 5)로 재생성했다. F10 을 눌러 컨트롤 포인트 배치를 확인하자.

컨트롤 포인트 배치 상황

차수가 높은 아래 커브는 커브 양 끝 쪽으로 컨트롤 포인트가 몰려 있다. 차수가 높을수록 컨트롤 포인트가 커브 양 끝에 몰리는 현상이 뚜렷해진다. 가운데쯤 위치한 컨트롤 포인트를 선택하고 검볼을 이용해 Y방향으로 이동시켜 보자.

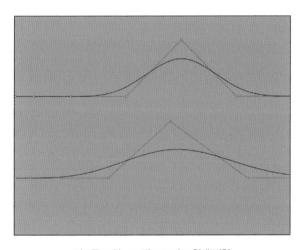

컨트롤 포인트 조정으로 커브 형태 변형

근소한 차이이긴 하나, 차수가 높은 우측 커브의 곡이 좀 더 완만하다. 변형된 부분을 확대해 보자.

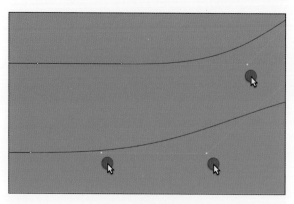

차수에 따른 형태 변형 차이

차수가 3인 커브는 이동시킨 컨트롤 포인트를 포함하여 좌, 우측으로 한 개씩, 총 3개의 컨트롤 포인트가 커브를 놓쳤다. 한편 차수가 5인 커브는 총 5개의 컨트롤 포인트가 커브를 놓쳤다. 그렇다. 차수는 홀수여야 자연스럽고 이는 곧 영향력의 범위를 나타낸다. 영향

••• TIP   차수가 높을수록 부드러운 커브일까?

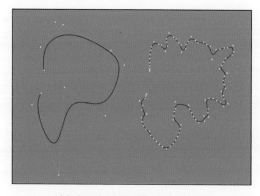

차수가 높다고 부드러운 커브는 아니다.

차수는 그 자체만 놓고 평가하면 안 된다. 컨트롤 포인트 개수와 함께 생각해야 한다. 차수가 높을수록 부드럽다면 100/5인 커브가 10/3인 커브보다 부드러워야 한다. 라이노에서 제작하는 거의 모든 커브는 차수가 3이다. 부드러운 곡선을 만들고 싶다면 차수는 3으로 고정하되 컨트롤 포인트 개수를 줄이면 된다.

력의 범위가 넓다고 무조건 좋은 것은 아니다. 그만큼 수정해야 할 범위도 많다는 뜻이다.

■ 형태 변형에 관대해지자

Rebuild를 하면 아이소커브가 정리된다.

Rebuild는 커브나 서피스의 컨트롤 포인트와 차수를 편집하는 명령이다. 컨트롤 포인트를 추가해서 형태 변형 자유도를 높일 수 있고, 1이었던 차수를 3으로 수정해서 곡선이나 곡면을 만들 수도 있다. 단, 매력적인 Rebuild 명령의 치명적인 단점이 있다.

Rebuild 명령은 99% 확률로 원본 개체 형태가 변형된다. 1%는 직선이나 평면인 경우다. 곡선이나 곡면일 경우엔 같은 값의 컨트롤 포인트 수와 차수를 입력하더라도 반드시 형태가 변형된다. 단, 형태가 변형된다고 해서 무조건 나쁜 것은 아니다. Rebuild 명령으로 편집된 개체는 품질이 좋아진다. 커브는 컨트롤 포인트 분포가 정리되고, 서피스는 아이소커브가 정리된다.

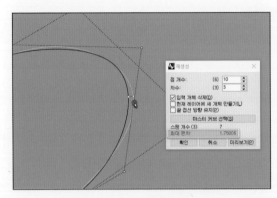

'최대 편차'는 가장 변형이 심한 곳의 오차다.

Rebuild로 재생성된 개체가 기존 개체와 어느 정도 오차가 생기는지 보여준다. 최대 오차 부분은 값으로 표현된다.

만약 도면과 100% 동일한 형태의 개체를 만들어야 한다면 Rebuild를 사용해선 안 된다. 하지만 디자인 단계에서 형태를 잡아가기 위해서 라이노 작업을 하고 있다면 Rebuild로 비롯된 형태 변형에 관대해져도 좋다. 단지 'Rebuild로 지오메트리 형태가 변형될 수도 있구나'라는 생각 정도는 갖고 있자.

곡면 조형물 모델링

곡면 개체 모델링 프로세스를 학습한다. 곡면 조형물의 특징을 찾아내, 라이노 모델링 방법으로 연관 짓는 방법을 여섯 개의 곡면 모델을 모델링하며 알아본다.

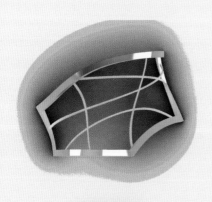

Top View

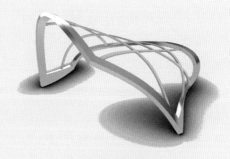

Perspective View

1 나뭇가지 벤치 만들기

❶ 모델링 전략 수립

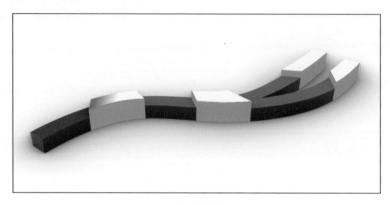

나뭇가지 벤치

[2D 드로잉 후에 Z방향으로 돌출시킨 형상]

#1. Top 뷰에서 보았을 때 단순한 형태

  ▶ 2D 드로잉 작업 후 Extrude Crv(EXT)

#2. 경계가 보이는 2D 드로잉

  ▶ Curve Boolean(CB) 명령으로 기준커브 생성

#3. 솔리드 엣지 디테일

  ▶ Fillet Edge(FE)로 엣지 필렛

❷ 모델링 준비작업

레이어 생성	00_Base 레이어와 모델링 레이어 생성
레이어 설정	레이어 색상 및 재질 설정
00_Base 설정	00_Base 레이어 전구 끄기

1. 모델링을 시작하기 전, 레이어 생성이 우선이다. 레이어 탭으로 이동한다.

기본값 레이어를 현재 레이어로 설정한다.

2. 00_Base와 01_Metal, 02_Wood 레이어를 만든다. 00_Base 레이어는 분할 기준 커브, 참고 개체, 기준 포인트들을 위치시키는 곳이다. 00_Base 레이어는 모델링 작업에 기준이 되는 참고 개체들을 넣어두는 곳이다.

3. 각 레이어 색상과 재질을 입력한다. 색상은 재질 느낌과 비슷하도록 설정한다. 00_Base 레이어는 따로 색상이나 재질을 설정하지 않아도 좋다.

4. 00_Base 레이어의 전구를 끈다. 당장 라이노 화면에 보이지 않아도 되는 참고 개체들은 00_Base 레이어로 설정될 것이다.

> **TIP** 00_Base 레이어?
>
> 00_Base 레이어는 모델링 작업에 참조가 되는 개체들을 저장하는 곳이다. 참조 개체들을 모조리 삭제하며 모델링 작업을 한다면 중간 과정 결과물에 수정 요청이 들어왔을 때 빠른 대응이 불가능하다. 참조 개체들을 삭제하는 대신, 전구가 꺼진 00_Base 레이어로 설정해 놓자. 참조 개체가 필요할 때 언제라도 00_Base 레이어에서 개체를 가져와 사용할 수 있다.

5. 현재 레이어는 그대로 '기본값' 레이어로 설정해 놓는다.

❸ 기본 커브 제작하기

Rectangle(REC)	작업 영역 사각형 제작
Curve	모델링 기준선 제작
Points On(F10)	커브 형태 조정
Copy(C)	컨트롤 포인트 복사
Delete	작업 영역 사각형 삭제
히스토리 기록(Record History)	히스토리 옵션 클릭
Offset(O)	기준선 옵셋
Points On(F10)	커브(부모 개체) 형태 조정
Trim(TR)	트림으로 교차 커브 정리
Line	분할 기준선 제작
Curve Boolean(CB)	커브 부울 연산으로 돌출 기준선 제작

1. Rectangle(REC) 명령으로 가로 10,000 세로 6,000 사이즈 사각형을 만든다. 가로 10 미터, 세로 6미터 사각형 작업 영역 안에 모델링을 할 것이다.

2. Curve 명령으로 모델링 기준선을 만든다. Perspective 뷰에서 형태 잡기가 어렵다면 Top 뷰에서 작업해도 좋다. 작업 영역 사각형 안쪽에 들어차도록 제작한다.

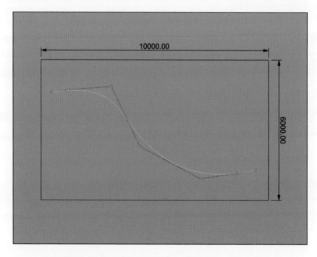

Curve 명령을 이용해 작업 영역 사각형 안쪽에 커브를 제작한다.

3. 커브 선택 후 **F10** 키를 눌러 커브 형태를 조정한다. 컨트롤 포인트를 XY평면 방향(상, 하, 좌, 우)으로만 움직인다.

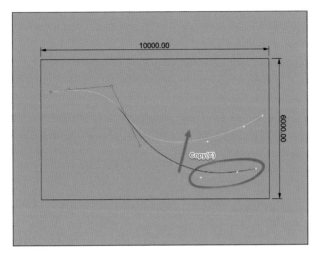

컨트롤 포인트 복사로 부드럽게 이어진 형태의 커브를 만들 수 있다.

4. 우측 세 개 컨트롤 포인트를 잡고 위쪽으로 Copy(C)한다. 컨트롤 포인트를 복사하면 해당 커브도 복사된다.

5. 커브 형태를 다 잡았다면 작업 영역 사각형을 선택하고 **Delete** 키를 눌러 삭제한다.

'히스토리 기록' 글씨를 클릭하면 굵게 표시된다.

6. 라이노 작업화면 하단 옵션 중 히스토리 기록(Record History)을 클릭한다. 히스토리 기록을 클릭한 직후 입력되는 명령어는 '기억'된다.

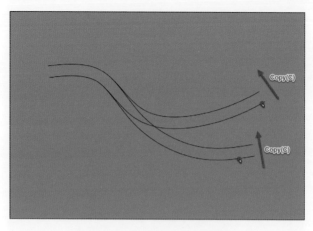

좌측 부분이 겹쳐지도록 Offset(O)한다.

7. Offset(O)으로 벤치 기준 커브를 500만큼 옵셋한다. Offset(O)으로 제작된 커브는 '히스토리 기록'으로 '기억'된 개체다. 벤치 기준 커브가 '부모 개체', 옵셋된 커브는 '자식 개체'다. Offset(O) 명령을 실행할 때(두 번)마다 히스토리 기록 버튼을 눌러야 한다.

●●● TIP   히스토리 기록으로 제작된 커브는 자식 개체다?

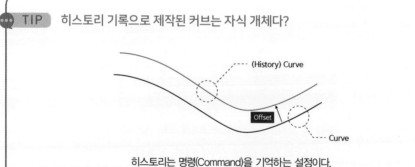

히스토리는 명령(Command)을 기억하는 설정이다.

부모 없이 자식만 존재할 수는 없다. 부모 개체를 이동시키거나 형태를 변형시키면 자식 개체도 이동되고 형태가 변형된다. 하지만 반대의 경우는 불가능하다. 자식 개체를 이동시키면 히스토리 기록이 깨진다. 만약 자식 개체를 잘못 건드려서 히스토리 기록이 깨졌을 때 히스토리를 그대로 유지하고 싶다면 Ctrl + Z 로 되돌려야 한다.

8. 부모 개체 컨트롤 포인트를 조정해 형태를 잡는다. 자식 개체에 Offset(O) 히스토리가 걸려 있기 때문에 옵셋된 커브 형태도 같이 조정된다.

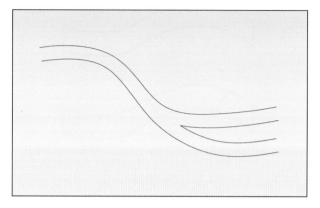

커브가 겹쳐지는 곳을 정리했다.

9. Trim(TR) 명령으로 불필요한 커브를 정리한다.

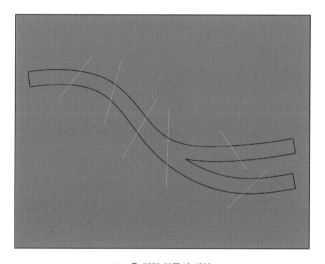

Line은 칼질 하듯이 배치

10. Line으로 끝막음을 한다. 벤치를 가로지르는 커브도 제작한다.

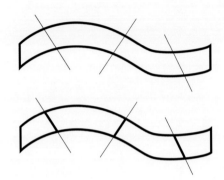

영역 통합 = 예 ▶ 하나의 연결된 커브 생성

영역 통합 = 아니오 ▶ 다수의 개별 커브들 생성

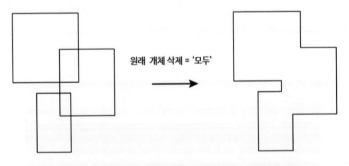

원래 개체 삭제 = '모두'

Curve Boolean(CB)의 원래 개체 삭제 옵션은 항상 '모두'로 설정한다.

Curve Boolean(CB) 명령은 해치 패턴을 넣듯 영역을 지정해 닫힌 평면형 커브를 만드는 명령이다. 영역 통합 여부에 따라 다양한 연출이 가능하다.

Curve Boolean(CB) 연산을 사용할 때, '원래 개체 삭제' 옵션을 '모두'로 설정해 놓는다. 입력 커브가 명령어 실행 이후 자동으로 삭제되는 옵션이다. 만약 이 옵션을 '없음'으로 설정해 놓는다면 명령어 실행 후 입력 커브를 일일이 선택해서 삭제해야 하는 번거로움이 뒤따른다.

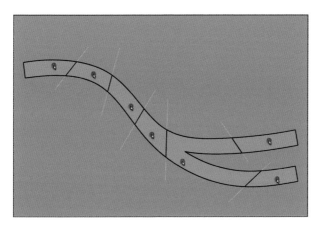

영역 통합이 '아니오'라면 닫힌 평면형 커브가 여러 개 제작된다.

11. Curve Boolean(CB) 명령으로 커브를 기준으로 분할된 부분을 하나씩 클릭한다. 단, 이때 '영역 통합' 옵션은 '아니오'로 되어 있어야 한다.

12. **Enter** 를 눌러 커브 부울연산을 끝낸다.

❹ 2D에서 3D로

커브 선택	홀수 번째 커브들 선택
Extrude Crv(EXT)	600 돌출시키기
Change Layer(CL)	돌출된 개체들 선택 후 01_Metal 레이어로 설정
커브 선택	짝수 번째 커브들 선택
Extrude Crv(EXT)	400 돌출시키기
Change Layer(CL)	돌출된 개체들 선택 후 02_Wood 레이어로 설정
Sel Crv	참고 커브 선택
Change Layer(CL)	00_Base 레이어로 설정

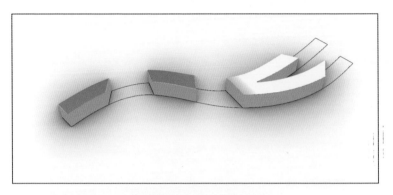

홀수 번째 커브들은 테이블이 된다.

1. Curve Boolean(CB) 연산으로 만들어진 커브들은 모두 '닫힌 평면형 커브'다. 홀수 번째 커브들을 선택하고, 600만큼 Extrude Crv(EXT)한다.
2. 600만큼 돌출된 개체들은 금속 재질 테이블이 될 것이다. 개체들을 선택하고 Change Layer(CL) 명령을 입력한다. 01_Metal 레이어로 설정한다.

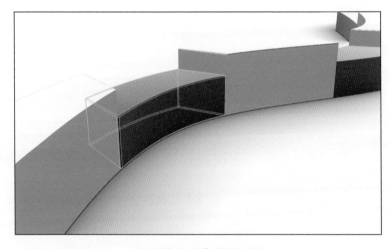

짝수 번째 커브들은 의자가 된다.

3. 짝수 번째 커브들을 선택하고, 400만큼 Extrude Crv(EXT)한다.
4. 400 높이로 돌출된 개체들은 나무 재질 의자가 될 것이다. 개체들을 선택하고 Change Layer(CL) 명령을 입력한다. 02_Wood 레이어로 설정한다.

5. Sel Crv 명령으로 벤치를 제작할 때 참고가 되었던 커브들을 선택한다. Change Layer (CL) 명령을 입력한다. 00_Base 레이어로 설정한다. 뷰포트에서는 보이지 않도록 처리된다. 만약 참고 커브가 다시 필요하다면 00_Base 레이어를 켜고 사용하면 된다.

❺ 디테일 뿌리기

Fillet Edge(FE)	모든 엣지에 필렛 적용
E Map	환경맵 적용

1. Fillet Edge(FE) 입력 후 반지름을 10으로 설정한다. 필렛할 엣지를 선택하기 전에 반지름을 설정해야 한다.
2. 모든 개체들의 엣지를 선택한다. 뷰포트상에 10이라는 반지름이 표시된다.

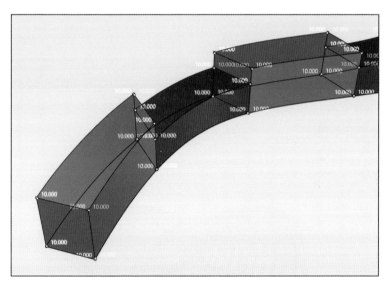

Fillet Edge(FE)는 Enter 를 두 번 눌러야 명령이 종료된다.

3. Enter 를 눌러 Fillet Edge(FE) 명령을 마무리한다.

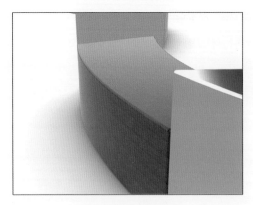

재질이 적용된 렌더링 뷰(RF)

4. 모든 개체를 선택하고 E Map을 입력한다. 단, 라이노 6.0이라면 E Map 대신 렌더링 뷰(RF)로 확인해도 좋다.

❶ 모델링 전략 수립

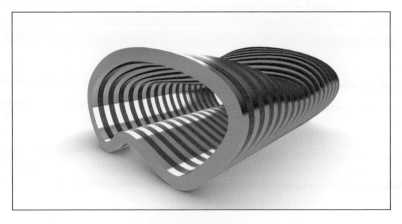

곡면 형태 의자

[Base Geometry(Srf)를 시작으로 구성된 형태]

#1. Top 뷰의 양 끝에 직선이 보임

    ▶ Loft로 서피스 생성

#2. 한쪽 방향으로 규칙적인 등고선

    ▶ Contour 명령으로 등고선 생성

❷ 기본 형태 잡기

레이어 생성 및 설정	모델링 기본 레이어 생성
Rectangle(REC)	참조 사각형 제작
Scale 1d(SC)	참조 사각형 사이즈 조정
Move(M)	원점으로 이동
Curve	기본 커브 제작
Copy(C)	커브 4개 복사
히스토리 기록(Record History)	히스토리 설정 클릭
Loft(LO)	보통 옵션으로 서피스 생성
Lock	자식 개체(서피스) 잠그기
Points On(F10)	5개 커브 컨트롤 포인트 조정
Unlock	자식 개체 잠금 풀기
Copy(C)	참조 사각형과 최종 형태 복사
Change Layer(CL)	복사된 서피스 제외하고 모두 숨기기(00_Base)
Curve Boolean(CB)	커브 부울 연산으로 돌출 기준선 제작

00_Base 레이어 전구는 끈 상태로

1. 모델링하기 전 레이어를 설정한다. 00_Base 레이어와 01_Metal 레이어, 02_Wood 레이어를 만들고 색상과 재질을 설정한다. 단, 현재 레이어는 기본값 레이어다.

2. Front 뷰로 넘어온다. Front 뷰에서 커브를 제작하면 XZ평면 위에 제작된다. 물론 Perspective 뷰에서 작업 후 Rotate 3d(RO3) 명령으로 커브를 일으켜 세울 수도 있다.

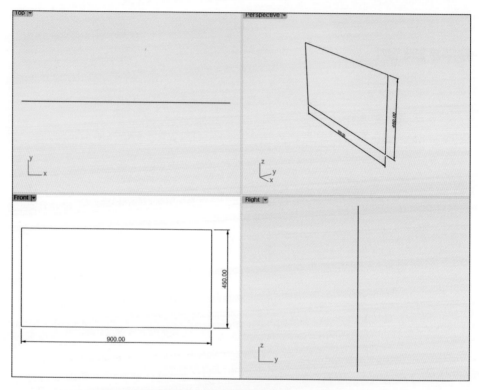

Front 뷰에서 사각형을 제작하면 XZ평면에 그려진다.

3. Rectangle(REC) 명령으로 사각형을 그린다. 기본 커브의 적당한 사이즈를 가늠하기 위한 참조 개체다.

4. Scale 1d(SC) 명령으로 참고 개체 사이즈를 조정한다. 가로 900, 세로 450으로 조정한다.

5. Move(M) 명령으로 사각형 아래 끝점을 원점(0, 0, 0)으로 이동시킨다.

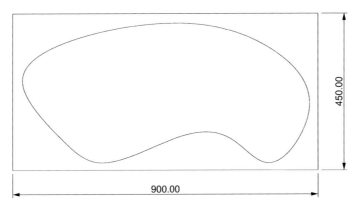

450.00

900.00

닫힌 커브로 만든다.

6. 참조 사각형을 벗어나지 않는 기준 커브를 만들어야 한다. Curve 명령으로 사각형 내부에 의자 단면 형상을 닫힌 커브로 그린다.

7. 이제는 3D 작업을 위해 Perspective 뷰로 넘어온다.

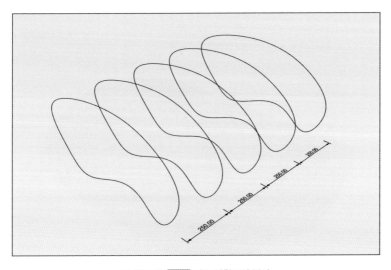

250.00   250.00   250.00

값 입력 후 Shift 키로 방향고정 복사

8. Copy(C) 명령으로 커브를 네 개 더 복사한다. Y방향으로 500, 1000, 1500, 2000만큼 떨어진 곳으로 복사한다.

9. 히스토리 설정을 클릭한다. 로프트 명령을 기억하기 위해서다.

10. Loft(LO) 명령 입력 후 커브를 차례대로 선택하고 Enter 를 누른다.

스타일 옵션에 따라 다양한 형태로 모델이 만들어진다.

11. 로프트 옵션창이 나타난다. 스타일을 '보통'으로 설정하고 확인을 누른다.

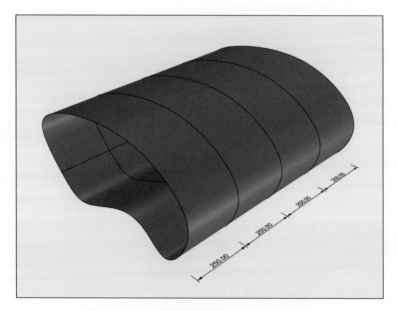

Lock으로 잠긴 개체는 뷰포트에서 진한 회색으로 표현된다.

12. 커브 다섯 개가 부드럽게 연결되어 서피스가 만들어졌다. 히스토리 기록으로 만들어진 자식 개체이므로 부모 개체인 커브 형상에 따라 형태가 조정된다. 서피스를 선택하고 Lock을 입력한다. 서피스가 잠긴다. 클릭으로 선택할 수 없는 상태다. 히스토리 기록으로 만들어진 자식 개체(서피스)는 Lock으로 보호할 수 있다. Lock으로 잠긴 개체는 선택이 안 되므로 이동시키거나 형태를 변형할 수 없기 때문이다.

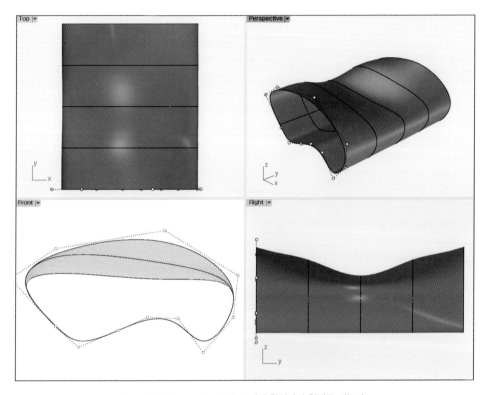

Front 뷰와 Perspective 뷰를 동시에 확인하며 형태를 잡는다.

13. 커브 다섯 개를 모두 선택하고 **F10** 을 누른다. 뷰포트에 컨트롤 포인트가 표시된다. 검볼의 이동 기능으로 컨트롤 포인트를 조정한다. 단, 컨트롤 포인트는 XZ평면과 평행하게 이동한다. 컨트롤 포인트를 조정하면 커브 형태가 바뀌고, 커브를 부모 개체삼아 만들어진 서피스의 형태도 바뀌게 된다.

14. 서피스 형상을 잡았다면 Unlock으로 잠겨있던 서피스 잠금을 해제한다. Lock 명령은 특정 개체를 선택하지만, Unlock은 '모든' 개체의 잠금 풀기 명령이기 때문에 특정 개체를 택하지 않는다. 어차피 잠긴 개체는 선택할 수도 없다.

15. Copy(C) 명령으로 참조 사각형과 서피스를 복사한다. 이제부터는 Copy(C)로 복사된 개체를 사용할 것이다.

16. 복사한 서피스를 제외하고 모두 선택한다. Change Layer(CL) 명령 입력 후 00_Base 레이어로 설정한다.

❸ 서피스 두께 적용

Extrude Srf	서피스 돌출
`Ctrl` + `Z`	잘못된 부분 확인 후 되돌리기
Offset Srf(OS)	곡면 서피스의 올바른 두께 적용

1. Extrude Srf로 서피스에 두께를 적용하자. 솔리드 옵션은 '예'로, 값은 70으로 입력한다.

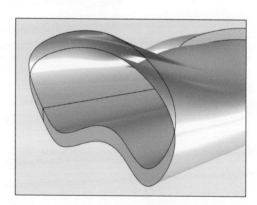

곡면 서피스에 두께를 적용 할 때 Extrude Srf를 사용해선 안 된다.

2. 잘못된 부분을 찾았는가? 그렇다. Extrude 명령은 한 방향으로 개체를 돌출시킬 때 사용하는 명령이다. 평면 서피스에 두께를 적용할 때에만 Extrude Srf 명령이 적합하다. 잘못된 부분을 확인했으니 `Ctrl` + `Z` 를 눌러 되돌리자.

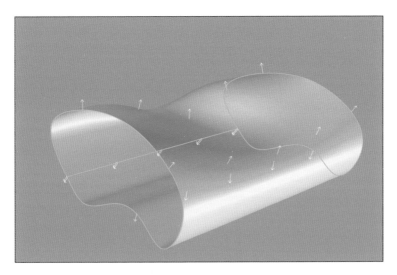

Offset Srf(OS)는 곡면의 수직(법선) 방향으로 간격을 띄우는 명령이다.

3. Offset Srf(OS)는 서피스 간격 띄우기 명령이다. 솔리드 옵션을 '예'로 설정하면 곡면 서피스에 두께를 적용할 수 있다. 흰색 화살표로 옵셋 방향을 보여준다. 만약 옵셋 방향을 반대로 바꾸고 싶다면 모두 반전 옵션을 선택하거나 서피스를 클릭하면 된다.

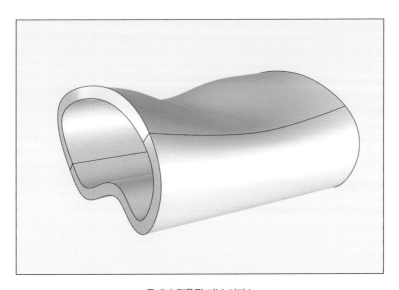

두께가 적용된 기본 서피스

❹ 윤곽 따내기

Contour	윤곽 따내기
Change Layer(CL)	의자 개체 숨기기(00_Base)
Delete	끝부분 커브 정리(삭제)
Extrude Crv(EXT)	윤곽 간격만큼 두께 돌출
Select	금속 개체 선택
Group(G)	그룹
Change Layer(CL)	01_Metal 레이어로 설정
Select	나무 개체 선택
Group(G)	그룹
Change Layer	02_Wood 레이어로 설정

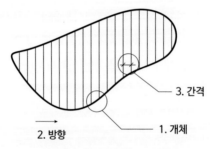

Contour의 입력 데이터는 세 가지다.

1. Contour는 윤곽을 따내는 명령이다. Contour 명령을 사용하기 위해선 개체, 방향, 간격 세 가지 정보가 필요하다. 방금 만들어낸 솔리드가 '개체'다. '방향'은 Y축 방향, '간격'은 30을 입력한다. 솔리드로 제작된 개체를 선택하고 Contour를 입력한다. 다양한 옵션이 명령행에 표현된다. '윤곽 평면으로 개체 그룹화' 옵션을 '예'로 설정한다. 매 윤곽마다 자동으로 Group(G)이 되는 옵션이다.

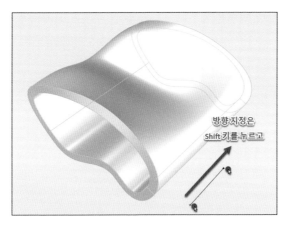

만약 윤곽 방향이 Z축 방향이었다면 겹겹이 쌓인 지형처럼 만들어졌을 것이다.

2. 두 번의 클릭으로 Y축 방향을 설정한다. 바닥의 공백을 클릭하고, **Shift** 키를 누른 채 Y방향으로 마우스 커서를 이동하고 클릭하면 된다. 윤곽 사이의 거리, 즉 '간격'에 30을 입력하고 **Enter** 를 누른다.

3. Contour 명령으로 윤곽 커브가 만들어졌다. 의자 개체는 Contour로 커브들을 만들기 위한 참조 개체였다. Contour 명령 후에는 더 이상 필요가 없다. Change Layer(CL) 명령으로 의자 개체 레이어를 00_Base로 설정한다.

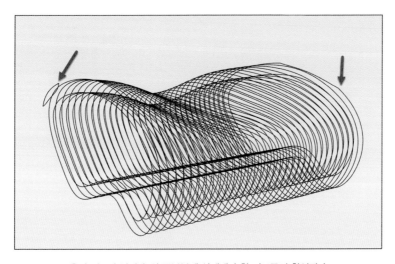

윤곽 커브만 남긴다. 양 끝부분에 삭제해야 할 커브들이 확인된다.

4. 도넛 형태 커브들만 화면에 보인다. 좌, 우측 끝 부분에 삭제해야 할 커브들이 확인된다. 길이가 너무 짧다고 판단되는 커브들은 선택하고 Delete 키를 눌러 삭제한다.

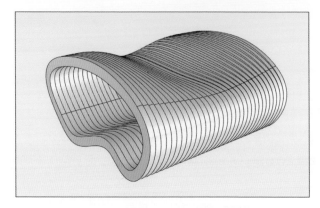

Contour와 Extrude Crv는 항상 같이 사용된다.

5. Extrude Crv(EXT) 명령을 입력하고 윤곽 커브를 선택한다. 방향을 설정해야 한다. 방향(D) 옵션을 누르고 Contour 명령 때 방향을 설정했던 것처럼 Y축 방향을 설정한다. 두께는 30으로 적용한다. Contour 간격과 같은 값을 입력해야 한다.

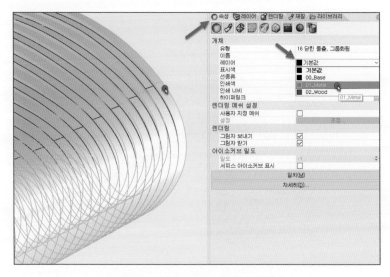

속성 탭에서도 개체 레이어 변경이 가능하다.

6. 금속과 나무가 교차로 배치된 의자를 만들 것이다. 홀수 번째 익스트루전들을 선택하고 Group(G)한다.

7. Change Layer(CL) 명령으로 01_Metal 레이어로 설정한다. 개체 레이어를 변경하기 위해 Change Layer(CL) 명령을 사용해도 되지만 속성 탭에서 수동으로 변경할 수도 있다.

··· TIP 방향키만으로 개체 이동이 된다?

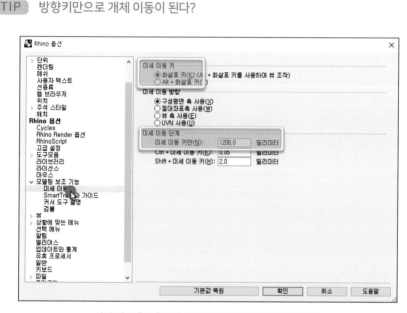

미세 이동 옵션을 이용하면 방향키로만 개체 이동이 된다.

'미세 이동'은 화살표 키를 눌러 개체를 이동시키는 옵션으로 모델링 작업 시 유용하게 사용할 수 있는 옵션이다. 기본 설정만 조금 바꿔주면 사용하기가 편해진다. 라이노 옵션창(Options)을 띄우고 모델링 보조 기능의 하위 메뉴인 미세 이동을 클릭한다. 우측에 미세 이동 옵션이 표현된다. 두 가지만 설정하면 된다. 미세 이동 키는 '화살표 키(K)'로, 미세 이동 단계 중 '미세 이동 키만(N)'을 1200으로 설정한다. 확인을 눌러 옵션창을 닫는다. 이제 개체를 선택하고 화살표 키를 누르면 개체가 1200만큼 이동된다. 화살표 키를 이용해서 개체를 사방으로 이동시킬 수 있다.

8. 짝수 번째 익스트루전들을 선택하고 Group(G)한다. Change Layer(CL) 명령을 이용해 02_Wood 레이어로 설정한다.

렌더링 뷰(RF)로 확인한 3D 모델

❺ 제작을 위한 전개도

01_Metal 레이어 전구를 잠시 끄자. 윤곽 커브만 보이게 하기 위해서다. 다음 두 가지만 기억하자.

- Ctrl + Click으로 '개체 선택 제외'
- 화살표 키로 '미세 이동'

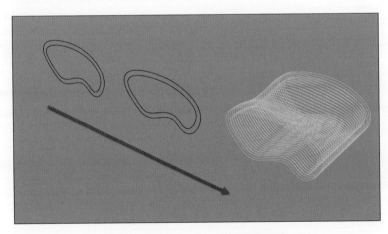

전개도 나열은 Perspective 뷰에서 작업한다.

모든 윤곽 커브들을 선택하고, Ctrl + Click과 화살표 키를 이용해 전개도를 나열한다.

전개도를 모두 나열했다면 Rotate 3d(RO3) 명령으로 전개도를 XY평면에 평행하도록 배치한다.

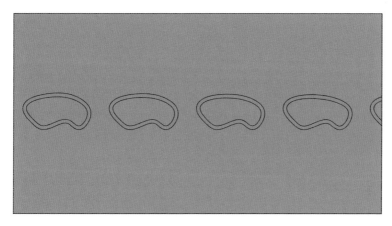

바닥(World XY)에 배치된 전개도

Set Pt 명령으로 모든 전개도를 바닥(World XY)에 위치시킨다. 전개도가 완성되었다.

> **TIP** 라이노에서 막노동이란?
>
> 라이노 모델링은 막노동 작업이라 할 수 있다. 보통 라이노 작업을 95%의 명령어와 5%의 막노동으로 이루어진다고 말하는데, 비록 막노동의 비율이 약 5%이더라도 이는 상당한 작업 시간을 필요로 한다. 그래스호퍼는 이러한 라이노의 힘든 작업 부분을 대체할 수 있는 솔루션을 제공한다. 지형을 만들거나 매스를 지형 높이에 맞게 조정하는 작업을 4장에서 해 볼 것이다. 그때 그래스호퍼의 놀라운 힘을 알게 될 것이다.

❻ 조립은 실전이다

한 줄로 늘어선 전개도가 보인다. 만약 스케일이 적용된 작은 모형을 만들고 싶다면 Scale 명령으로 전개도 사이즈를 조정하면 된다. 일러스트레이터(*.ai) 파일로 Export하면 레이저 커팅 업체에서 작업을 할 수 있다.

TIP 레이저 컷팅 업체에 적합한 선 정리 방법은?

업체마다 다르니 작업 전 반드시 업체에 전화해서 확인해야 한다. 사용하는 기계나 소프트웨어에 따라 다르기도 하고, 작업자에 따라 다를 수도 있다. 어떤 업체는 일러스트레이터 파일로 받는 반면, 다른 업체는 오토캐드(*.dwg) 파일로 받는다. 그러니 작업 파일을 넘길 때는 반드시 미리 업체에 확인해야 한다.

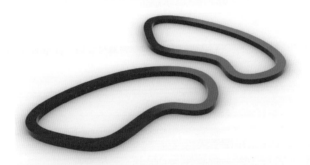

만약 이렇게 두 조각이 있다면, 이를 어떻게 붙일 것인가?

성공적으로 커팅된 조각들을 배송받았다고 치자. 의자를 조립하기 전에 아차 싶을 것이다. 장담하건대 절대로 컴퓨터 화면에 보이는 의자 형태로 조립할 수 없다. 두 가지 치명적인 문제가 있기 때문이다.

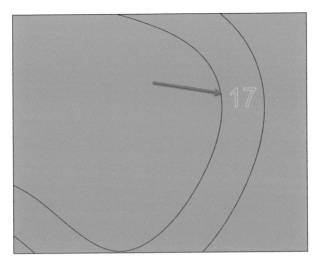

조각 순서를 개체에 표현

① 조각들의 순서를 알 수 없다.

Text 명령으로 숫자를 입력하고 Explode(X)로 폭파하면 커브가 만들어진다. 개체마다 1, 2, 3, 4 숫자 표기를 하면 된다. 단, 숫자 표기는 조각 조립 후 보이지 않는 곳에 하는 방법이 좋다.

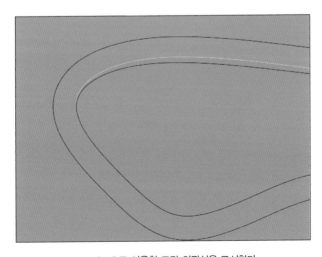

Hatch Cut으로 이웃한 조각 외곽선을 표시한다.

② 옆 조각과의 배치 각도를 알 수 없다.

해결하기 어려운 문제 같으나, 사실 컨씨컨브이(Ctrl + C , Ctrl + V)로 쉽게 해결 가능하다. 조각 전개도를 모두 선택하고 컨씨컨브이로 복붙한다. 복사된 개체들은 왼쪽 화살표 키를 눌러 좌측으로 1200만큼 이동시킨다. 방금 복사 후 이동한 커브들은 별도의 레이어로 만들어 관리해야 한다. 기존 커브를 'Full Cut' 레이어로, 복사된 커브들을 'Hatch Cut' 레이어로 구분해 설정하자. Trim(TR)으로 기존 커브에서 벗어난 부분을 정리하면 된다. 옆 조각과 어떤 각도로 붙으면 되는지 가이드 선이 생긴다.

3 죽부인 벤치 만들기

❶ 모델링 전략 수립

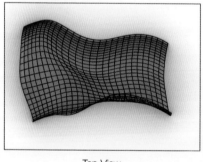

Top View

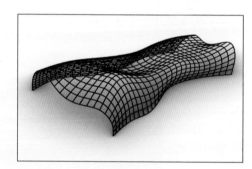

Perspective View

죽부인 벤치

[Base Geometry(Srf)에 아이소커브로 디자인된 형태]

#1. Top 뷰 양 끝이 직선

▶ Loft로 서피스 생성

#2. 서피스 흐름에 맞는 커브들

▶ Extract Wireframe으로 와이어프레임 추출

❷ 기본 형태 잡기

레이어 탭	모델링 기본 레이어 생성 및 설정
Curve	모델링 기준선 제작
Move(M)	세 개 커브 Z방향 이동
Points On(F10)	커브 컨트롤 포인트 조정
히스토리 기록(History Record)	히스토리 설정 클릭
Loft(LO)	로프트로 서피스 생성
Lock	서피스 잠금
Poins On(F10)	커브 컨트롤 포인트 조정
Bounding Box(BB)	경계상자 제작(커브)
Scale	크기 조정
Unlock	서피스 잠금 해제
Copy(C)	경계상자와 서피스 복사
Change Layer(CL)	서피스 외 개체 00_Base 레이어로 설정

곡면 형태 의자 만들기와 동일한 과정이다. 기본적인 곡면 서피스 모델링 방법이다. 충분히 자유롭게 모델링할 수 있도록 제작 과정을 기억해야 한다. 글씨를 외우지 말고 과정을 머릿속으로 그리자. 자연스럽게 기억될 것이다.

1. 모델링 기본 레이어를 만들고 설정한다. 00_Base, 01_MetalRed 레이어를 만들고 색상과 재질을 설정한다. 현재 레이어는 기본값 레이어다.

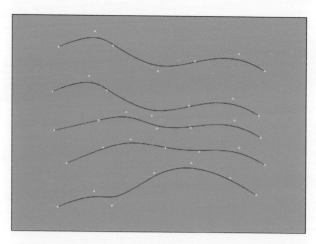

Curve 명령으로 커브 제작할 때 클릭한 곳이 컨트롤 포인트가 된다.

2. Top 뷰에서 Curve 명령으로 곡선을 다섯 개 제작한다. 추후 서피스를 만든 후 크기 조정을 할 것이다. 전체적인 비율을 보고 커브를 제작한다. 커브 제작 시 일곱 번 클릭해(일곱 개의 컨트롤 포인트) 유려한 커브를 만든다.

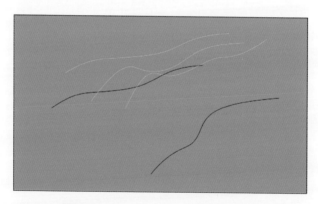

비율을 보고 적당히 Gumball을 이용해 이동시킨다.

3. Perspective 뷰로 넘어온다. 다섯 개 커브 중 양 끝 커브를 제외한 세 개 커브를 잡고 Z방향으로 약간 이동한다.
4. F10 을 눌러 컨트롤 포인트를 조정해 커브 형태를 잡는다.
5. 히스토리 기록을 클릭한다. 로프트 명령을 기억할 것이다.

6. 커브 다섯 개를 이용해 Loft(LO) 서피스를 만든다. 스타일은 보통으로 한다.

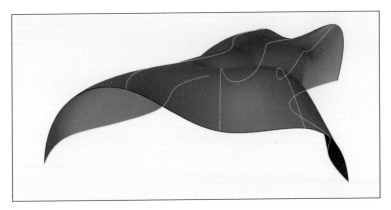

Lock으로 잠긴 서피스는 선택되지 않는다.

7. 서피스를 Lock으로 잠그고 다섯 개 커브의 컨트롤 포인트를 조정하며 형태를 잡는다.

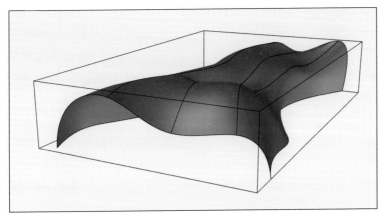

서피스는 선택되지 않으므로 경계상자 제작 시 관여되지 않는다.

8. 형태 조정이 끝났으면 커브 다섯 개를 모두 선택하고 Bounding Box(BB) 명령을 입력한다. 경계상자 출력 옵션은 커브로 설정한다.

9. 커브와 경계상자를 모두 선택하고, Scale 명령으로 크기를 조정한다. 높이를 500으로 설정한다.

10. 커브와 경계상자 크기가 조정되었다. 부모 개체인 커브 형태가 바뀌니 그 자식 개체인 서피스도 형태가 바뀐다. Lock으로 잠겨서 개체 선택이 안 되더라도 커브와 서피스는 히스토리 기록으로 계속 연결돼있다.

11. 경계상자는 크기 조정을 위한 개체였지만 참조 개체로도 사용할 수 있다. 삭제하지 말자.

12. Unlock으로 잠겨있던 서피스 잠금을 해제한다. Copy(C)로 경계상자와 서피스를 복사한다. 이어지는 작업을 위한 개체다.

13. 복사된 서피스를 제외하고, 모두 00_Base 레이어로 설정한다. Change Layer(CL) 명령을 사용한다.

❸ 서피스 아이소커브 조정

Select	서피스 선택
속성 탭	아이소커브 밀도 조정
Rebuild	아이소커브 균일하게 서피스 재생성
속성 탭	아이소커브 밀도 조정

1. 서피스를 재생성(Rebuild)해 품질을 균질하게 할 것이다. 우선 그 전에 현재 만들어진 서피스 아이소커브를 확인한다. 서피스를 선택하고 속성 탭을 확인하자.

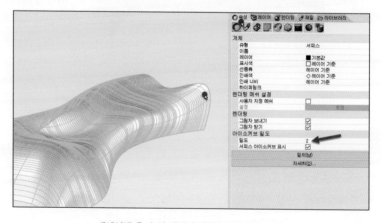

개체선택 후 속성 탭에서 아이소커브 밀도 조정

2. 서피스 아이소커브 표시에 체크를 한다. 밀도는 3으로 설정한다. 밀도가 크면 클수록
   아이소커브 배치가 빽빽해진다.

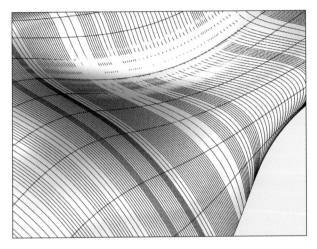

아이소커브 분포가 불균형한 서피스

3. 아이소커브가 서피스 전 단면에 걸쳐 균일하게 분포되 있지 않다. 커브 간격이 좁았던
   곳은 아이소커브가 조밀하게 표현된다.

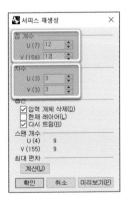

서피스를 Rebuild할 때엔 CP와 Degree를 각각 두 개씩 입력해야 한다.

4. 서피스를 선택하고 Rebuild 명령을 입력한다. 서피스 재생성 옵션창이 나타난다. 점 개수는 12/12, 차수는 3/3으로 입력하고 확인을 누른다. 서피스를 구성하는 U커브와 V커브 속성을 12/3으로 설정한 셈이다. 재생성된 서피스는 원본 서피스에서 형태가 변형된다. 다만 기존 점 개수와 차수를 유지한다면 형태상 큰 변화는 없다.

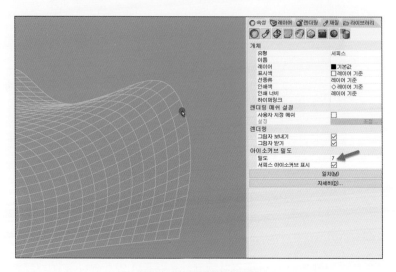

서피스 아이소커브 밀도 조절

5. 서피스를 선택하고 속성 탭을 보자. 아이소커브 밀도를 적당하게 조절하자. 여기서는 7로 설정했다.

❹ 아이소커브 뽑아내기

Select	서피스 선택
속성 탭	아이소커브 밀도 조절
Extract Wireframe(EW)	와이어프레임 추출
Invert	반전 선택
Change Layer(CL)	00_Base 레이어로 개체 설정
Ctrl + A	와이어프레임 커브 선택
Group(G)	그룹

1. 와이어프레임을 추출할 서피스를 선택한다. 속성 탭에서 적당한 아이소커브 밀도를 조절한 상태다.
2. Extract Wireframe(EW) 명령으로 와이어프레임을 커브 개체로 추출해낸다.

TIP 아이소커브(Iso Curve)와 와이어프레임(Wireframe)의 차이는?

와이어프레임은 일정 밀도로 조절된 아이소커브다. 서피스에는 무한히 많은 아이소커브가 있다. 밀도를 조절해야만 라이노 뷰포트에서 확인이 가능하다. 아이소커브는 실제 개체가 아니기 때문에 특정 명령으로 추출하기 전에는 눈에만 보일 뿐 따로 선택할 수 없다. Extract Wireframe(EW)은 밀도가 조절된 아이소커브를 커브 개체로 추출하는 명령이다.

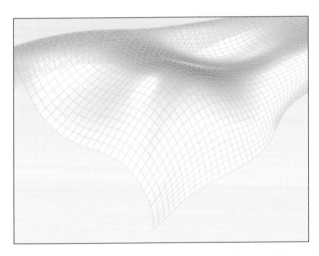

라이노 뷰포트에선 '아이소커브'와 '추출된 와이어프레임' 구분이 힘들다.

3. Extract Wireframe(EW) 명령 직후엔 추출된 커브들이 선택된 상태다. 이 상태에서 Invert 명령으로 반전 선택을 하자. 와이어프레임을 제외한 나머지 개체들이 선택된다.
4. Change Layer(CL) 명령으로 선택된 개체들의 레이어를 00_Base로 설정한다.
5. 현재 뷰포트에는 커브(와이어프레임)만 보인다. **Ctrl** + **A** 로 모든 커브를 선택하고 Group(G)한다. 그룹을 하면 개체들이 한번에 선택되기 때문에 추후 작업이 쉬워진다.

일반 파이프, 가변 파이프, 멀티 파이프

Pipe(P) 명령으로 세 가지 파이프를 만들 수 있다. 처음부터 끝까지 반지름이 일정한 '일반 파이프', 중간에 반지름이 변하는 '가변 파이프', 다수의 일반 파이프를 만들어내는 '멀티 파이프'. 멀티 파이프는 Pipe(P) 명령의 '복수' 옵션으로 제작할 수 있는데, 라이노 5.0에서는 복수 옵션이 없다. 다만, 커브를 먼저 선택한 상태에서 Pipe(P) 명령을 입력하면 라이노 5.0에서도 멀티 파이프 제작이 가능하다.

❺ 모델 완성하기

Select	와이어프레임 커브 그룹 선택
Pipe(P)	반지름 10으로 파이프 제작
Change Layer(CL)	와이어프레임 커브 레이어 설정(00_Base)
`Ctrl` + `A`	전체 파이프 선택
Group(G)	그룹
Change Layer(CL)	멀티 파이프 레이어 설정(01_Metal)

1. 그룹으로 묶어 둔 와이어프레임을 선택한다.
2. Pipe(P) 명령을 입력하고 반지름 5인 파이프를 제작한다.

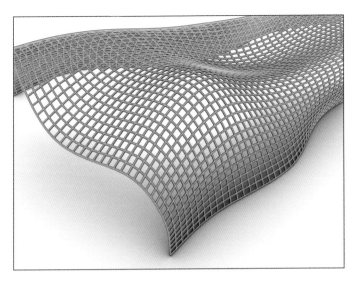

선택이 해제되면 와이어프레임을 다시 선택해야 한다. 선택을 유지하자.

3. 개체를 먼저 선택하고 명령을 실행했기 때문에, Pipe(P) 명령어 실행 후에도 와이어프 레임 그룹이 선택된 상태다. 선택이 유지된 상태로 Change Layer(CL) 명령으로 와이 어프레임 그룹을 00_Base 레이어로 설정한다.

4. **Ctrl** + **A** 로 파이프 개체들을 모두 선택하고 Group(G)한다.

5. 그룹된 파이프들을 Change Layer(CL) 명령을 이용해 01_MetalRed 레이어로 설정한다.

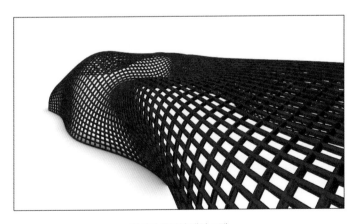

완성된 죽부인 벤치 모델

4 곡면패턴 파빌리온 만들기

❶ 모델링 전략 수립

Top View

Perspective View

곡면 패턴 파빌리온

[곡면 지오메트리(Srf)에 2D 패턴을 입힌 형태]

#1. 곡면 서피스에 2D 패턴이 보임

  ▶ Create UV Crv, Apply Crv

#2. 곡면 개체에 두께 적용

  ▶ Offset Srf

❷ 큰 그림을 보는 눈

레이어 탭	모델링 기본 레이어 생성 및 설정
Plane	평면 사각형 서피스 제작
Rebuild	서피스 재생성
Points On(F10)	서피스 형태 잡기
Curve	트림 기준선 제작
Trim(TR)	서피스 트림
Bounding Box(BB)	경계상자 제작
Scale	서피스 사이즈 조절
Delete	경계상자 삭제
Change Layer(CL)	트림 기준 커브 숨기기(00_Base)

기본 서피스가 사각형이 아니다. Trim(TR)이나 Split(SP)으로 잘린 Trimmed Srf다. **트림되기 전 서피스의 원래 형상은 어떻게 생겼을지 생각하면서 모델링하자.**

1. 00_Base, 01_Metal, 02_Plastic레이어를 만들고 색상과 재질을 설정한다. 00_Base 레이어의 전구는 끄고, 현재 레이어는 기본값 레이어로 설정한다.
2. Plane으로 평면 사각형 서피스를 만든다.

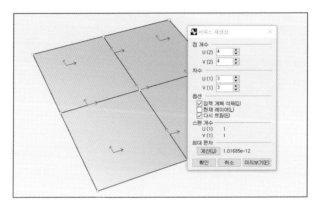

평면 사각형은 재생성(Rebuild)을 해도 형태가 바뀌지 않는다.

3. Plane으로 제작된 서피스는 2/2/1/1(U : 2/1, V : 2/1)속성이다. Rebuild 명령으로 서피스 점 개수와 차수 속성을 4/4/3/3으로 설정한다.

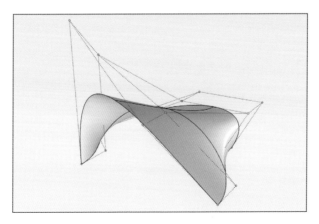

컨트롤 포인트 조정으로 서피스 형태 잡기

4. 서피스를 선택하고 **F10** 을 눌러 컨트롤 포인트가 보이도록 설정한다. 총 16개의 컨트롤 포인트가 보인다. U, V방향으로 모두 차수가 3이므로 부드러운 곡면 형상을 만들 수 있다. 파빌리온이 지면에 지지하고 서 있을 부분을 감안해 컨트롤 포인트를 편집한다. 검볼 이동 기능으로 Z방향으로만 움직이자.

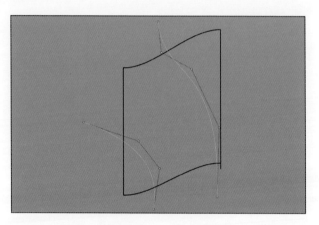

Top 뷰에서 트림 기준선 제작

5. 컨트롤 포인트 편집으로 서피스 형상을 잡았다. Top 뷰로 넘어가서 트림 기준 커브를 제작한다. 서로 마주보는 모서리 부분의 서피스를 제거할 것으로 생각하고 커브를 두 개 제작하자. 커브는 Curve 명령으로 제작한다.

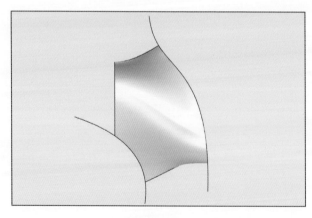

트림된 서피스

6. 트림 기준선을 경계로 서피스를 Trim(TR)한다. Top 뷰에서 트림하나 Perspective 뷰에서 트림하나 결과는 똑같다.

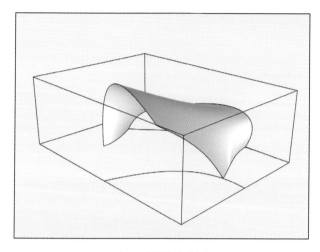

커브로 출력된 경계상자

7. 서피스와 트림 기준선을 모두 선택하고 Bounding Box(BB) 명령으로 경계상자를 제작한다. 단, 출력 옵션은 '커브'로 설정한다. 경계상자 출력 옵션을 커브로 설정하면, 안쪽에 갇힌 개체를 음영 뷰에서도 볼 수 있다.

8. Scale 명령으로 서피스와 경계상자, 트림 기준선 크기를 한번에 조정한다. 경계상자 높이를 3000으로 설정한다.

9. 서피스 높이가 3000으로 조정되었다. 경계상자를 선택하고 <kbd>Delete</kbd> 키를 눌러 삭제한다.

10. 트림 기준선은 Change Layer(CL) 명령을 이용해 00_Base 레이어로 설정한다.

❸ 서피스 전개하기

Select	전개할 서피스 선택
Create UV Crv	서피스 UV 전개
Zoom Selected(ZS)	전개도 확대

1. 정확히 표현하자면 '서피스 전개'가 아니라 '서피스 UV 전개'가 맞는 말이다. 2차 곡면 (Doubly Curved Surface)은 전개할 수 없다. 다만 서피스를 구성하는 UV 요소는 직사각형 형태로 전개할 수 있다.

2. 전개할 서피스를 선택하고 Create UV Crv 명령을 입력한다. 원점에 전개된 UV 커브가 표현된다.

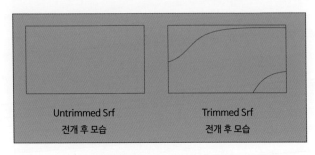

Untrimmed Srf   Trimmed Srf
전개 후 모습   전개 후 모습

UV 전개는 모든 서피스가 가능하다.

3. 전개된 UV 커브가 선택된 상태다. Zoom Selected(ZS) 명령을 입력하면 원점에 전개된 커브가 라이노 뷰포트 중앙으로 확대된다.

TIP 서피스를 전개하고 싶다면?

평면 서피스 전개 Orient 3pt(O3)
곡면 서피스 전개 Create UV Crv
곡면 폴리서피스 전개 Explode(X) + Create UV Crv

※ Create UV Crv는 "서비스" 전개를 위한 명령어

서피스 전개 관련 명령어

서피스는 세 가지 종류가 있다. 곡이 없는 평면 서피스, 한쪽 방향만 곡이 있는 1차 곡면 서피스, 양쪽 방향 모두 곡이 있는 2차 곡면 서피스가 있다. 1차 곡면 서피스는 전개가 가능하다 해서 '가전면'이라고도 한다. 2차 곡면 서피스는 전개가 불가능하며 '복곡면'이라 한다. 각 서피스들을 전개하기 위해서는 다음 명령어를 사용해야 한다.

- 평면 서피스 : Orient 3pt(O3), Unroll Srf   • 1차 곡면 서피스 : Unroll Srf
- 2차 곡면 서피스 : Create UV Crv   • 곡면 폴리서피스 : Explode(X) + Create UV Crv

❹ 패턴 입히기

Offset(O)	기본 프레임 두께 적용
Curve	패턴 기준 커브 제작
Offset(O)	기준 커브 옵셋
Trim(TR)	패턴 경계 커브 정리
Apply Crv	서피스에 패턴 적용
Change Layer(CL)	전개 커브 숨기기(00_Base)

1. Create UV Crv 명령으로 서피스 UV를 전개했다. 서피스 UV를 전개하면 Trimmed Srf의 경우, 직사각형과 서피스 형태에 맞는 커브, 두 개가 전개된다. 트림되기 전 원본 서피스와 트림된 후 서피스가 모두 표현된 것이다. 이 중 서피스 형태에 맞는 커브를 안쪽으로 300만큼 Offset(O)한다.

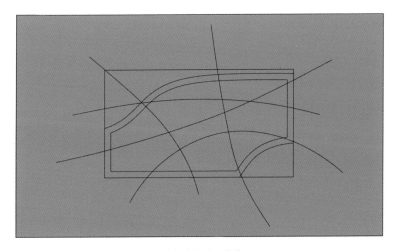

패턴 기준 커브 배치

2. Curve 명령으로 패턴 기준 커브를 만든다. 전개된 커브를 충분히 넘도록 커브를 다섯 개 그린다.

패턴 기준 커브 간격 띄우기

3. 패턴 기준 커브 다섯 개를 50씩 Offset(O)한다.

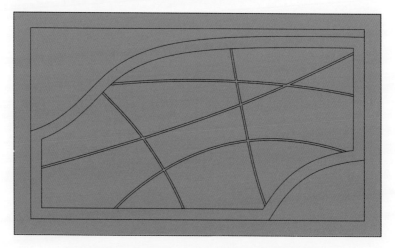

커브가 많고 복잡하다면 Curve Boolean(CB)을 이용해도 좋다.

4. Trim(TR)으로 커브들을 정리한다. 안쪽 커브들은 교차되는 부분이 모두 정리되어야
한다.

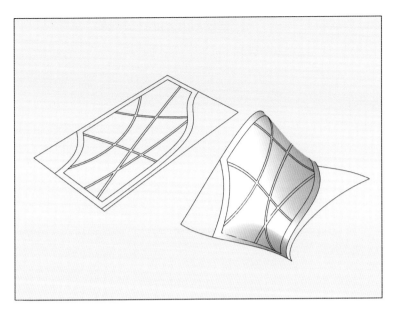

Apply Crv로 서피스에 패턴을 입힌다.

5. 서피스에 적용할 패턴이 완성되었다. Apply Crv 명령 입력 후 패턴 커브들을 선택한 후 Enter 를 누른다. 명령 행에 패턴을 적용할 서피스를 선택하라고 표시된다. 서피스를 선택한다. 서피스에 패턴 커브가 적용되었다.

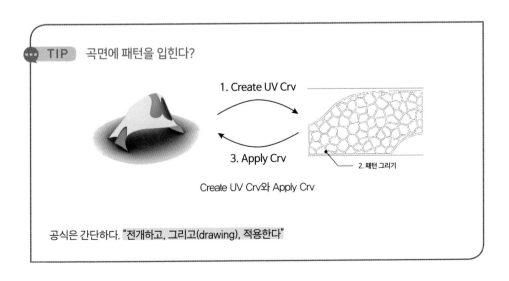

TIP　곡면에 패턴을 입힌다?

1. Create UV Crv

3. Apply Crv

2. 패턴 그리기

Create UV Crv와 Apply Crv

공식은 간단하다. "전개하고, 그리고(drawing), 적용한다"

6. 원점 부근에 전개 커브들을 모두 선택한다. Change Layer(CL) 명령으로 선택된 커브들을 00_Base 레이어로 설정한다.

❺ 모델 마무리

Sel Crv	서피스 위 패턴 커브 선택
Group(G)	그룹
Split(SP)	패턴으로 서피스 분할
Sel Crv	커브 선택
Invert	반전 선택
Change Layer(CL)	00_Base 레이어로 설정
Offset Srf(OS)	주요 서피스 두께 적용
Change Layer(CL)	01_Metal 레이어로 설정

1. 현재 라이노 화면에는 어떤 구성요소들이 있는지 파악하는 게 중요하다. 모델링 작업 도중에 선택 관련 명령어(Sel Crv, Sel Srf, Sel Open Crv 등)를 얼마나 효율적으로 사용하느냐가 전체 작업 효율을 결정짓는다. 서피스 위 패턴 커브들을 모두 선택하고 그룹해야 한다. '커브 개체'라면 현재 라이노 뷰포트에 패턴 커브 말고는 없다. Sel Crv 명령을 입력하면 서피스 위에 그려진 패턴 커브들만 선택된다. Sel Crv 명령으로 패턴 커브들을 선택한다.

2. Group(G) 명령으로 커브들을 그룹 짓는다. Group(G) 명령어 입력 대신 `Ctrl` + `G` 를 입력해도 된다.

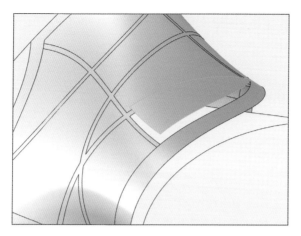

제대로 분할되었는지 확인하고 싶다면 조각난 서피스를 선택하고 이동시켜 보자.
분할이 확인되었다면 Ctrl + Z 로 실행취소하면 된다.

3. Split(SP) 명령으로 서피스를 분할한다. Trim(TR)은 다른 모델러에서도 자주 사용해
   보았을 것이다. Trim(TR)은 경계가 되는 개체를 먼저 선택하고 자를 개체를 선택한다.
   Split(SP)은 Trim(TR)과 개체 선택 순서가 반대다. 분할할 개체를 먼저 선택하고 경계
   개체를 나중에 선택한다. Split(SP) 명령어 입력 후 서피스를 선택하고 Enter 를 누른
   다. 명령 행에 절단 개체를 선택하라는 표시가 나온다. 그룹했던 패턴 커브를 선택하
   고 Enter 를 누른다.

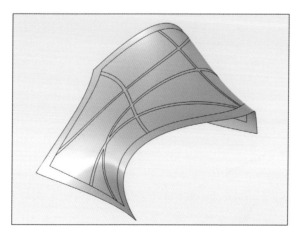

커브를 선택하고 숨기면 화면에는 분할된 서피스만 남게 된다.

4. Sel Crv명령으로 모든 커브를 선택하고 Change Layer(CL) 명령을 이용해 00_Base 레이어로 설정한다.

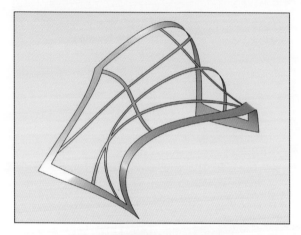

개구부 서피스를 `Delete` 키를 눌러 제거한다.

5. 개구부 서피스들을 선택하고 `Delete` 키를 눌러 삭제한다.

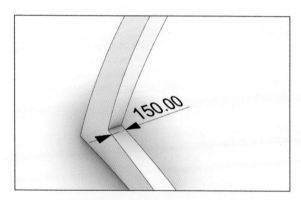

양쪽으로 75씩 옵셋되니 총 두께는 1500이 된다.

6. 외곽 서피스와 내부 서피스 두 개만 남기고 모두 정리되었다. 외곽 서피스를 선택하고 Offset Srf(OS)한다. 양쪽 옵션을 '예'로 설정하고, 거리는 75로 한다.

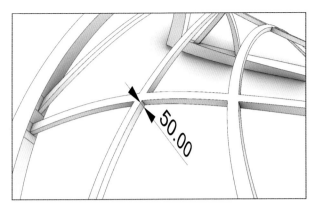

같은 방식으로 내부 서피스에도 두께를 적용한다.

7. 내부 서피스를 선택하고 Offset Srf(OS) 명령을 입력한다. 양쪽 옵션을 '예'로, 거리는 25로 한다. 총 50 두께의 개체로 모델링된다.

8. Change Layer(CL) 명령으로 개체 레이어를 설정한다. 외곽은 01_Metal로, 내부는 02_Plastic으로 한다.

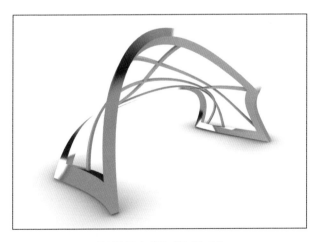

완성된 곡면 패턴 파빌리온 모델

❶ 모델링 전략 수립

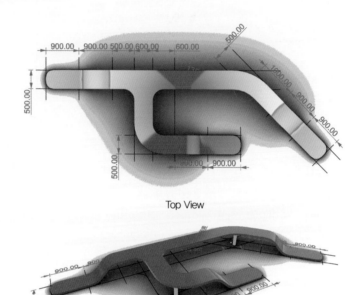

Top View

Top View

지렁이 벤치

[특별한 패턴이 적용되지 않은 모델링]

#1. Top 뷰에서 2D 그리기가 관건

▶ Polyline(L), Fillet(F)

#2. 한 개의 연결된 서피스로 제작하기 힘든 형태

▶ Planar Srf로 서피스 제작, Blend Srf로 서피스 연결

#3. 곡면 서피스에 두께 적용

▶ Offset Srf(OS)

❷ 서피스 제작

레이어 탭	모델링 기본 레이어 생성 및 설정
Line, Offset(O)	가이드 라인 제작
Curve Boolean(CB)	모델링 기준선 제작
Fillet(F)	기준 커브 필렛
Planar Srf	평면 서피스 제작
Move(M)	의자 부분 서피스 이동(Z방향)
Sel Crv	전체 커브 선택
Change Layer(CL)	전체 커브 숨기기(00_Base)

1. 00_Base, 01_Metal, 02_Wood 레이어를 만들고 재질과 색상을 설정한다.

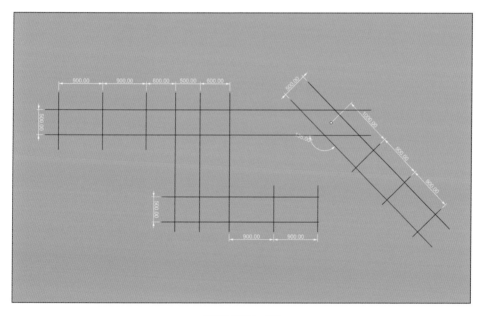

모델링 가이드 라인

2. Line과 Offset(O) 명령을 이용해 다음과 같은 가이드 라인을 만든다.

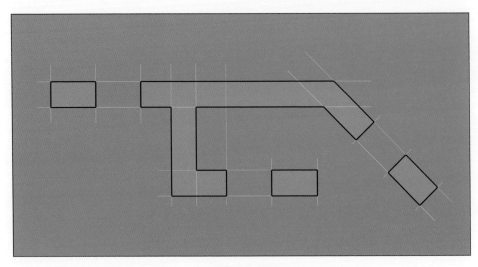

모델링 기준선 제작

3. Curve Boolean(CB)으로 모델링 기준선을 제작한다. 영역 통합 옵션을 '예'로 설정한다. 의자가 만들어질 영역을 클릭한다.

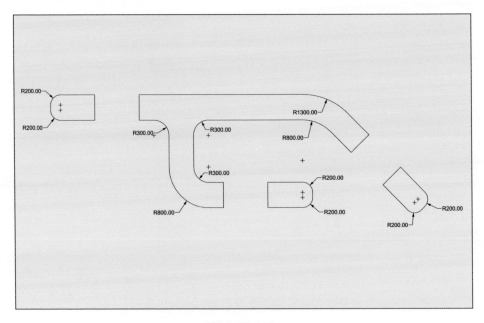

필렛이 적용된 커브

4. Fillet(F)으로 커브에 필렛을 적용한다. Blend Srf를 이용해 연결될 부분은 필렛을 하지 않는다. 필렛 값(Radius)은 다음과 같이 설정한다.

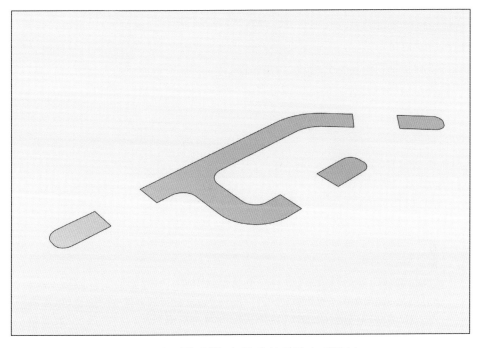

Planar Srf는 닫힌 평면형 커브를 서피스로 만드는 명령이다.

5. Planar Srf 명령을 이용해 닫힌 평면형 커브를 서피스로 만든다.

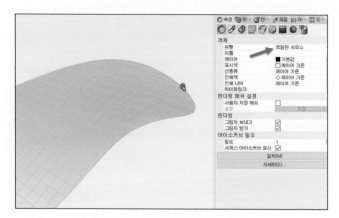

Patch로 제작한 서피스는 Trimmed Srf다.

- 닫힌 평면형 커브 : Planar Srf
- 닫힌 커브 : Patch

평면형이 아니면서 닫힌 커브일 수 있다. 닫힌 커브를 구성하는 모든 컨트롤 포인트가 한 평면에 위치해 있다면 '닫힌 평면형 커브', 그렇지 않다면 '닫힌 커브'다. Planar Srf는 '닫힌 평면형 커브'를 이용해 '평면형 서피스'를 만드는 명령이다. 만약 '닫힌 커브'를 이용해 서피스를 만들고 싶다면, Patch 명령을 이용하자. 단, Patch는 오차가 있는 명령어임을 기억하자.

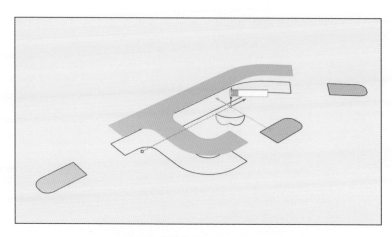

Z방향 이동 작업은 Perspective 뷰에서 한다.

6. 서피스 세 개 중 가운데에 위치한 'ㄹ'자 형태로 꺾인 서피스는 앉는 부분이 될 것이다. 가운데 서피스만 선택하고, 검볼을 이용해 Z방향으로 450만큼 이동시킨다.

7. 기준 커브는 더 이상 필요 없다. Sel Crv로 커브를 선택하고 Change Layer(CL) 명령을 이용해 레이어를 00_Base로 설정한다.

❸ 서피스 연결

Blend Srf(BS)	서피스 연결
설정 잠그기	양방향 동일하게 설정
연속성 설정	양방향 연속성 설정
Join(J)	서피스 조인

1. Blend Srf(BS)는 두 서피스를 연결하는 명령이다. Blend Srf(BS) 명령어 입력 후 연결할 두 서피스 엣지를 차례대로 선택한다.

> **⦁⦁ TIP**   Blend Srf(BS)로 제작한 서피스가 꼬인 상태로 만들어진다면?
>
>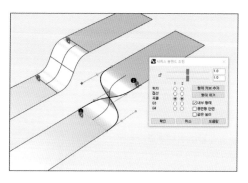
>
> 두 엣지의 방향을 일정하게 설정해야 서피스가 꼬이지 않는다.
>
> 엣지 선택에 좀 더 신중을 가해야 한다. 라이노는 엣지 좌측을 클릭했는지 우측을 클릭했는지 민감하게 반응해서 알아내기 때문이다.

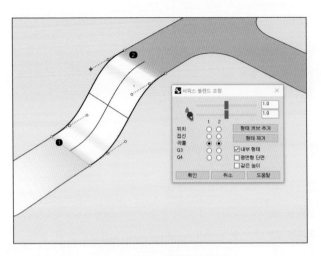

Blend 정도를 설정할 수 있다.

2. '서피스 블렌드 조정' 옵션창이 나타난다. 좌측 자물쇠를 클릭해 설정을 잠근다. 연결되는 두 부분의 곡을 동일하게 맞추려 한다. 우측 다이얼을 이동시키며 연결 부분의 곡을 결정한다. 기본인 1.0을 그대로 두어도 좋다.

3. 하단에서 연속성을 설정한다. 위치부터 G4까지 총 다섯 가지 연속성 중 하나를 선택할 수 있다. 기본은 '곡률'로 설정되어 있다. 기본 설정 그대로 확인을 누른다.

●●● TIP 연속성(Continuity)이란?

연속성은 이어지는 두 커브나 두 서피스가 어떤 상태로 연결되어 있는지에 따라 결정된다.

- 위치(G0) : 각 커브 끝점이 같은 위치에 있는 경우
- 접선(G1) : 각 커브 끝점에서의 1차 미분값이 같은 경우
- 곡률(G2) : 각 커브 끝점에서의 2차 미분값이 같은 경우
- G3 : 각 커브 끝점에서의 3차 미분값이 같은 경우
- G4 : 각 커브 끝점에서의 4차 미분값이 같은 경우

설명이 어렵다면 이것만 기억하자. Chamfer는 G0, Fillet(F)은 G1, Blend는 G2(보통)이다.

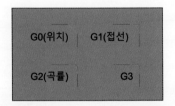

연속성은 두 개체 사이의 관계를 의미한다.

4. Blend Srf를 한번 더 실행해서 서피스 세 개를 모두 연결한다.

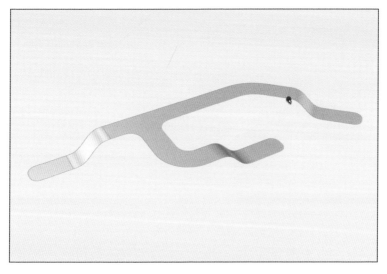

Join(J)이 잘 되었다면 클릭 한번으로 의자 개체를 선택할 수 있다.

5. 모든 서피스를 선택하고 Join(J)한다. Join(J) 명령어 대신 **Ctrl** +J를 입력해도 좋다. 서피스 다섯 개가 연결되어 하나의 폴리서피스로 만들어졌다.

❹ 모델 마무리

Offset Srf(OS)	두께 적용
Fillet Edge(FE)	전체 엣지 필렛 적용
Cylinder	의자 받침용 기둥 제작
Change Layer(CL)	레이어 설정

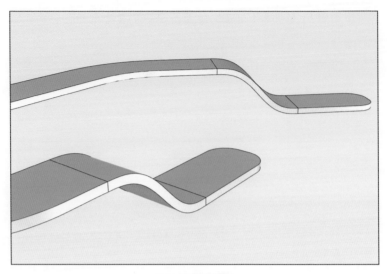

두께가 적용된 의자

1. Offset Srf(OS)로 의자 개체에 두께 60을 적용한다. 물론 의자 개체는 다섯 개 서피스가 조인되어 만들어진 폴리서피스다. Offset Srf(OS) 명령은 서피스뿐 아니라 폴리서피스를 대상으로도 사용할 수 있다. 옵셋 방향은 위쪽 방향으로 설정한다.

라이노 6.0 버전에서는 Fillet Edge(FE)의 편집 기능으로 반지름 수정이 가능하다.

2. Fillet Edge(FE) 명령 입력 후 반지름을 15로 설정한다. 그 후 두께가 적용된 의자 개체의 모든 엣지를 선택한다. Fillet Edge(FE) 명령은 **Enter** 를 두 번 눌러야 실행이 완료된다.

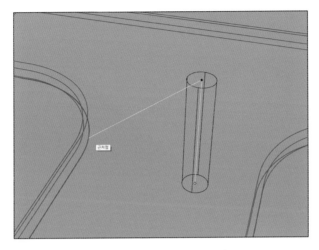

높이 지정은 Perspective 뷰에서

3. Cylinder 명령으로 의자 받침용 기둥을 만들 것이다. Cylinder 명령 입력 후 Top 뷰에서 원점을 찍고 반지름 50을 입력한다. 높이를 지정해야 하기 때문에 명령이 마무리 되지 않은 상태다. Perspective 뷰로 넘어와 의자 모델의 오스냅을 이용해 정확한 높이로 모델링한다.

4. 모델링이 끝나면 Change Layer(CL) 명령을 이용해 개체 레이어를 설정한다.

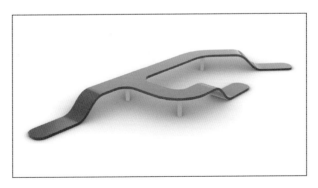

완성된 지렁이 벤치 모델

6   와플 스트럭처 만들기

❶ 모델링 전략 수립

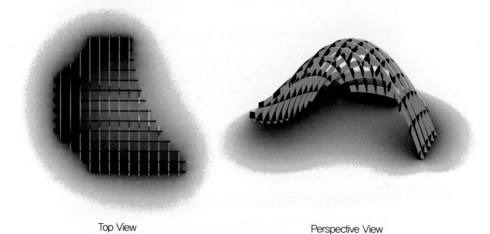

Top View   Perspective View

와플 스트럭처

[Base Geometry(Srf)에 Sub System이 겹쳐진 형태]

#1. Top 뷰에서 보았을 때 사각형이 아님

   ▶ Trimmed Srf로 제작

#2. 단순한 형태

   ▶ 한 개 서피스로 Base Geometry 구성

#3. 한쪽 방향으로 일정한 윤곽선

   ▶ Contour

❷ 기본 서피스 제작

레이어 탭	모델링 기본 레이어 생성 및 설정
Plane	평면사각 서피스 제작
Rebuild	서피스 재생성
Points On(F10)	서피스 형태 잡기
Curve	트림 기준선 제작
Trim(TR)	트림
Bounding Box(BB)	경계상자 제작
Scale	크기 조정
Delete	경계상자 삭제
Change Layer(CL)	트림 기준선 숨기기(00_Base)

'곡면 패턴 파빌리온 만들기'와 똑같은 모델링 방법으로 기본 서피스를 제작한다. 이제 얼마나 짧은 가이드 설명만으로 모델링 과정이 이해되는지 자가진단을 해 보자.

1. 00_Base, 01_MetalGold, 02_MetalRed 레이어를 생성하고 설정한다.
2. Plane 명령으로 평면사각 서피스를 제작한다.
3. Rebuild로 서피스를 4/4/3/3으로 재생성한다.

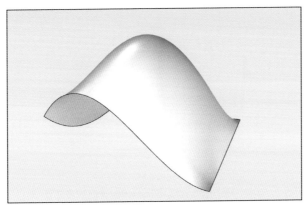

전반적으로 볼록하게 형태를 조정하자.

4. **F10** 을 눌러 서피스 컨트롤 포인트를 보이게 한 후 서피스 형태를 잡는다.

5. Top 뷰에서 Curve 명령으로 트림 기준선을 3개 만든다.

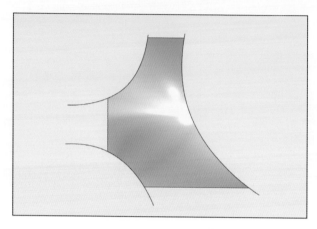

Trim(TR)은 Top 뷰에서 작업하자.

6. Trim(TR) 명령으로 서피스를 트림한다.

7. 모든 개체 선택 후 Bounding Box(BB)로 경계상자를 만든다. 단, 출력 옵션은 커브로 설정한다.

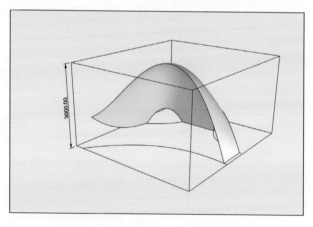

경계상자를 이용해 개체(서피스) 높이를 3000으로 조정

8. 경계상자를 포함해 모든 개체 선택 후 Scale 명령으로 높이를 3000으로 조정한다.

9. 경계상자는 삭제하고 트림 기준선은 Change Layer(CL)로 숨긴다(00_Base).

❸ 모델 마무리

Offset Srf(OS)	서피스에 두께 적용
Contour	윤곽 따내기
Group(G)	윤곽 커브 그룹
Extrude Crv(EXT)	윤곽 커브 두께 적용
Sel Crv	윤곽 커브 선택
Change Layer(CL)	윤곽 커브 숨기기(00_Base)

1. Offset Srf(OS) 명령으로 서피스에 두께를 100 적용한다.

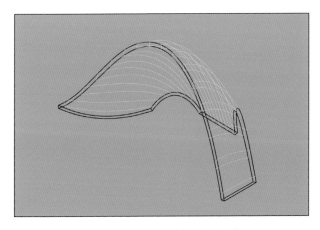

Contour로 와플 스트럭처 기준선 제작

2. Contour 명령으로 두께가 적용된 개체에 윤곽을 따낼 것이다. 방향은 X축 방향으로, 간격은 300으로 설정한다.

3. 윤곽 커브가 선택된 상태다. Group(G) 명령으로 그룹 짓는다.

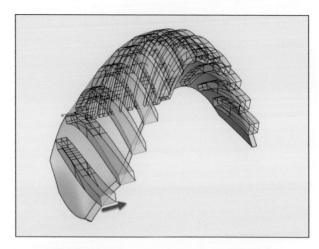

보통의 경우엔 Contour 이후 그에 수직한 방향으로 돌출된다.

4. Extrude Crv(EXT) 명령으로 두께를 30 적용한다. 만약 방향이 커브 수직 방향으로 잡히지 않는다면 방향 옵션을 이용해 돌출 방향을 재설정한다.

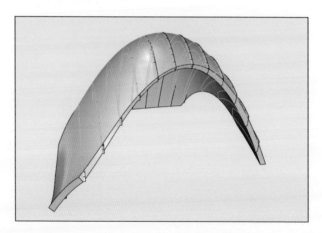

Extrude Crv(EXT) 명령어 실행 전에 커브를 선택했다면, 명령어 실행 후에도 커브 선택은 유지된다.

5. Sel Crv 명령으로 윤곽 커브를 선택한 후 Change Layer(CL)로 숨긴다(00_Base).
6. 같은 방법으로 Y방향의 개체도를 제작한다.

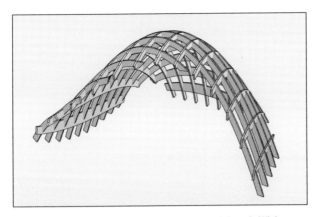

윤곽을 따낼 때 사용한 개체도 00_Base 레이어로 설정했다.

7. Change Layer(CL) 명령으로 개체 레이어를 설정하고 모델링을 마무리한다.

완성된 와플 스트럭처 모델

라이노 6.0 시크릿노트

곡면 건축물
모델링 프로세스

SECTION 1

건축 라이노 세팅

국토정보플랫폼에서 다운로드 받은 수치지도를 정리해 지형 데이터를 정리한다. 정리된 지형 데이
터는 이후 그래스호퍼를 이용해 3D 모델로 만들어진다.

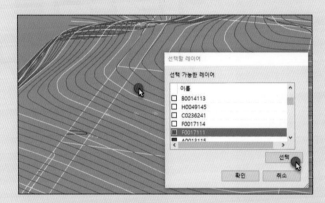

- 수치지도에는 수많은 레이어가 있다. Sel Layer(SL) 명령으로 필요한 개체만 선택한다.

국토정보플랫폼 메인 페이지

국토정보플랫폼(http://map.ngii.go.kr/)은 국토교통부에서 운영하는 웹사이트이다. 웹사이트에 접속하면 수치지도를 무료로 다운로드 받을 수 있다. 하루에 다운로드 받을 수 있는 용량에 제한이 있으나 프로젝트에 필요한 지형을 다운로드 받을 때 용량 제한에 걸리는 일은 없다.

TIP 국토정보플랫폼에서 받을 수 있는 서비스는?

1. 수치지도, 항공사진, 국가기준점 등의 정보 다운로드
2. GNSS 측량, 국토변화정보 등의 국토정보
3. 측량기기성능검사, 공공측량관리, 측량표지조사보고, 적격심사 등의 업무지원 서비스

※ 참고 : 국토정보플랫폼 웹 메인 페이지

국토정보플랫폼에서 수치지도를 다운로드 받는 방법은 다음과 같다.

기존 회원이 아니더라도 로그인 버튼을 누른다.

1. 좌측 정보 다운로드 버튼을 누르고, 우측 상단의 로그인 버튼을 누른다.

비밀번호 조합이 까다롭다.

2. 아이디가 없으면 회원가입하기 버튼을 누르고 회원가입을 한다. 아이디가 있으면 로그인을 한다.

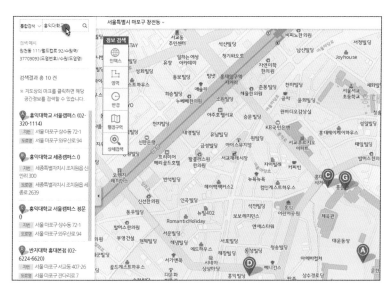

네이버 지도나 다음 지도에서 검색하듯이 검색어를 입력한다.

3. 검색창에 상호 검색

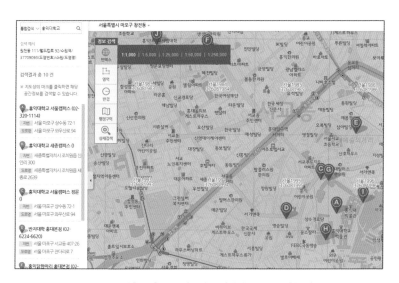

1:1000 파일을 다운로드 받으면 10미터가 10으로 표현된다.

4. 좌측 상단 인덱스 선택(1:1,000)

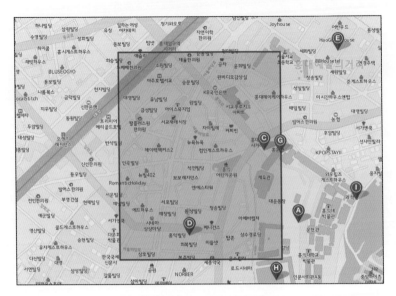

사각형 중 다운로드 받을 곳을 선택한다.

5. 다운로드 받을 지형 선택

수치지도 외에도 다양한 정보를 다운로드 받을 수 있다.

6. 좌측 수치지도 선택

수치지도에는 수치지형도 말고도 연속수치지형도, 기본공간정보 등이 포함되어 있다.

7. 수치지형도(DXF 파일) 선택

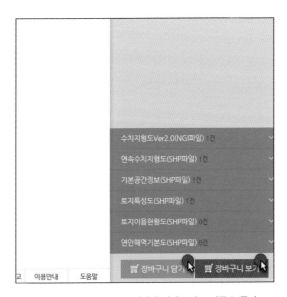

장바구니 담기를 누르고, 이어서 장바구니 보기를 누른다.

8. 장바구니 담기, 장바구니 보기

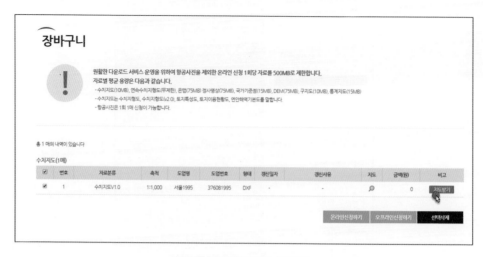

장바구니 안에서 지도를 선택한다.

9. [장바구니] 지도 받기 선택

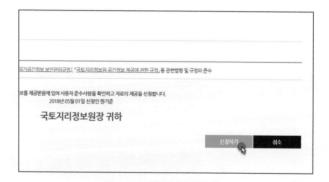

정확한 사용목적을 기재해야 한다.

10. [장바구니] 신청자 정보 및 사용목적 기재

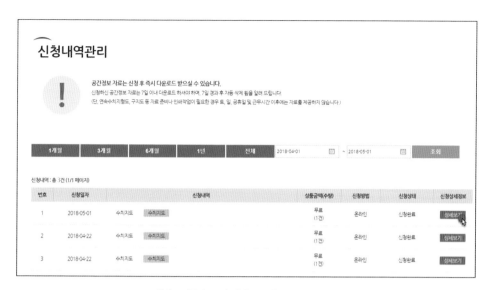

상세보기를 누르면 다운로드 창으로 넘어간다.

11. [신청내역관리] 상세보기 선택

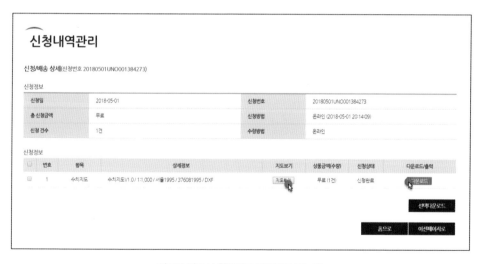

지도를 반드시 확인하고 다운로드 받는다.

12. [신청내역관리] 지도확인 선택, 다운로드 지역 확인

지형을 선택하고 다운로드 받는다.

13. [신청내역관리] 다운로드 선택

다운로드 받은 수치지형도 파일

지형 파일 세팅

Open	라이노에서 DXF 파일 열기
Bounding Box(BB)	지형 개체 선택 후 경계상자 제작
Move(M)	원점으로 이동
Delete	경계상자 삭제
Sel Layer(SL)	등고선 개체 선택
Isolate(HH)	독립모드 진입
Group(G)	그룹
Show(SH)	전체 보이기
Sel Layer(SL)	주변 매스 기준선 선택
Isolate(HH)	독립모드 진입
Group(G)	그룹
Show(SH)	전체 보이기

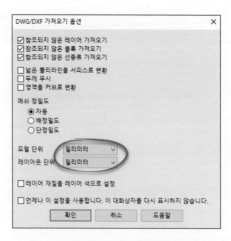

DWG/DXF 가져오기 옵션

☑ 참조되지 않은 레이어 가져오기
☑ 참조되지 않은 블록 가져오기
☑ 참조되지 않은 선종류 가져오기

☐ 넓은 폴리라인을 서피스로 변환
☐ 두께 무시
☐ 영역을 커브로 변환

메쉬 정밀도
◉ 자동
○ 배정밀도
○ 단정밀도

모델 단위   밀리미터
레이아웃 단위 밀리미터

☐ 레이어 재질을 레이어 색으로 설정

☐ 언제나 이 설정을 사용합니다. 이 대화상자를 다시 표시하지 않습니다.

확인   취소   도움말

모델 단위와 레이아웃 단위가 통일되어야 한다.

1. 수치지도(.dxf) 파일을 라이노에서 Open한다. DWF/DXF 가져오기 옵션창이 나타난다. 모델 단위와 레이아웃 단위가 모두 밀리미터로 설정되어 있는지 확인한다. 만약 두 설정이 다르다면 밀리미터로 설정한다. 마지막 옵션인 '언제나 이 설정을 사용합니다.'에 체크를 하고 확인을 누른다.

2. Bounding Box(BB)로 전체 개체를 감싸는 경계상자를 만든다. 경계상자 출력을 커브로 설정해 안쪽 개체들이 음영 뷰에서도 확인되도록 한다.

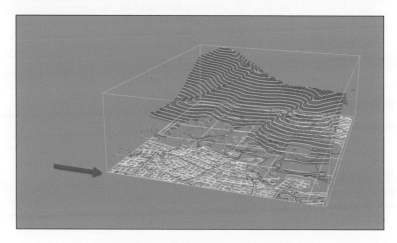

경계상자 하단 끝점을 원점(0, 0, 0)으로 이동

3. Move(M) 명령으로 전체 개체를 원점으로 이동시킨다. 원점으로 개체들을 이동할 때 경계상자의 바닥 끝점 오스냅이 사용된다.

4. 경계상자는 선택하고 **Delete** 키를 눌러 삭제한다.

5. Sel Layer(SL) 명령으로 등고선 개체를 모두 선택해서 그룹해야 한다. Sel Layer(SL) 명령을 입력하고 **Enter** 를 누른다.

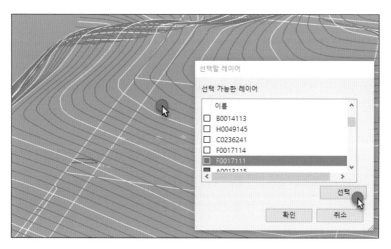

레이어 이름을 모르면 선택 버튼을 누른다.

6. 선택할 레이어 옵션창이 나타난다. 등고선 개체가 어떤 레이어에 속해 있는지 모르니 선택 버튼을 누른 후 등고선 개체 중 하나를 선택한다. 특정 한 개 레이어가 선택되었다. 확인을 누르면 해당 레이어에 속한 개체들이 선택된다.

7. 간혹 등고선이 두 개 이상의 레이어에 나뉘어 있는 경우도 있다. 이럴 경우에는 선택을 유지한 상태에서 Sel Layer(SL) 명령을 반복한다.

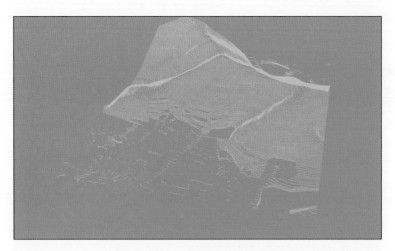

Isolate(HH) 명령은 선택된 개체만 보이게 한다.

8. 전체 등고선 개체가 선택되었으면 Isolate(HH) 명령을 이용해 독립모드로 진입한다. 등고선 개체에 이상이 없는지, 혹시 다른 개체가 섞여 있지 않은지 확인한다. 확인이 끝났다면 **Ctrl** + **A** 를 눌러 전체 선택 후 Group(G)한다.

9. Show(SH) 명령으로 전체 개체를 보이도록 설정한다.

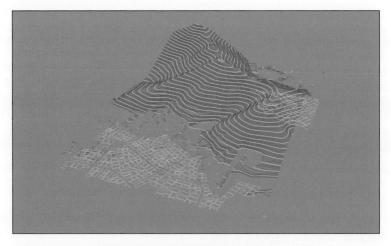

주변 매스 기준선도 같은 방법으로 그룹 짓는다.

10. 이번에는 주변 매스 기준선 개체를 그룹하려 한다. 주변 매스 기준선은 보통 여러 레이어에 걸쳐 나뉘어 있다. **Sel Layer(SL) 명령을 여러 번 반복해야 전체 커브를 선택할 수 있다.** Sel Layer(SL)와 Isolate(HH), Group(G) 명령으로 전체 주변 매스 기준선 개체들을 그룹하자. 방식은 등고선 개체 그룹 하는 방식과 동일하다.

11. Show(SH) 명령으로 전체 개체를 보이도록 설정한다.

12. 등고선 그룹과 주변 매스 기준선 그룹이 만들어졌다.

SECTION 2

그래스호퍼 맛보기

라이노의 알고리즘 에디터인 그래스호퍼는 반복 작업, 시뮬레이션, 최적화 작업에 이용할 수 있다.
이번 단원에서는 그래스호퍼 기본 기능을 알아보고, 이어지는 단원에서는 이를 이용해 알고리즘을
구성해 본다.

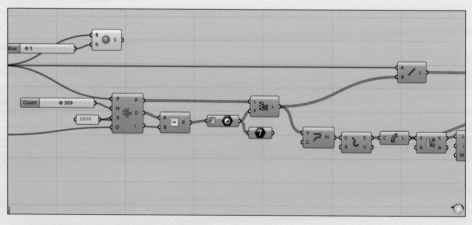

• 그래스호퍼는 컴포넌트를 연결해 알고리즘을 구성하는 편집 툴이다.

❶ 라이노 6.0 그래스호퍼

라이노 6.0에선 그래스호퍼를 바로 이용할 수 있다.

6.0 버전 라이노에는 그래스호퍼가 기본 설치되어 있다. 명령행에 'grasshopper'를 입력하면 그래스호퍼 작업창이 나타난다.

❷ 라이노 5.0 그래스호퍼

5.0 버전의 라이노에는 그래스호퍼가 플러그인으로 개발되었다. 기본 설치된 프로그램이 아니다. 그래스호퍼 공식 웹사이트(http://grasshopper3d.com/)에 접속해서 그래스호퍼 설치파일을 다운로드 받아 설치해야 한다.

Download 하위 버튼 이름은 변경될 수 있다. 원래는 GET이었다.

1. 웹사이트에 접속해서 상단의 Download → Rhino 5 버튼을 누른다.

라이노 웹사이트(Rhino3d.com)로 넘어온다.

2. 아카이브 탭에 Grasshopper 버튼을 누른다.

정확한 이메일을 입력해야 한다.

3. 이메일 입력 후 다음 버튼을 누른다.

그래스호퍼 설치파일은 7.75MB로 용량이 적다.

4. 지금 다운로드 버튼을 누르면 그래스호퍼 설치파일이 다운로드 된다.

5. 그래스호퍼 설치파일을 더블클릭으로 설치한다. 단, 플러그인(그래스호퍼)을 설치하는 중에는 라이노가 꺼진 상태여야 한다. 설치 과정 중에 Just Me와 Everyone을 골라야 할 때가 있는데, 무엇을 선택하든 상관없다. 필자는 보통 Everyone을 선택한다.

6. 설치가 완료되었으면 라이노 5.0을 실행한다. 그래스호퍼 라이센스에 관한 내용이 팝업창으로 나타난다. 내용을 잘 읽어보고 동의한다면 동의여부에 체크를 하고 확인을 누른다.

7. 명령행에 'grasshopper'를 입력한다. 자동완성으로 단어가 완성된다. **Enter** 를 눌러 그래스호퍼를 실행한다.

8. 약간의 로딩 시간 후에 그래스호퍼 작업창이 나타난다면 정상적으로 설치가 된 것이다.

그래스호퍼 설정	아이콘 모드
개체 입력	라이노 개체 가져오기(Rhino → Grasshopper)
값 입력	매개변수 조정
개체 출력	라이노 개체로 변환(Grasshopper → Rhino)

그래스호퍼는 비록 라이노 플러그인으로 시작되었지만 기능이 다양해서 이를 익히기 위해선 많은 양의 학습이 필요하다. 본 저서는 라이노 모델링에 중점을 둔 건축 라이노 서적이기 때문에 아쉽게도 그래스호퍼 안내에 많은 양을 할애할 수 없다. 다만 그래스호퍼가 어떻게 활용될 수 있는지 보여 주기 위해 기본적인 사항들만 빠르게 짚고 넘어가겠다.

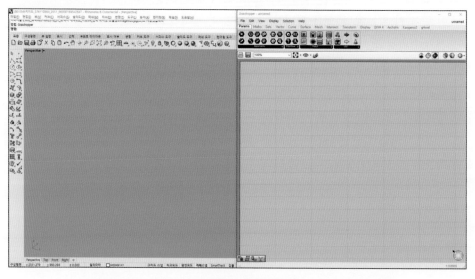

만약 모니터를 두 개 연결해서 사용한다면 그래스호퍼를 한 화면에 배치해도 된다.

1. 그래스호퍼 창은 항상 라이노 창보다 위에 표시된다. 라이노는 전체 화면으로, 그래스호퍼는 우측 절반 사이즈로 배치한다.

Draw Icons를 체크하면 아이콘 모드로 설정된 것이다.

2. 그래스호퍼 상단 메뉴 중 Display를 클릭한다. 첫 번째에 위치한 Draw Icons를 체크한다.

캔버스를 더블클릭해서 보이는 검색창을 이용한다.

3. 상단 탭에 다양한 아이콘들이 있다. 라이노에서는 툴바에 있는 아이콘을 클릭하지 않고, 명령행에 명령을 입력했었다. 그래스호퍼도 마찬가지다. 상단 탭에 있는 아이콘을 클릭하지 않고, 검색창에 명령어를 입력해서 컴포넌트를 가져올 것이다.

캔버스(Canvas)는 그래스호퍼 컴포넌트들을 배치하며 알고리즘을 작성하는 곳이다. 그래스호퍼 작업창 중 가장 넓은 부분을 차지한다. 캔버스를 더블클릭하면 검색창이 나타난다. 그래스호퍼 검색창이 라이노 명령행이다. 검색창에 'Point'를 입력하고 아이콘 배경에 검은색 육각형이 있는 컴포넌트를 클릭한다. 컴포넌트가 다음과 같이 표현된다면 Draw Icons 설정이 잘 켜진 것이다.

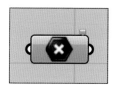

포인트 컴포넌트. 글씨가 보이지 않고 그림(아이콘)이 보인다면 'Draw Icons' 설정이 제대로 켜진 것이다.

배경에 검은색 육각형이 있는 컴포넌트들을 '파라미터 컴포넌트(Parameter Component)'라 한다. 파라미터 컴포넌트는 외부 데이터를 그래스호퍼로 가져올 때 사용한다. 그래스호퍼 입장에선 라이노도 '외부'다. 포인트, 커브, 서피스 등의 라이노 개체를 그래스호퍼로 가져올 때 파라미터 컴포넌트를 사용한다.

파라미터 컴포넌트는 수많은 옵션 중 두 가지만 사용한다.

4. 방금 검색으로 가져온 Point 컴포넌트를 우클릭한다. 수많은 설정이 보인다. 헷갈릴 것 없다. 파라미터 컴포넌트들은 단 두 가지 기능만 있다고 생각하면 된다. '한 개 개체 가져오기', '다수 개체 가져오기'. 설정 중 하단에 'Set one Point'와 'Set Multiple Points'가 보인다. 두 버튼 말고는 거의 사용하지 않는다.

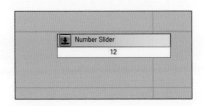

숫자를 검색하면 Number Slider가 만들어진다.

5. 이번에는 좀 색다른 컴포넌트를 만들어 보자. 캔버스를 더블클릭해 검색창을 띄운 후 숫자 12를 입력한다. Number Slider라는 컴포넌트가 검색된다. [Enter] 를 눌러 넘버 슬라이더를 갖고 온다.

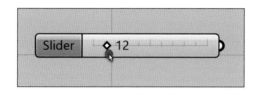

다이얼 이동으로 넘버슬라이더 값 조정

6. '12'의 값을 가진 컴포넌트가 만들어졌다. 그래스호퍼에서 값(Value)은 넘버슬라이더 (Number Slider)로부터 입력받는다. 넘버슬라이더에 있는 다이얼을 좌, 우측으로 드 래그해서 값 크기를 조정할 수 있다.

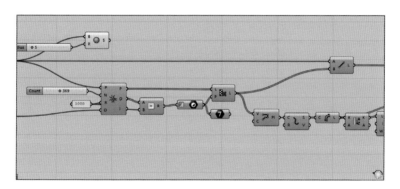

그래스호퍼는 캔버스에 컴포넌트를 연결하며 알고리즘을 만든다.

7. 그래스호퍼는 컴포넌트들을 연결해 알고리즘을 만든다. 알고리즘 결과가 '시각화 정 보'일 수도 있고, '개체 정보'일 수도 있다. 시각화 정보라면 라이노 뷰포트에 표시되 만 개체로 변환할 수 없다. 개체 정보일 때는 실제 라이노 개체로 변환할 수 있다. 개 체 정보가 담긴 컴포넌트를 우클릭 하고 'Bake'를 선택하면 된다. Bake를 해서 라이 노 개체로 변환하는 작업은 이어지는 지형 생성 작업 때에 해 보도록 하자.

SECTION 3

지형 생성

그래스호퍼 알고리즘을 이용해 지형을 만들고 주변 매스를 그 위에 얹힌다. 지형은 메쉬, 넙스, 계단 세 가지로 만들어 본다.

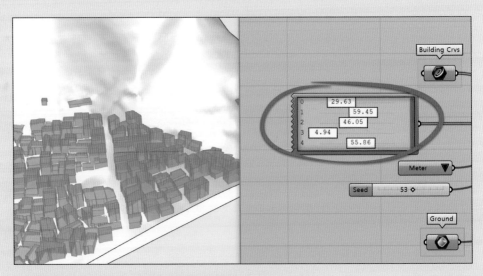

• 그래스호퍼 알고리즘을 이용해 주변 매스를 쉽게 제작할 수 있다.

1 들로네 삼각형

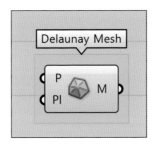

Delaunay Triangulation은 포인트를 삼각 메쉬로 만드는 알고리즘이다.

Delaunay Triangulation은 '들로네 삼각형' 또는 '들로네 삼각 분할'이라 한다. Boris Delaunay의 이름을 따서 명명되었다. 들로네 삼각 분할은 포인트(Point)를 이용해 메쉬 (Mesh)를 만드는 알고리즘이다. 들로네 삼각 분할은 점들을 삼각형으로 연결해 공간 분할을 할 때 삼각형 내각의 최솟값이 최대가 되도록 하는 분할이다. 들로네 삼각 분할 결과, 어떤 삼각형의 외접원도 그 삼각형의 세 꼭짓점을 제외한 다른 어떤 점을 포함하지 않는다. 들로네 삼각형은 포인트 클라우드(Point Cloud)를 이용해 3D 모델링을 만들 때 활용한다.

2 지형 생성 전략

지형을 만들어야 하는데 왜 들로네 삼각형을 이야기할까? 눈치가 빠른 사람들은 이해했을 것이다. 지형 제작 알고리즘을 작성하는 데에 들로네 삼각형이 사용되기 때문이다.

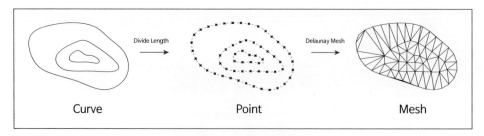

Curve   Divide Length   Point   Delaunay Mesh   Mesh

들로네 삼각형으로 지형이 만들어지는 과정

지형을 구성하는 라이노 등고선을 그래스호퍼로 가져와 포인트를 추출한 후 3D 지형(메쉬)을 만들 것이다. 라이노 등고선은 커브(Curve) 개체다. Curve 파라미터 컴포넌트를 이용해 그래스호퍼로 가져올 것이다. 그래스호퍼로 커브를 세팅하고, 일정 간격마다 포인트를 생성할 것이다. 네이버 카페(cafe.naver.com/digitarchi/87572)에 이 과정을 미리 그래스호퍼로 만들어 놓았다. 링크로 접속해 GeoMaking.gh 파일을 다운로드 받는다.

3   유형별 지형 제작

❶ 메쉬 지형

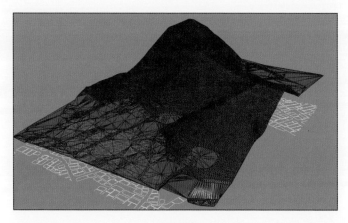

메쉬 지형

Open	그래스호퍼 파일(.gh) 열기
[GH] Curve	등고선 세팅(Set Multiple Curves)
간격 조정	넘버슬라이더 조정
[GH] Mesh	지형(메쉬) 개체 Bake
Isolate(HH)	지형 개체만 보이도록 설정

라이노 메뉴가 아니라 그래스호퍼 메뉴다.

1. 그래스호퍼 상단 메뉴의 File → Open으로 다운로드 받은 그래스호퍼 파일(Geo-Making.gh)을 연다.

2. 아직 Curve 컴포넌트에 데이터가 설정되지 않아 주황색으로 표시된다.

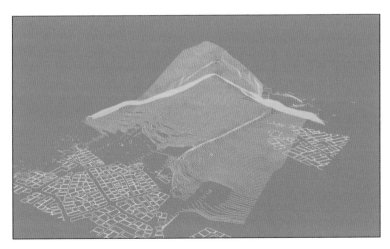

그래스호퍼 설정 전에 라이노에서 개체 선택을 먼저 한다.

3. 라이노에서 등고선 그룹을 선택한다.

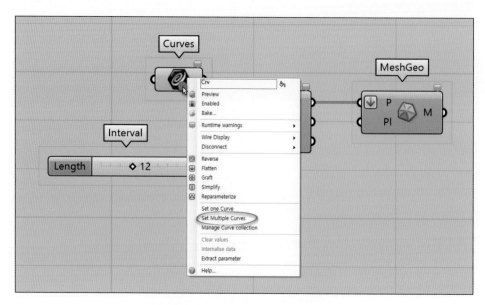

라이노 개체 선택이 유지된 상태여야 한다.

4. 그래스호퍼 Curve 컴포넌트를 우클릭해 'Set Multiple Curves'를 선택한다.

5. 그래스호퍼 창이 깜빡일 것이다. 미리 라이노에서 개체를 선택해 놓았기에 자동으로 설정된다.

6. 간격(Interval)이 '12'로 설정되어 있다. 1:1000 도면이므로 등고선 12미터 간격마다 포인트가 찍힌다. 만약 좀 더 정밀한 지형 제작을 원한다면 넘버슬라이더 다이얼 부분을 더블클릭 해 더 작은 값을 입력하자. 단, 너무 작은 값을 입력하면 연산에 많은 시간이 소요되니 주의하자.

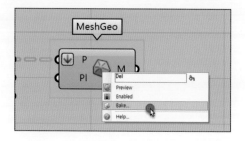

Bake는 그래스호퍼 개체를 라이노 개체로 만든다.

7. 알고리즘 우측에 'MeshGeo'라 표시된 컴포넌트가 보인다. Delaunay Mesh 컴포넌트로 만든 지형(메쉬)이다. 컴포넌트를 우클릭하고 Bake를 선택한다.

8. 라이노에 메쉬 개체가 Bake되었다. 이제 그래스호퍼 창은 x를 눌러 닫는다.

메쉬 지형이 만들어졌다.

9. 만들어진 메쉬 개체는 선택 후 Isolate(HH) 명령으로 독립시킨다.

❷ 넙스 지형

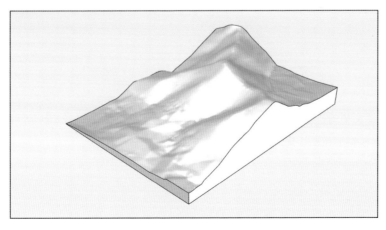

넙스 지형

ZSA('_Zoom _All _Selected)	지형 확대
Drape	Top 뷰에서 천 씌우기
Change Layer(CL)	메쉬 개체 숨기기(00_Base 레이어 신설)
Points On(F10)	국지적 조정
Bounding Box(BB)	Drape 서피스 경계상자 제작(출력=솔리드)
Scale 1d(SC)	Z방향 경계상자 크기 조정
Trim(TR)	서피스 모델링 정리
Join(J)	한 덩어리 솔리드로 제작

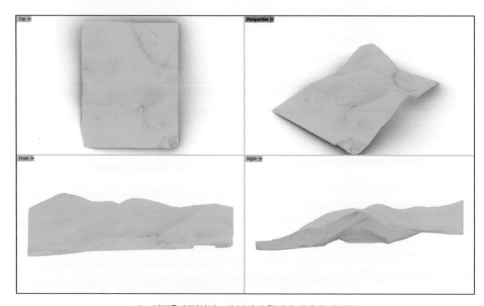

ZSA 명령을 입력하면 4개 뷰에서 한번에 개체 줌이 된다.

1. 라이노 화면에는 메쉬 개체만 보인다. 메쉬를 선택하고 ZSA를 입력한다. ZSA는 Zoom Selected(ZS) 명령을 모든 뷰에서 실행하는 명령이다.

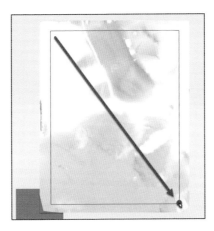

메쉬 지형 안쪽에 사각형을 그리듯이 그린다.

2. Top 뷰로 넘어가 보자. 사각형 형태 메쉬가 화면 중앙에 위치해 있다. **Drape 명령 입력 후 클릭 두 번으로 메쉬 안쪽에 사각형을 그린다.** 만약 메쉬를 넘어가는 부분에 Drape 영역이 지정되면 치즈처럼 늘어진 서피스가 만들어지니 주의하자.

Change Layer(CL) 팝업창에서 레이어를 생성할 수도 있다.

3. 메쉬 개체는 이제 더 이상 필요 없다. 메쉬 선택 후 Change Layer(CL)를 입력한다. 00_Base 레이어로 설정해야 하는데, 레이어를 생성한 적이 없어 선택할 수가 없다. 새로 만들기 버튼을 누른 후 00_Base 레이어를 만들고, 메쉬를 00_Base 레이어로 설정한다. 00_Base 레이어의 전구를 끄는 작업은 레이어 탭에서 해야 한다.

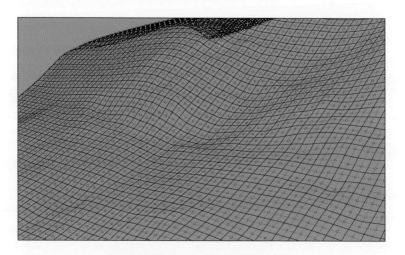

Drape로 만든 서피스는 컨트롤 포인트가 많다.

4. Drape로 만든 서피스는 '넙스 서피스'다. 2차원 컨트롤 포인트를 갖고 있는 부드러운 형상이다. 서피스가 심하게 찌그러진 곳이 있다면 F10 을 눌러 컨트롤 포인트를 켜고 보정하자.

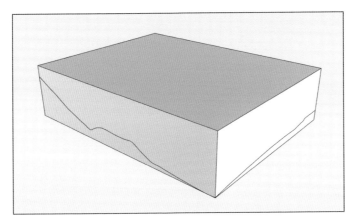

경계상자를 솔리드로 만든다. 추후 넙스 지형 모델링에 사용할 것이다.

5. 서피스를 선택하고 Bounding Box(BB)를 입력한다. Bounding Box(BB) 출력 옵션을
   '솔리드'로 한다. 지형을 가득 담는 경계상자가 만들어진다. 경계상자가 만들어지면
   음영 뷰에서는 서피스 엣지만 보인다.

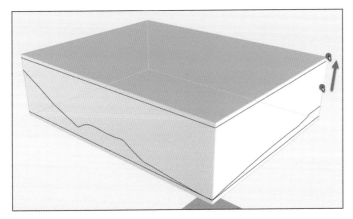

경계상자의 Z축 방향 길이를 늘린다. 중간점 오스냅과 끝점 오스냅을 사용한다.

6. Scale 1d(SC) 명령으로 경계상자 크기를 조정한다. 그동안은 경계상자 안쪽 개체도 함
   께 선택해서 크기를 조정했었다. 이번에는 경계상자 크기만 조정한다. 중간점 스냅을
   '기준점'으로, 끝점 스냅을 '참조점'으로 설정하여 Z방향으로 사이즈를 키운다.

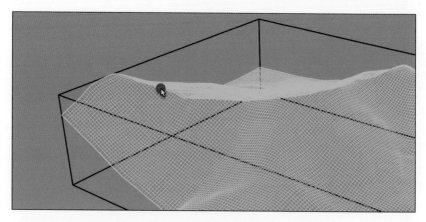

와이어프레임 뷰(WF)에선 서피스 면(Face) 부분이 쉽게 선택되지 않는다.

7. Trim(TR) 명령으로 모델을 정리한다. 서피스(지형)를 기준으로 경계상자 윗부분을 트림한다. 서피스를 선택하기 어렵다면 와이어프레임 뷰(WF)를 이용해 잡아내자.

두 개체가 Join(J)되어 솔리드가 만들어졌다.

8. 윗부분이 잘린 박스(경계상자, 폴리서피스)와 Drape로 만든 서피스가 보인다. 두 개체를 선택하고 Join(J)한다. 솔리드(닫힌 폴리서피스)가 만들어진다. 부드럽게 표현된 3D 넙스 지형이 완성되었다.

❸ 계단 지형

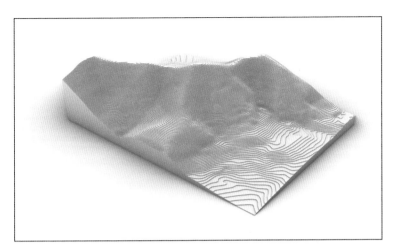

계단 지형

Rectangle(REC)	참조 사각형 제작
Copy(C)	참조 사각형 복사
Contour	넙스 지형 윤곽 따내기
Group(G)	윤곽 커브 그룹
Delete	복사된 넙스 지형 삭제
Extrude Crv(EXT)	윤곽 커브 돌출
Sel Crv	윤곽 그룹 선택
Change Layer(CL)	윤곽 그룹 숨기기(00_Base)

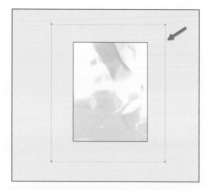

참조 개체는 복사나 이동을 할 때 오스냅을 잡는 기준이 된다.

1. Top 뷰로 넘어가 Rectangle(REC)로 사각형을 그린다. 전체 지형을 담고도 남을 넉넉한 사이즈로 그린다. '참조 사각형'이 될 것이다.
2. Copy(C) 명령으로 참조 사각형을 복사한다. 사각형끼리 맞닿게 배치한다. 참조 사각형 오스냅을 이용해 넙스 지형도 복사한다.

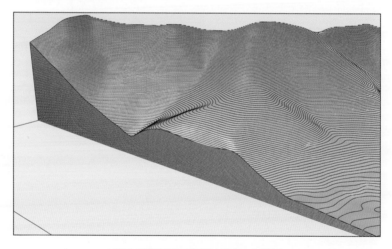

1:1000 모델이므로 1간격은 1미터로 계산된다.

3. Contour 명령으로 넙스 지형(솔리드)의 윤곽을 따낸다. Z방향, 1간격으로 설정한다. Z방향 설정은 경계상자 아랫부분 오스냅을 이용해 설정한다.
4. 윤곽 커브들이 선택된 상태다. Group(G) 명령으로 그룹 짓는다.

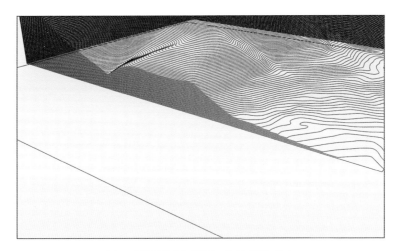

넙스 지형은 복사된 개체이므로 삭제해도 된다.

5. 복사한 넙스 지형을 선택하고 `Delete` 키를 눌러 삭제한다.

솔리드는 '예'로 설정한다.

6. Extrude Crv(EXT) 명령으로 윤곽 커브를 돌출시킨다. 돌출 높이는 Contour 간격이었
   던 1로 설정한다.

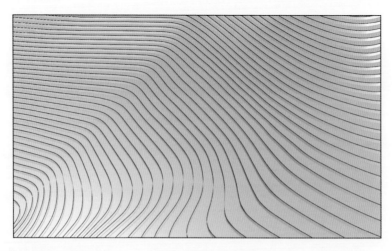

윤곽 커브들은 그룹되어 있다. Sel Crv 명령을 사용하지 않고 클릭으로 한번에 그룹을 선택해도 좋다.

7. Sel Crv 명령으로 윤곽 커브(그룹)를 선택하고, Change Layer(CL) 명령으로 윤곽 커브를 숨긴다(00_Base).

❹ 사이트 외곽 정리

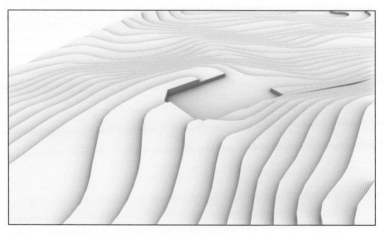

외곽이 정리된 지형

Ctrl + Shift + H	사이트 외곽선 선택
Extrude Crv(EXT)	솔리드로 돌출
Move(M)	계단 지형으로 이동, Z방향 이동
Ctrl + C	사이트 매스 복사
Boolean Difference(BD)	계단 지형에서 사이트 매스 차집합
Merge All Faces(MAF)	엣지 정리
Ctrl + V	사이트 매스 붙여넣기
Show(SH)	모든 개체 보이기
Move(M)	넙스 지형으로 사이트 매스 이동
Boolean Difference(BD)	넙스 지형에서 사이트 매스 차집합

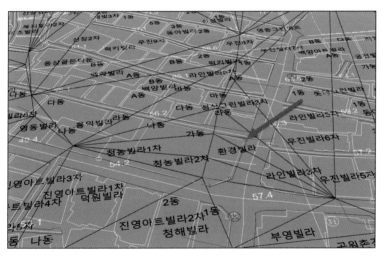

Ctrl + Shift + H 는 숨겨진 개체와 보이는 개체를 일시적으로 반전시킨다.
사이트 외곽선을 선택하고 Enter 를 누른다.

1. 다양한 개체들이 숨김 처리되어 있다. Show(SH) 명령을 입력하면 너무 많은 개체가 보여 혼동이 올 수 있다. 숨겨진 개제 중 특정 개체만 선택해서 화면으로 가져오는 방법이 있다. Ctrl + Shift + H 를 누르면 현재 보이는 개체는 숨겨지고 숨겨져 있던 개체가 보인다. 사이트 외곽선을 선택하고 Enter 를 누른다.
2. 지형 작업 중이던 화면으로 돌아왔다. 숨겨진 개체들 중 사이트 외곽선만 가져왔다.

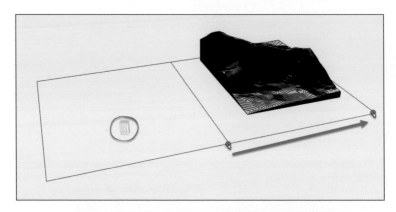

돌출시킨 사이트 외곽선은 참조 사각형을 이용해 이동될 것이다.

3. Extrude Crv(EXT) 명령으로 사이트 외곽선을 돌출시킨다. 솔리드 연산으로 지형을 편집할 계획이니 돌출된 사이트 외곽선은 솔리드여야 한다.

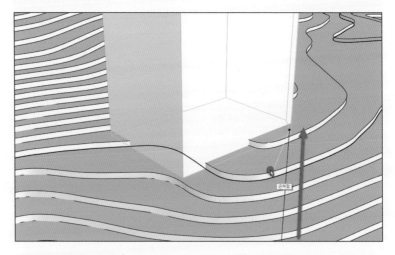

근처점 오스냅을 사용할 수 있는 계단 지형 쪽에서 이동(수직)을 해야 모델링이 수월하다.

4. 지금 제작된 사이트 매스는 넙스 지형 쪽에 있다. 참조 사각형의 끝점 스냅을 이용해 사이트 매스를 계단 지형 쪽으로 Move(M)한다. 또 한번의 Move(M) 명령으로 사이트 매스를 Z방향으로 이동시킨다. Move(M) 명령 실행 중 '수직' 옵션을 클릭하면 된다. 계단 지형의 근처점 스냅을 이용해 정확한 사이트 높이까지 이동시킨다.

5. 사이트 매스가 적절한 위치에 배치되었다. 사이트 매스 선택 후 Ctrl + C 를 눌러 클립보드로 모델을 복사한다.

6. Boolean Difference(BD) 명령으로 계단 지형에서 사이트 매스를 차집합한다.

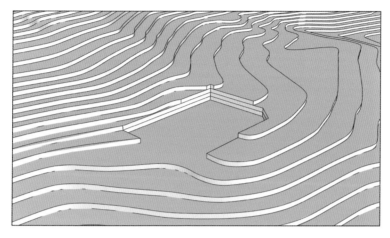

사실 이번 작업에서는 엣지 정리가 필요 없다. 하지만 솔리드 연산 후에는 엣지 정리를 습관적으로 하자.

7. Merge All Faces(MAF)로 엣지를 정리한다.

Ctrl + C 로 복사되었던 사이트 매스를 Ctrl + V 로 붙여 넣는다. 복사했던 위치에 그대로 붙여 넣기가 된다.

8. 이제는 넙스 지형에 작업을 할 차례다. <kbd>Ctrl</kbd> + <kbd>V</kbd>를 눌러 클립보드에 복사해 놓았던 모델을 붙여 넣는다.

9. Show(SH) 명령을 입력해 숨겨져 있던 모든 개체를 보이게 한다.

10. 참조 사각형 스냅을 이용해 Move(M) 명령으로 사이트 매스를 넙스 지형 쪽으로 이동 시킨다.

계단 지형에서 높이를 정확히 맞춘 사이트 매스를 넙스 지형으로 복사해 온다.

11. Boolean Difference(BD) 명령으로 넙스 지형에서 사이트 매스를 차집합한다.

12. 곡면과 평면 간의 솔리드 연산에는 정리해야 할 엣지가 남지 않는다. Merge All Faces(MAF) 명령을 실행하지 않아도 좋다.

지형에 안착된 주변 매스

[GH]Input	입력 데이터 설정
[GH]Adjust	파라미터 조정
[GH]Output	라이노 개체로 변환
Change Layer(CL)	주변 매스와 지형 레이어 생성 및 설정

1. 그래스호퍼를 이용해 주변 매스를 만든다. 지형 높이에 맞게 주변 매스 높이를 조정해 얹히는 작업도 그래스호퍼를 이용한다. 네이버 카페(cafe.naver.com/digitarchi/87573)에 접속해서 그래스호퍼 파일(MassArragement.gh)을 다운로드 받는다.

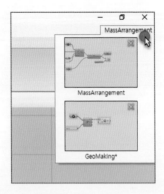

그래스호퍼 창 하나에서 여러 파일을 열 수 있다. 우측 상단에서 파일 사이를 오갈 수 있다.

2. 라이노 명령행에 grasshopper를 입력해 그래스호퍼 창을 띄운다. 그래스호퍼 상단 메
   뉴 File → Open(**Ctrl** + **O**)를 눌러 MassArrangement.gh 파일을 연다.

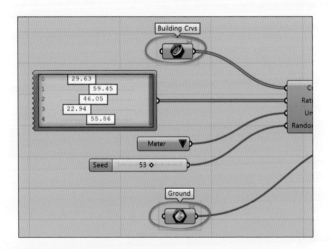

Building Crvs와 Ground를 각각 라이노에서 설정(Set)한다.

3. Building Crvs와 Ground에 각각 주변 매스 커브와 지형을 설정할 것이다. 참고로
   Building Crvs는 '닫힌 평면형 커브'여야 하고, Ground는 '서피스나 폴리서피스'여야
   한다.

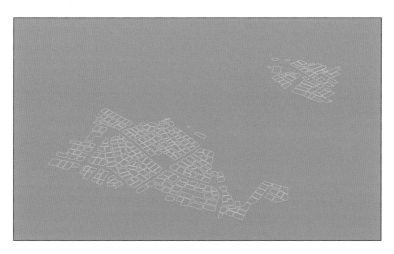

여러 개체를 설정해야 할 때, 라이노에서 미리 선택해 놓으면 빠른 설정이 가능하다.

4. 그래스호퍼 개체 설정 전에 라이노에서 커브들을 미리 선택하려 한다. 라이노에서 주변 매스 커브 그룹을 선택한다. 선택된 상태를 유지한 채 그래스호퍼 작업 창으로 넘어온다. Curve 컴포넌트(Building Crvs)를 우클릭 하고 'Set Multiple Curves'를 선택한다. 그래스호퍼 창이 깜빡일 것이다.

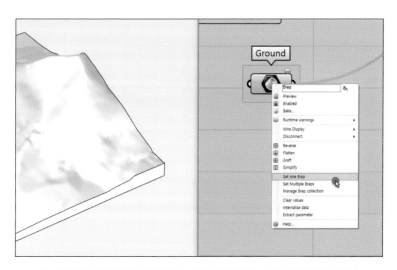

한 개 개체를 선택해야 할 때엔 굳이 라이노에서 개체를 미리 선택할 필요는 없다.

5. 이제는 Ground(지형)를 설정해야 한다. Brep 컴포넌트(Ground)를 우클릭한다. 지형은 한 개 모델이므로 'Set one Brep'을 선택한다. 그래스호퍼 창이 닫히고 라이노 화면으로 넘어온다. 넙스 지형을 선택한다.

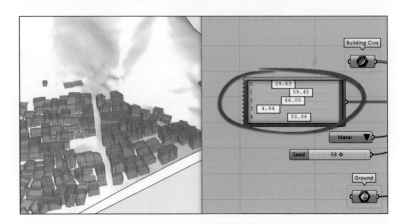

원하는 매스 분포가 아닌가? 이제부터 파라미터를 조정할 것이다.

6. Building Crvs와 Ground를 정상적으로 설정했다면 라이노 화면에 주변 매스 모델이 보인다.

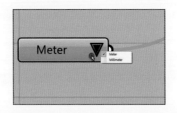

1:1000 수치지형도를 다운로드 받아 작업 중이니 '미터' 설정을 유지하면 된다.

7. Unit 파라미터가 있다. 미터 단위로 모델링 중이라면 Meter를, 밀리미터 단위로 모델링 중이라면 Millimeter를 선택한다.
8. Ratio에 입력되는 값은 1층부터 5층까지 층별 건물 분포다. 적절한 값으로 조정한다.
9. Random에 입력된 값은 Random Seed다. Random에 입력되는 정수 값마다 서로 다른 대안이 보인다.

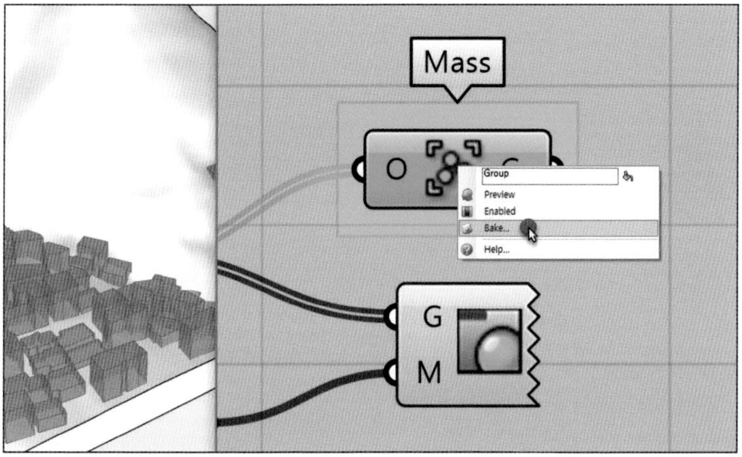

Bake는 그래스호퍼 개체를 라이노 개체로 만드는 명령이다.

10. 값 조정이 끝났다면 이제 지형 위 주변 매스를 라이노 개체로 변환시킬 차례다. 우측에 Mass라 표시된 컴포넌트를 우클릭한다. 달걀프라이 아이콘(Bake)이 있다. Bake 아이콘을 클릭해 그래스호퍼 개체를 라이노 개체로 변환시킨다.

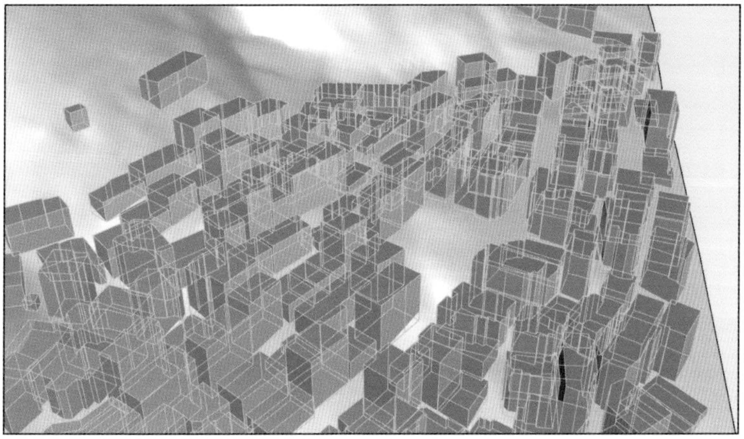

주변 매스가 그룹된 채 Bake되었다.

11. 이제 그래스호퍼 창은 x버튼을 눌러 끈다. 라이노 개체로 변환된 주변 매스는 그룹되어 있다.

SECTION 4

곡면 건축 매스스터디

Shape Deformation, Hand Drawing, Surface Attaching의 방법으로 곡면 건축물 매스스터디 하는 방법에 대해서 알아본다.
특히 Surface Attaching에서는 주요 서피스 제작 명령어에 대해서도 알아본다.

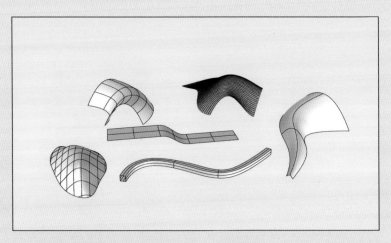

● 라이노에선 다양한 방식으로 서피스 제작이 가능하다.

❶ 기본 매스 제작

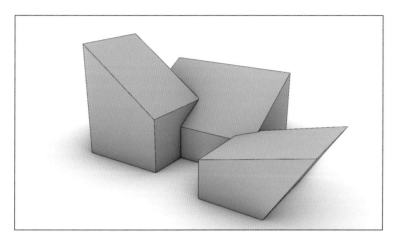

기본 매스

Box	기본 매스용 박스 세 개 제작
Ctrl + Shift + Click	컨쉬클 + 검볼 이동으로 형태 변형
Move(M)	세 개 박스 겹치기
Boolean Union(BU)	합집합
Merge All Faces(MAF)	엣지 정리
Bounding Box(BB)	경계상자 제작(커브)
Scale	실제 사이즈로 크기 조정
Delete	경계상자 삭제

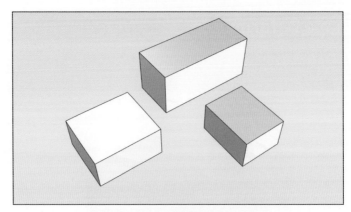

세 박스가 겹쳐 있으면 형태 편집이 어려움

1. Box 명령으로 원점 부근에 박스를 제작한다. 크기와 비율이 다른 박스 세 개를 만든다. 세 박스가 서로 겹치지 않도록 배치한다.

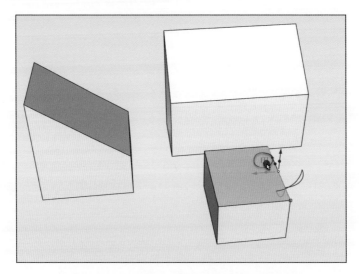

검볼 화살표 사이 사각형을 드래그하면 2차원으로 이동이 된다.

2. 컨쉬클(Ctrl + Shift + Click)로 박스 위쪽 엣지를 선택해 검볼로 이동한다. 뾰족한 형태로 개체를 변형한다. Move Edge 명령을 이용해도 좋다.
3. Move(M) 명령으로 세 개체를 겹치도록 배치한다. 검볼 화살표로 이동해도 좋다.

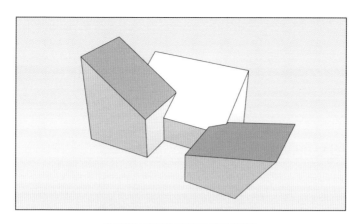

세 개체를 뭉치게 배치하고 합집합한다.

4. 세 개체를 합쳐 한 건축물 매스로 만들 것이다. 세 개체를 선택하고 Boolean Union (BU) 명령을 입력한다.
5. 합집합을 했으니 개체를 선택하고 Merge All Faces(MAF) 명령을 입력한다. 바닥 부분 엣지가 정리된다.
6. 이제 실제 사이즈(1:1)로 개체 크기를 조정할 차례다. 합집합한 개체를 감싼 경계상자를 만들어야 한다. Bounding Box(BB) 명령으로 경계상자를 만든다. 안쪽 개체를 음영 뷰에서도 볼 수 있도록 경계상자의 출력은 커브로 설정한다.

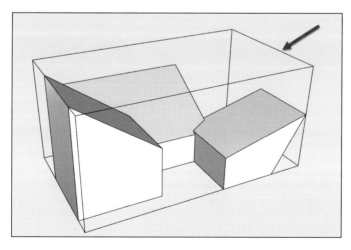

경계상자는 매스 크기를 조정할 때 가이드가 된다.

7. Scale 명령으로 개체와 경계상자 크기를 동시에 조정해야 한다. 바닥에서 최고점까지의 높이가 30,000이 되도록 크기를 조정한다.
8. 크기 조정이 된 후엔 경계상자가 필요 없다. 경계상자를 선택하고 Delete 키를 눌러 삭제한다.

❷ 모델링 편집 및 마무리

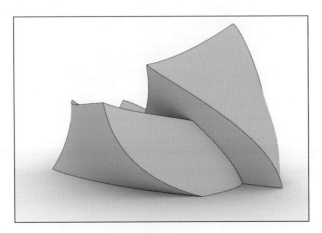

Cage Edit으로 만든 매스

Cage Edit	개체 새장 편집
Rectangle(REC)	참조 사각형 제작
Copy(C)	건축물 매스 복사

1. Shape Deformation은 Cage Edit 명령으로 구현하기가 쉽다. Cage Edit은 개체를 가둔 채 형태를 변형시키는 명령으로, '새장 편집'이라고도 한다. 건축물 매스를 선택하고 Cage Edit 명령을 입력한다.
2. 제어 개체는 '경계상자'로 선택한다.
3. 좌표계는 '절대좌표'로 선택한다.

4. 이어서 케이지 매개변수를 설정한다. X, Y, Z방향 점 개수와 차수를 설정한다. 기본 설정은 세 방향 점 개수는 4개, 차수는 3으로 되어 있다. 총 64개(4의 3승)의 컨트롤 포인트로 새장이 만들어진다. 차수가 3이므로 형태 변형이 곡을 갖고 부드럽게 된다.

5. 편집할 영역은 '글로벌'로 선택한다.

6. 개체를 감싸는 경계상자가 생겼다. Bounding Box(BB) 명령으로 만든 경계상자와 비슷하게 생겼지만 분명한 차이가 있다. Cage Edit로 만든 경계상자는 컨트롤 포인트가 있다. 컨트롤 포인트를 이리저리 이동시키며 새장(박스) 형태를 변형시키면 건축물 매스 형태도 변형된다.

Cage Edit 명령을 입력할 때 히스토리 기록 설정을 하지는 않았다. 하지만 Cage Edit 명령에 '히스토리 기록' 개념이 포함되어 있다. Cage Edit로 만든 경계상자가 부모 개체, 감싸진 개체(여기선 건축물 매스)가 자식 개체다.

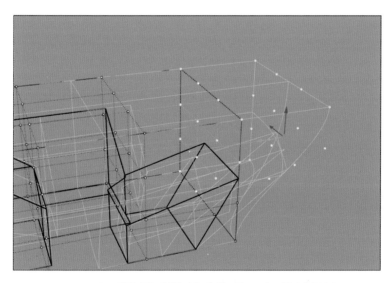

Cage Edit으로 만들어진 경계상자와 개체는 히스토리로 연결되어 있다.

7. 경계상자와 건축물 매스는 히스토리 기록으로 연결된 개체다. 만약 실수로 건축물 매스를 이동시켰다면 Ctrl + Z 로 복구하자. 컨트롤 포인트를 잡고 검볼 이동으로 건축물 매스 형태를 잡는다.

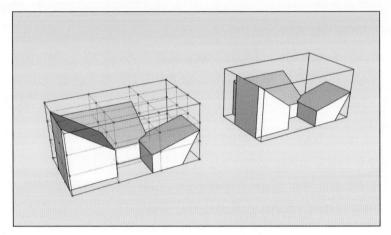

Cage Edit으로 만든 경계상자는 컨트롤 포인트가 있다.

Cage Edit으로 만든 경계상자는 컨트롤 포인트가 있다. 경계상자를 선택하고 **F10** 을 누르면 컨트롤 포인트가 보이고, **ESC** 키를 누르면 컨트롤 포인트가 숨겨진다. 단, Bounding Box(BB)로 만든 경계상자는 컨트롤 포인트가 없다.

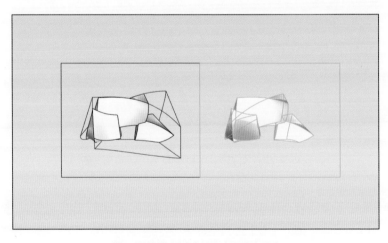

참조 사각형은 복사나 이동의 중심이 된다.

8. Top 뷰로 넘어간다. 참조 사각형을 그리기 위해서다. Rectangle(REC) 명령으로 충분한 사이즈의 참조 사각형을 그린다.

9. Copy(C) 명령으로 참조 사각형과 건축물 매스를 복사한다. 건축물 매스 형태를 수정해야 할 수도 있으니 원본은 그대로 Cage Edit 경계상자와 물린 채로 유지한다.

> **TIP** Cage Edit 경계상자의 안쪽 개체 선택이 안 된다면?
>
>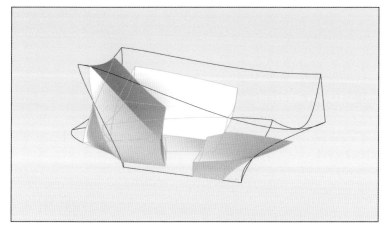
>
> ESC 키를 눌러 새장 컨트롤 포인트를 꺼야 안쪽 개체가 선택된다.
>
> Cage Edit 경계상자의 컨트롤 포인트가 켜진 상태라면 안쪽 개체(건축물 매스) 선택이 안 된다. ESC 키를 눌러 컨트롤 포인트가 보이지 않도록 설정한 후에는 개체 선택이 가능하다.

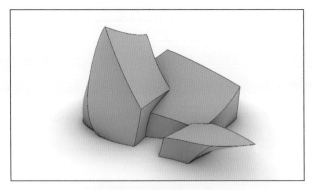

완성된 Shape Deformation 매스

2　Hand Drawing

❶ 스케치 배치하기

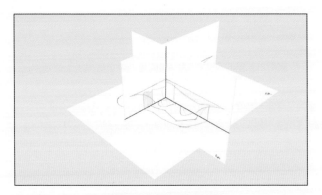

세 뷰에 이미지를 배치한다.

Picture	세 뷰에 이미지 배치
Scale	이미지 크기 조정
Lock	이미지 잠그기

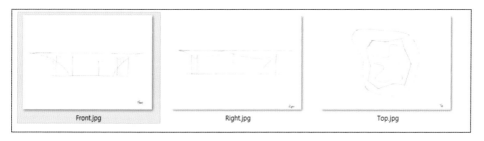

Front.jpg   Right.jpg   Top.jpg

세 이미지를 라이노 뷰포트에 배치할 것이다.

1. Top 뷰, Front 뷰, Right 뷰에 이미지를 배치할 것이다. Top 뷰에는 배치도가, Front 뷰에는 정면도가, Right 뷰에는 측면도가 배치된다. 정확한 사이즈 드로잉이 아니라 스케치 이미지이므로 도면이라기보단 스케치가 맞는 표현이다. Picture 명령(라이노 5.0은 Picture Frame)으로 각 뷰 그리드에 이미지를 배치한다.

TIP   그리드는 여러 개?

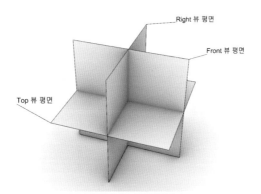

Right 뷰 평면

Front 뷰 평면

Top 뷰 평면

각 뷰에는 그 뷰에 수평으로 그리드(평면)가 존재한다.

Top 뷰에서 보이는 그리드와 Front 뷰에서 보이는 그리드는 다르다. 그리드는 각 뷰에 수직으로 세워진 채 존재한다. Perspective 뷰에선 Top 뷰 그리드만 보일 뿐 사실 여러 그리드가 공존한다. Perspective나 Top 뷰에서 사각형을 그리면 XY평면에 그려지지만 Front 뷰나 Left 뷰에서 사각형을 그리면 XZ나 YZ평면에 그려진다. 뷰를 넘나들며 이미지를 배치(Picture Frame)한 후 Perspective 뷰에서 확인해 보면 서로 수직으로 배치된 서피스들을 확인할 수 있다.

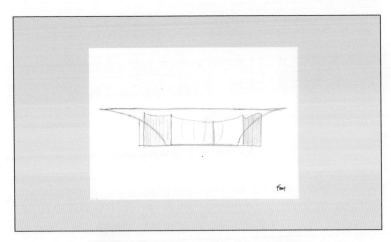

Shift 키를 누르면 이미지 비율이 바뀌니 주의하자.

2. 처음부터 이미지를 정확한 '사이즈'로 배치할 필요는 없다. 다만 정확한 '각도'로 배치하면 이후 작업이 쉬워진다. 수평면에 수직으로 이미지를 배치한다.

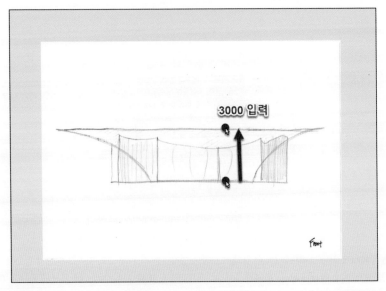

건축물 높이가 3000임을 이용한다.

3. 이미지 사이즈를 조정해야 한다. Scale 명령으로 조정한다. 스케일 바가 있으면 가장 좋다. 이미지 서피스 선택 후 Scale 명령을 입력한다. 스케일 바 좌, 우측을 클릭하고 사이즈를 입력한다.

   스케일 바가 없다면 길이를 알고 있는 선의 좌, 우측을 클릭하자. 가령 스케일 바(또는 길이를 알고 있는 선) 사이즈가 1m라면 1,000을 입력하면 된다.

4. 세 뷰에 배치된 이미지 사이즈를 Scale 명령으로 모두 조정한다.

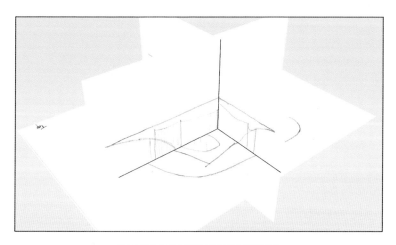

세 이미지가 비슷하게 겹치도록 배치한다.

5. Perspective 뷰로 넘어와 세 이미지 위치를 조정한다. 검볼을 이용해 이미지 서피스를 이미지의 수평면으로만 이동한다.

6. 이미지 서피스를 모두 선택하고 Lock 명령으로 잠근다.

❷ 스케치에서 모델 뽑기

스케치에서부터 시작한 3D 모델

Curve, Polyline(L)	개체 모델링 기준선 제작
Rebuild	커브 재생성
Points On(F10)	커브 형태 잡기
Unlock	이미지 서피스 잠금 풀기
Change Layer(CL)	이미지 서피스 숨기기(00_Base)
Loft(LO)	모델링 기준선으로 개체 제작
Cap	끝막음
Extrude Crv(EXT)	커튼월 돌출
Trim(TR)	커튼월 정리
Sel Crv	커브 선택
Change Layer(CL)	커브 숨기기(00_Base)

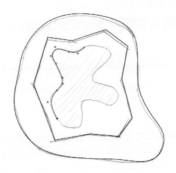

이미지 서피스들은 Lock으로 잠겨 있으니 선택, 이동이 안 된다. 마음껏 작업하자.

1. Curve와 Polyline(L) 명령으로 개체 모델링 기준선을 제작한다. Top 뷰에서 기본 커브를 제작한다. 외곽선은 스케치 천정 높이까지 올린다.

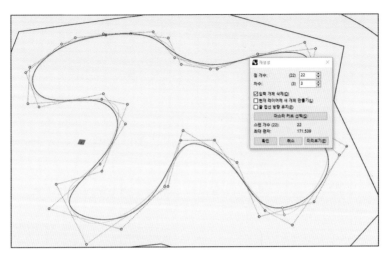

점 개수, 차수를 동일하게 Rebuild하더라도 커브 형상은 조정된다.

2. 손으로 컨트롤 포인트를 지정해가면서 만든 커브를 재생성한다. 컨트롤 포인트 간격이 조정되며 커브 품질이 좋아진다. 같은 Curve 명령으로 만든 커브더라도 길이에 따라 컨트롤 포인트 수가 다르다. 커브를 한 개씩 Rebuild한다. 점 개수와 차수는 기존 커브와 동일하게 설정한다.
3. F10 을 눌러 컨트롤 포인트를 조정한다.
4. 이미지 서피스를 기준으로 개체 모델링 기준선이 제작되었다. Unlock으로 이미지 서피스 잠금을 해제하고 Change Layer(CL) 명령을 이용해 00_Base 레이어로 설정한다.
5. 개체 기준선만으로는 모델링 작업이 어려울 수 있다. 서피스 제작 명령어들의 특징을 잘 떠올리며 모델링 전략을 세워야 한다.

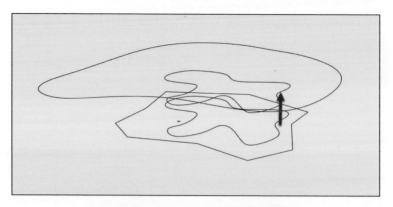

외곽 서피스보다는 약간 낮은 높이로 위치를 잡는다.

6. Copy(C) 명령으로 바닥 커브를 Z방향으로 올리며 복사한다. Loft(LO)의 느슨하게 스
타일로 서피스를 제작하려 한다.

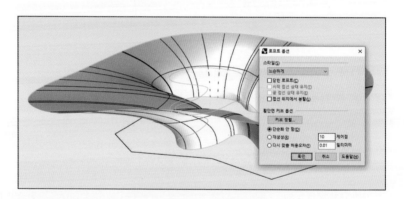

'느슨하게' 옵션으로 서피스 제작

7. 세 넙스 커브를 선택하고 Loft(LO) 명령으로 서피스를 만든다.
8. 서피스를 선택하고 Cap 명령을 입력한다. 평면형으로 뚫린 위, 아랫부분에 끝막음이
된다.

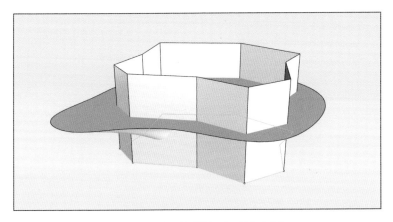

커튼월 기준선은 충분한 높이로 돌출시킨다.

9. Polyline(L)으로 제작한 커브는 커튼월 기준선이다. 커튼월 기준선을 선택하고 Extrude Crv(EXT) 명령을 입력한다. 트림할 것을 감안하고 충분한 높이로 돌출시킨다. 단, 솔리드는 '아니오'로 설정한다.

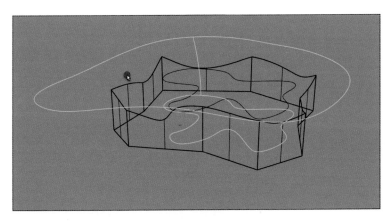

와이어프레임 뷰(WF)에서, 솔리드 안쪽으로 침범한 익스트루전(돌출)도 Trim(TR)한다.

10. Trim(TR) 명령으로 커튼월 부분을 정리해야 한다. 개체 위로 튀어나온 부분을 정리한다. 안쪽이 보이지 않아 커튼월 선택이 어렵다면 와이어프레임 뷰(WF)에서 작업한다.

11. Sel Crv로 모든 커브들을 선택하고 Change Layer(CL) 명령을 이용해 00_Base 레이어로 설정한다.

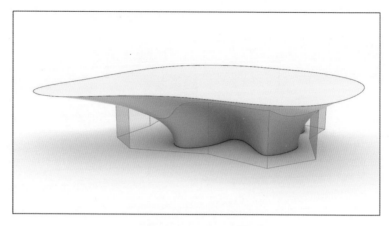

완성된 Hand Drawing 모델

3   Surface Attaching

❶ 주요 서피스 제작 명령어

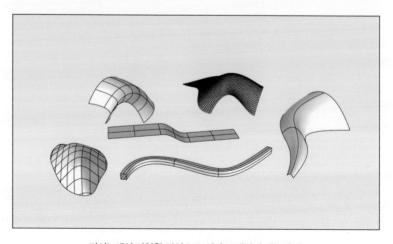

라이노에선 다양한 방식으로 서피스 제작이 가능하다.

넙스 기반 모델러에서의 모델링은 대부분 서피스를 이어붙여 가는 방식으로 시작한다. 라이노는 대표적인 넙스 기반 모델러다. 당연히 서피스 제작과 관련된 명령어들이 중요하게 다뤄진다. 이번 장에서는 주로 사용하는 서피스 제작 명령어들을 소개한다.

① 한 방향 커브 : Loft

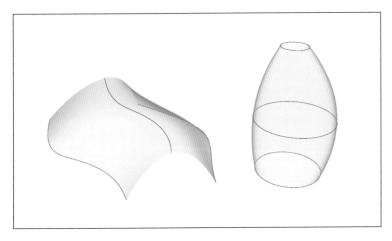

Loft(LO)는 커브를 부드럽게 이어붙여 서피스를 만든다.

U커브만, 또는 V커브만 참조할 수 있을 경우에는 Loft(LO) 명령을 사용한다. Loft(LO) 명령 입력 후 한쪽 방향으로 커브들을 선택하고 **Enter** 를 누르면 된다. 로프트 옵션 팝업창이 나타난다. 스타일은 '보통'을 많이 사용한다. '느슨하게'일 때는 처음과 끝 커브 말고는 생성된 서피스가 커브를 지나치지 않는다. '타이트하게'일 때는 서피스가 반드시 모든 커브를 지나친다. '직선 단면'일 때는 마치 두 커브씩 잡고 Loft(LO)를 한 것처럼 울퉁불퉁한 폴리서피스가 만들어진다.

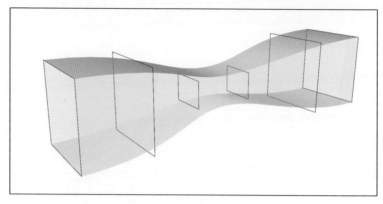

로프트 스타일 중 '보통'과 '느슨하게'가 가장 많이 사용된다.

느슨하게 옵션을 잘 사용하면 재미있고 다양한 모델링 표현이 가능하다. 특히 부드럽게 연결된 부분을 모델링 할 때, 보통 옵션보다는 느슨하게 옵션이 형태 잡기가 좋다.

② 양 방향 커브 : Network Srf(연속성)

네트워크 서피스(Network Srf)는 라이노를 대표하는 명령어다.

참조 커브가 U, V방향으로 모두 있을 때 사용한다. 참조 커브가 많을수록 정확한 표현이 가능하다. 만약 제작되는 서피스에 기존 서피스가 엣지(Edge)를 공유한다면 연속성도 설정할 수 있다.

■ 엣지 공유가 없을 경우

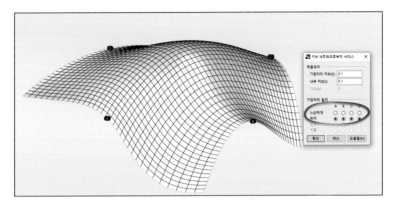

네 방향 모두 커브를 선택하면 '위치' 연속성만 설정할 수 있다.

한 방향 커브를 모두 선택하고 이어서 직교 방향 커브를 모두 선택한다. 양 방향 모든 커브를 선택하고 [Enter] 를 누른다. '커브 네트워크로부터 서피스' 옵션창이 나타난다. 인접한 서피스와 공유하는 엣지가 없기 때문에 접선과 곡률 연속성을 선택할 수 없다. 확인을 눌러 명령을 끝낸다.

■ 엣지를 공유할 경우(연속성)

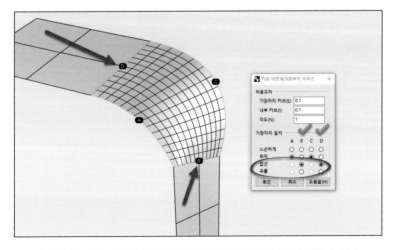

네 방향 중 서피스 엣지를 선택한 부분은 '접선'과 '곡률' 연속성도 설정할 수 있다.

커브를 선택하는 방법은 '엣지 공유가 없을 경우'와 같다. 다만, 이웃한 서피스와 공유되는 엣지가 있다면 '서피스 가장자리'를 선택한다. 커브와 엣지를 모두 선택했다면 Enter 를 누른다. 아까와 같은 옵션창이 나타난다. 엣지가 공유된 곳(지금은 B, D)은 가장자리 일치 속성을 '접선과 곡률'까지 선택할 수 있다. 기존 서피스와의 연속성을 설정할 수 있다.

③ 레일 서피스 : Sweep 1, Sweep 2(연속성)

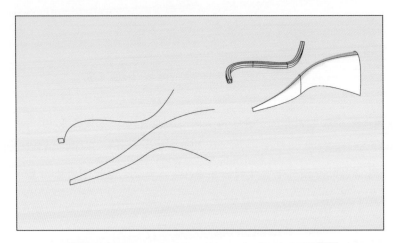

스윕(Sweep) 명령은 레일(Rail)을 기준으로 서피스를 만들 때 사용한다.

Sweep 1과 Sweep 2 명령은 레일(Rail)에 단면을 이동시키며 생기는 자취를 서피스로 만든다. 두 명령어 모두 단면은 여러 개체일 수 있다. 레일이 한 개 일 때는 Sweep 1 명령을, 레일이 두 개 일 때는 Sweep 2 명령을 사용한다. Sweep 2는 옆 서피스와 엣지를 공유할 때 Network Srf처럼 연속성 설정이 가능하다.

■ Sweep 1

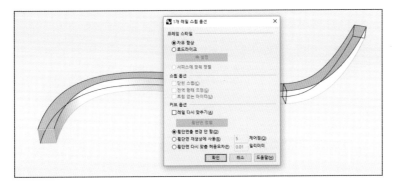

Sweep 1 명령은 한 개 레일만 설정한다.

Sweep 1 명령 입력 후 레일(커브나 서피스 엣지)을 선택한다. 만약 이어진 형태로 배치된 다수 개체를 레일로 선택하려면 '가장자리 연속 선택' 옵션을 선택한다. 이어서 횡단면 커브를 선택한다. 지정된 횡단면 커브는 레일을 따라 이동하며 서피스로 만들어진다. 횡단면 커브로 여러 개체를 선택해도 된다. 횡단면 커브 선택이 끝나면 Enter 를 누른다. '한개 레일 스윕 옵션' 창이 나타난다. 확인을 눌러 명령을 마무리한다.

■ Sweep 2

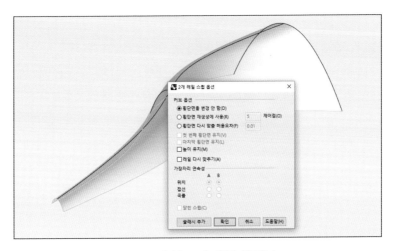

Sweep 2 명령은 두 개 레일을 설정한다.

Sweep 2 명령 입력 후 레일을 선택한다. '두 개 레일 스윕' 명령이므로 레일을 두 개 선택해야 한다. 두 레일 중 '서피스 가장자리'가 있다면 추후 기존 서피스와 접선, 곡률 연속성을 가질 수 있다. 두 레일을 선택한 후에는 횡단면 커브를 선택해야 한다. 횡단면 커브를 여러 개 선택할 수도 있다. 선택이 끝났다면 Enter 를 누른다. '두 개 레일 스윕 옵션' 창이 나타난다. 가장자리 연속성 옵션에서 연속성을 설정할 수 있다. 확인을 누르면 서피스가 생성된다.

④ 서피스 연결 : Blend Srf(연속성)

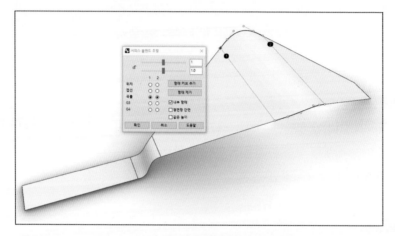

Blend Srf는 두 서피스 엣지를 연결하는 명령이다.

Blend는 '섞다', '혼합하다'라는 뜻을 가진 단어다. Blend Crv는 두 커브 사이를 부드럽게 연결하는 커브를 만드는 명령이다. Blend Srf(BS) 명령은 두 서피스 사이를 부드럽게 연결하는 서피스를 만든다. Blend Srf(BS)는 곡면 가구 모델링 때 사용했었다. 다른 서피스 제작 명령어와는 달리, 입력 데이터로 커브는 선택할 수 없고 서피스 엣지만 선택할 수 있다.

⑤ 패치 : Patch

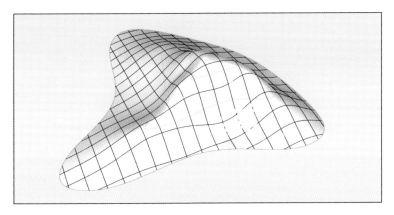

Patch는 여러 데이터를 입력할 수 있다.

Patch는 보통 끝막음을 하거나 대략적인 형태를 가진 서피스를 만들 때 사용한다. Patch로 제작된 서피스는 이웃한 서피스와 연속성을 갖진 않는다. U, V 커브도 임의의 방향으로 생긴다. U, V방향이 서로 수직이다. 커브, 점, 점구름 등을 입력 개체로 설정할 수 있다. 뚜렷한 방향성을 예상할 수 없을 때에 Patch로 서피스를 만든다.

❷ 기본 개체 제작

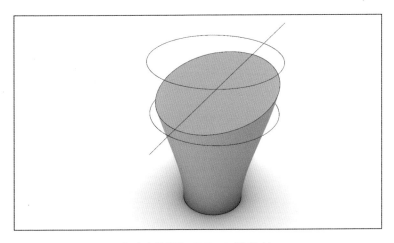

'느슨하게' 설정으로 로프트 한 서피스

Circle	원 제작
Copy(C)	수직이동 복사
Scale	원 크기 조정
Loft(LO)	느슨하게 로프트
Line	절단 기준선 제작
Trim(TR)	개체 절단
Cap	끝막음하여 솔리드로 변환
Sel Crv	커브 선택
Change Layer(CL)	커브 숨기기(00_Base)

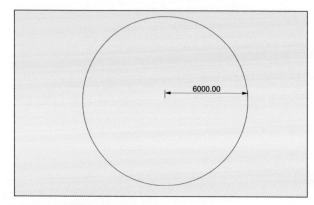

제작한 원이 너무 크다면 **Ctrl** + **A** (전체 선택)로 원을 선택하고 ZS(Zoom Selected)를 입력하자.

1. Circle로 원점을 중심으로 하는 반지름 6000 크기 원을 그린다.

2. Copy(C) 명령으로 원을 복사한다. 수직 옵션을 이용해 10000, 20000, 30000 높이로 수직이동해 복사한다.

3. 위에서 첫 번째와 두 번째 위치한 원 사이즈를 각각 기존의 2배로 조정할 것이다. 원을 선택하고 Scale 명령을 입력한다.

중심점 오스냅을 우클릭 하면 나머지 오스냅이 꺼진다.

4. 기준점을 원의 중심점으로 설정해야 한다. 중심점 오스냅을 우클릭해 잠시 나머지 오스냅을 끈다. 원의 중심점을 클릭하고 2를 입력한다. 커브가 두 개이므로 Scale 명령을 두 번 사용한다.

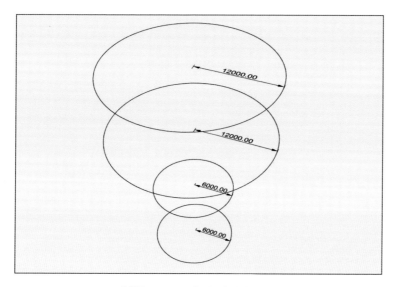

각 원은 10000 크기로 높이 차이가 있다.

5. 오스냅 우클릭을 이용했으니 다시 원래대로 오스냅 설정을 복구해야 한다. 중심점 오스냅을 다시 우클릭해 오스냅 설정을 원래대로 돌려놓는다.

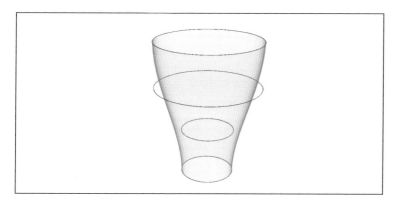

'느슨하게' 스타일로 서피스를 만든다.

6. Loft(LO) 명령으로 세 원을 연결하는 서피스를 만든다. 이번에는 '느슨하게' 스타일로 로프트한다. 혹시 '보통' 스타일로 로프트한 서피스와는 어떤 차이가 있는지 알고 싶다면 직접 Loft(LO)를 두 번 해서 차이를 확인해 보기 바란다.

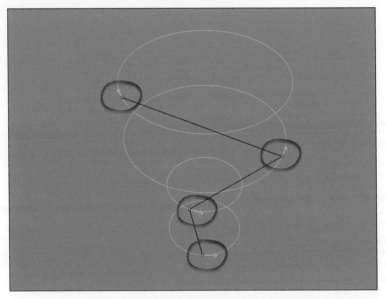

TIP Loft(LO) 결과 서피스가 꼬여서 만들어진다면?

커브 선택 순서도 중요하지만 닫힌 커브의 경우엔 시작점 설정도 중요하다.
같은 방향으로, 비슷한 시작점에서 시작해야 한다.

로프트할 커브의 시작점이 맞지 않았을 때, 또는 방향이 뒤집힌 커브가 있는 경우 서피스가 꼬이거나 접힐 수 있다. Loft(LO) 명령어 입력 후 커브 선택을 하면 뷰포트에 커브 시작점과 방향이 흰색 화살표로 표시된다. 화살표를 클릭해서 시작 위치를 바꿀 수 있다. 화살촉 부분을 클릭하면 커브 방향도 반전시킬 수 있다. **커브를 정렬해서 로프트해야 한다.**

7. Line 명령으로 절단 기준선을 만든다. Front 뷰에서 절단 기준선을 그린다.

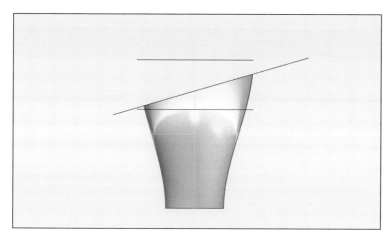

Front 뷰에서 그린 커브라면 Front 뷰에서 Trim(TR)한다.

8. Trim(TR) 명령으로 절단 기준선 상단 개체를 트림한다. Front 뷰에서 Trim(TR)해야 한다. Trim(TR), Project 등의 명령은 현재 뷰의 그리드에 수직한 방향으로 실행된다.

9. 정리된 개체를 선택하고 Cap 명령을 입력한다. 위, 아래 뚫린 부분이 막히며 솔리드가 된다.

10. 기본 개체가 만들어졌다. Sel Crv로 참조 커브들을 선택하고 Change Layer(CL) 명령을 이용해 00_Base 레이어로 설정한다.

❸ 추가 매스 제작

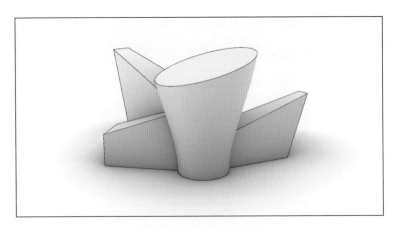

합집합으로 만들어진 최종 매스

Box	박스 제작
Ctrl + Shift + Click	박스 형태 변형
Line	트림 기준선 제작
Trim(TR)	트림
Cap	끝막음
Copy(C)	박스 개체 복사
Scale	박스 개체 크기 조정
Move(M)	겹치도록 배치
Rectangle(REC)	참조 사각형 제작
Copy(C)	개체 복사
Boolean Union(BU)	합집합
Merge All Faces(MAF)	엣지 정리

1. Box 명령으로 박스를 제작한다.

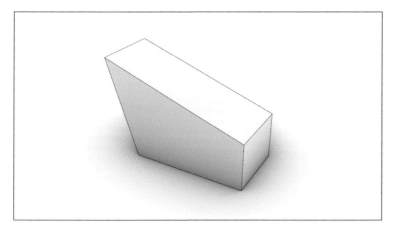

일반적인 사선형 매스 제작

2. **Ctrl** + **Shift** + Click(컨쉬클)으로 박스 형태를 편집한다.

3. Top 뷰에서 Line 명령으로 선을 그린다.

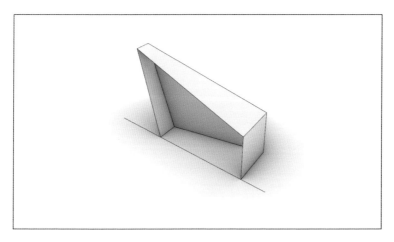

사선형 박스를 Line을 기준으로 Trim(TR)한다.

4. Trim(TR)으로 박스 개체를 트림한다. 트림 기준선을 Top 뷰에서 그렸으니 Trim(TR) 도 Top 뷰에서 한다.

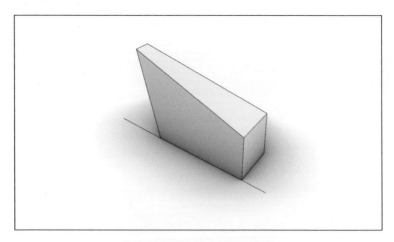

Cap은 평면형으로 뚫린 부분을 막아준다.

5. 트림된 개체를 선택하고 Cap을 입력한다.

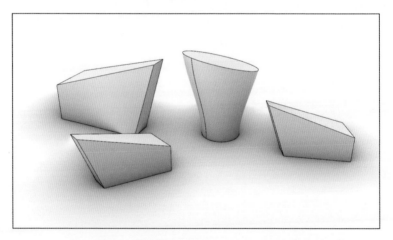

가장 큰 매스가 기본 매스(원통)를 넘지 않도록 크기를 조정한다.

6. Copy(C) 명령으로 개체를 세 개 복사하고 Scale 명령으로 크기를 조정한다.
7. Move(M)를 이용해 개체들을 한데 모은다. 위치를 잡고 합집합을 준비한다.

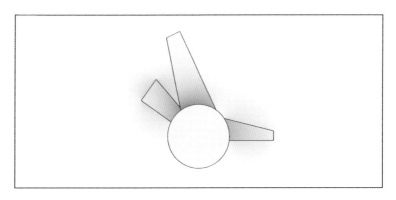

참조 개체는 복사(Copy) 명령 바로 전에 만드는 경우가 일반적이다.

8. Top 뷰에서 Rectangle(REC) 명령으로 참조 사각형을 그린다.

9. Copy(C) 명령으로 참조 사각형을 포함한 모든 개체들을 복사한다. 원본은 백업(Back Up)해 놓고 유지하기 위해서다. 합집합 명령 후에 형태 편집이 필요할 경우, 이렇게 복사해 놓은 개체가 큰 도움이 된다.

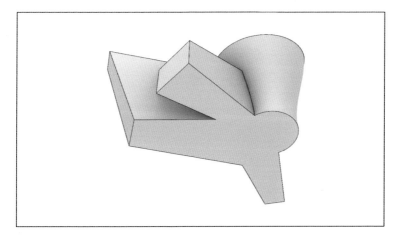

Merge All Faces(MAF)로 바닥 부분 엣지가 정리된다.

10. Boolean Union(BU)으로 합집합을 하고 Merge All Faces(MAF) 명령으로 엣지를 정리한다.

곡면 건축 매스디자인

슬래브, 계단, 패턴 등 건축물 요소를 모델링한다. Contour 명령을 이용해 슬래브 기준선을 만드는 방법, Hatch와 Curve Boolean(CB) 명령을 이용해 입면을 디자인하는 방법, Offset Srf(OS) 명령으로 곡면에 두께를 적용하는 방법을 알아본다.

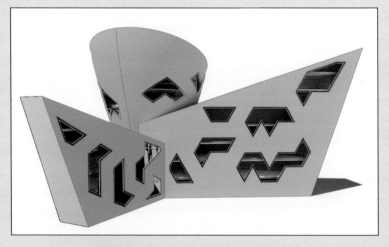

• Hatch 명령을 이용해 입면 디자인 기준선을 만들 수 있다.

❶ 슬래브 제작

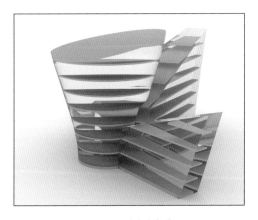

Contour로 제작된 슬래브

레이어 탭	레이어 생성, 색상 및 재질 설정
Bounding Box(BB)	경계상자(커브) 제작
Copy(C)	매스와 경계상자 복사
Contour	매스 윤곽 생성
Delete	매스 삭제
Offset(O)	윤곽 옵셋
Delete	기존 매스 윤곽선 삭제
Group(G)	옵셋 커브 그룹
Planar Srf	슬래브 서피스 생성
Delete	옵셋 커브 삭제
Sphere	보이드 트림 기준 개체 제작
Trim(TR)	슬래브 서피스 트림
Delete	트림 기준 개체 삭제
Extrude Srf	슬래브 제작
Change Layer(CL)	슬래브 레이어 설정

이름	현재	재질
기본값	✓	■
00_Base	♀ ⌂ ■	
01_Slab	♀ ⌂ ■ ○	Terrazzo...
02_Brick	♀ ⌂ ■ ○	Stone br...
03_Metal_WinFrame	♀ ⌂ ■ ●	금속
04_Metal_Frame	♀ ⌂ ■ ●	금속 (1)
05_Wood_Out	♀ ⌂ ■ ○	African t...
06_Glass	♀ ⌂ ■ ●	유리

사용할 재질별 레이어 생성

1. 레이어 탭에서 레이어를 생성하고 설정한다. 00_Base 레이어부터 재질별 레이어를 만든다.

2. 건축물 매스를 선택하고 Bounding Box(BB) 명령으로 경계상자를 만든다. 출력 옵션은 커브로 설정한다.

3. Copy(C)로 매스와 경계상자를 복사한다. 경계상자는 복사, 이동 작업 시 참조 개체로 사용된다. 처음 제작한 매스와 경계상자는 원본이다.

4. Contour로 개체 윤곽을 만든다. 매스를 XY평면 수직방향(Z축 방향)으로 3,000 간격으로 설정한다. 단, 이때는 윤곽평면으로 개체 그룹화를 '아니오'로 설정한다.

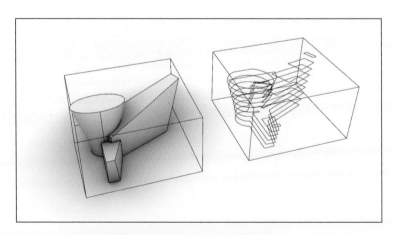

원본 매스가 있으니 복사본은 삭제해도 된다.

5. 윤곽선이 만들어졌다. 매스만 Delete 키를 눌러 삭제한다. 경계상자는 복사본이라고 하더라도 이후 복사나 이동을 위한 참조 개체이므로 삭제하지 않는다.

6. 윤곽 커브 중 너무 짧은 커브들은 선택하고 삭제한다. 나머지 윤곽선을 안쪽으로 800
   씩 Offset(O)한다.

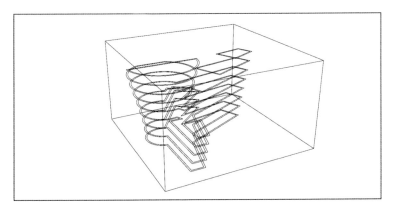

안쪽으로 옵셋된 커브가 슬래브 제작 기준선이 된다.

7. Contour로 만들어졌던 윤곽선은 Delete 키를 눌러 삭제한다.
8. 안쪽으로 옵셋된 커브들을 모두 선택하고 Group(G)한다.
9. Planar Srf 명령으로 옵셋된 커브들을 서피스로 만든다. Contour로 만들어진 커브들
   이 모두 닫힌 평면형 커브이기 때문에 Planar Srf 명령으로 서피스를 만들 수 있다.
10. 옵셋 커브를 선택하고 삭제한다. 그룹되어 있기 때문에 한 번에 선택하기가 쉽다.

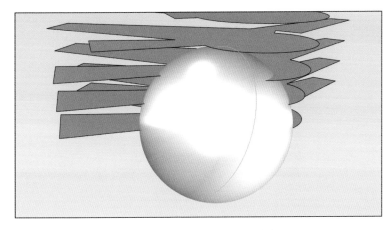

Sphere로 만든 구는 트림 기준이 된다.

11. 건물 입구 부분에 Sphere 명령으로 구를 만든다. 건물 입구 부분에 있는 슬래브들을 트림하려고 한다. 건물에 들어왔을 때 넓은 느낌을 주기 위해서다.

12. Trim(TR) 명령으로 구를 경계로 설정해 슬래브를 트림한다. 트림은 와이어프레임 뷰 (WF)에서 작업해야 구(Sphere) 안쪽에 겹쳐진 슬래브 서피스를 잡아낼 수 있다.

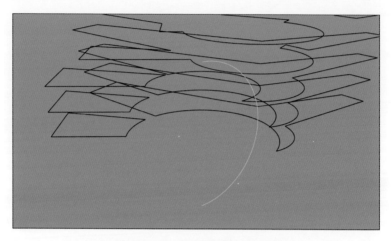

Trim(TR)은 와이어프레임 뷰(WF)에서 작업한다.

13. 트림이 완료되면 Delete 키를 눌러 구를 삭제한다.

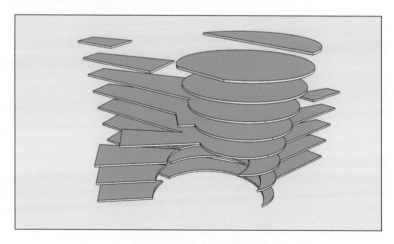

Extrude Srf로 솔리드가 된 슬래브

14. 슬래브 서피스를 모두 선택하고 300만큼 Extrude Srf한다. 원래 개체 삭제 옵션을 '예'로 설정한다. 원래 개체 삭제 옵션을 '예'로 설정하면 입력 서피스는 자동으로 삭제된다.

15. Change Layer(CL) 명령으로 슬래브 레이어를 설정한다.

❷ 계단 제작

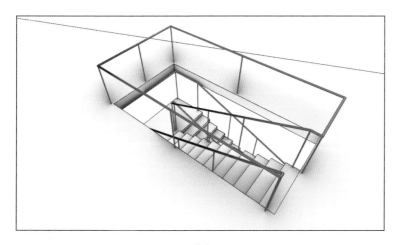

계단

Box	계단 모듈 제작
Scale 1d(SC)	모듈 사이즈 조정
Copy(C)	계단 복사
Scale 1d(SC)	계단참 제작
Copy(C), Rotate(RO)	나머지 계단 부분 복사, 제작
Boolean Union(BU)	합집합
Merge All Faces(MAF)	엣지 정리
Bounding Box(BB)	경계상자(솔리드) 제작
Move(M)	계단 설치 위치로 이동
Scale 1d(SC)	높이 조정
Boolean Difference(BD)	차집합
Change Layer(CL)	Change Layer(CL)

1. Box 명령으로 경계상자 바깥쪽에 박스를 만든다. 정확한 사이즈는 Scale 1d(SC)로 조정할 것이다.

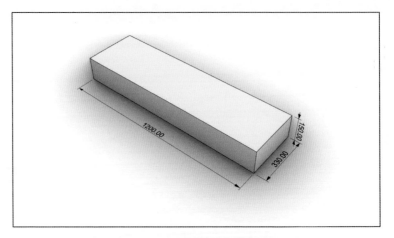

Scale 1d(SC) 명령을 세 번 사용한다.

2. Scale 1d(SC) 명령으로 박스 사이즈를 조정한다. 가로, 세로, 높이를 설정해야 하므로 Scale 1d(SC) 명령을 총 세 번 사용한다. 정확한 사이즈 계단 모듈이 만들어진다.

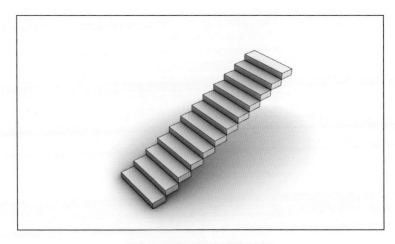

끝점 오스냅을 이용해 복사하면 된다.

3. Copy(C) 명령으로 계단 모듈을 복사한다. 총 12개 계단 모듈을 이어서 배치한다.

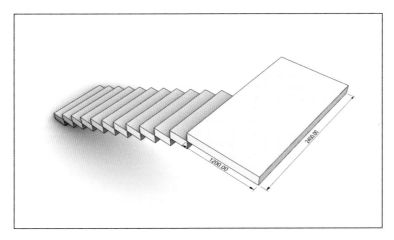

계단 모듈 사이즈를 조정하면 계단참이 된다.

4. 마지막 모듈을 선택하고 Scale 1d(SC)로 사이즈를 조정한다. 마지막 모듈은 계단참이 될 것이다.

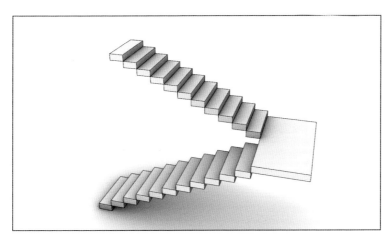

계단을 만들 때 Copy(C) 명령이 자주 사용된다.

5. 계단 모듈 11개와 계단참 1개가 만들어졌다. 계단 모듈을 선택하고 Copy(C), Rotate (RO)해 나머지 계단을 만든다.

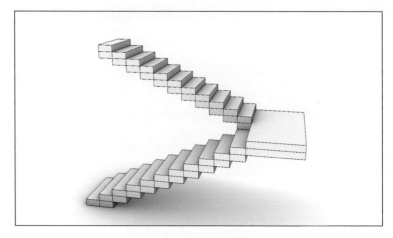

실제 계단 형상으로 제작한다.

6. 모듈들을 아래로 한 칸 Copy(C)해 전체 계단 형상을 완성한다.
7. Boolean Union(BU)으로 계단을 합집합한다.

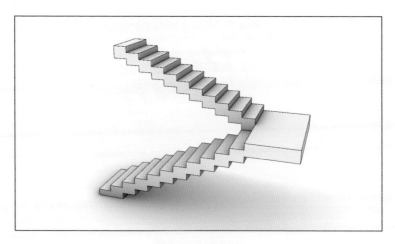

옆면 엣지가 정리된다.

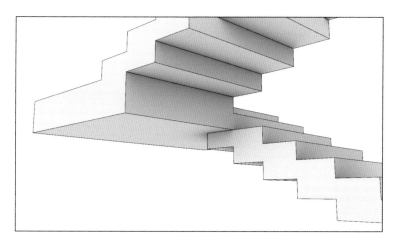

계단 아랫부분 모델 모습

8. Merge All Faces(MAF)로 평면상 엣지들을 정리한다.

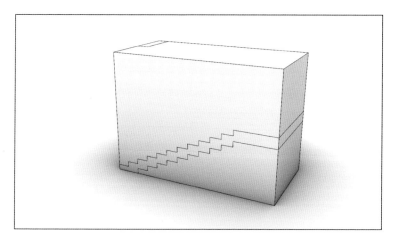

경계상자를 솔리드로 출력하는 이유는 위층 슬래브와 솔리드 연산을 하기 위해서다.

9. 계단이 완성되었다. 계단(솔리드)을 선택하고 Bounding Box(BB) 명령으로 경계상자를 만든다. 출력 옵션은 솔리드로 설정한다.

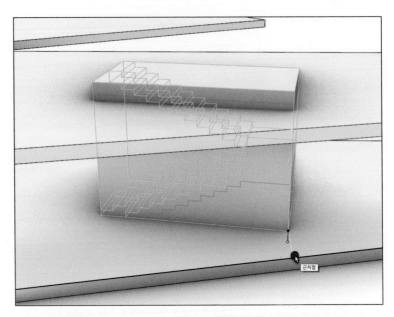

Top 뷰에서 위치를 잡고 Perspective 뷰로 넘어와 Move(수직)하면 된다.

10. 경계상자와 계단을 선택하고, 슬래브 안쪽으로 위치시킨다. 1층 슬래브 위에 얹혀지
    도록 배치한다.

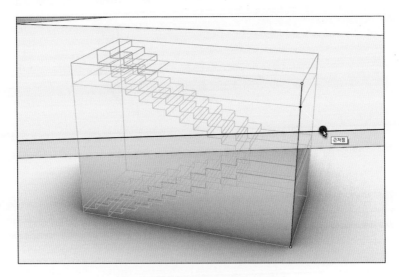

계단과 경계상자 사이즈를 동시에 조정한다.

11. Scale 1d(SC) 명령으로 계단과 경계상자 높이를 조정한다. 2층 슬래브 위쪽 면 높이까지 조정한다.

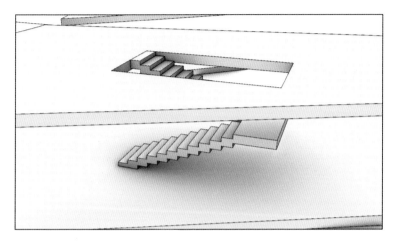

솔리드 연산에는 경계상자가 사용된다.

12. Boolean Difference(BD) 명령으로 2층 슬래브를 경계상자(솔리드)로 차집합한다.
13. Change Layer(CL) 명령으로 계단 레이어를 설정한다.

❸ 핸드레일 제작

커프 파이프 기능으로 완성된 계단 난간

Isolate(HH)	계단만 독립 모드로 진입
Line	핸드레일 참조선 제작
Line	핸드레일 수직선 제작
Copy(C), Mirror(MI)	수직선 복사
Polyline(L)	핸드레일 수평선 제작
Fillet(F)	커브 필렛
Ctrl + Shift + H	2층 슬래브만 가져오기
Offset(O)	외곽선 옵셋
Fillet(F), Trim(TR)	옵셋 외곽선 정리
Move(M)	외곽선 수직이동
Copy(C)	수직난간 기준선 복사
Line	핸드레일 수평선과 외곽선 연결
Join(J)	조인
커브 파이프(속성 탭)	핸드레일 3D 렌더링용 모델
Group(G)	핸드레일 커브 그룹
Change Layer(CL)	핸드레일 모델 레이어 설정
Show(SH)	모든 개체 보이기

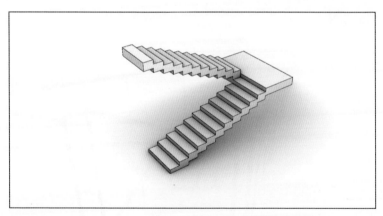

Isolate(HH)는 일부 개체를 작업할 때 요긴하게 사용되는 명령이다.

1. 계단만 남기고 나머지 개체들을 숨긴다. 두 개체를 선택하고 Isolate(HH)한다.

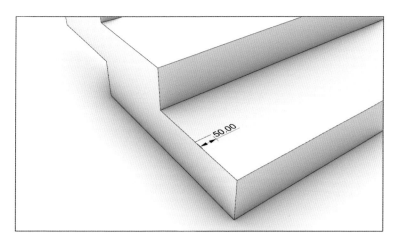

수직난간 기준선 오스냅을 잡기 위해 제작된 참조선

2. Line 명령으로 핸드레일 참조선을 만든다. 핸드레일이 계단에 바짝 붙어 생기면 안 되기 때문에 계단 안쪽 스냅을 만들기 위해 길이 50짜리 참조선을 만든다.

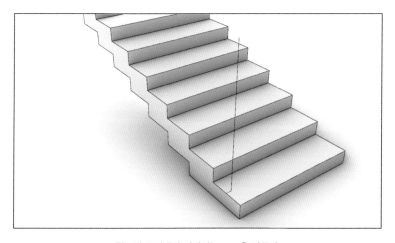

참조선 끝점에서 시작하는 Line을 만든다.

3. 참조선 끝점 오스냅을 이용해 1200 높이의 수직선을 만든다. Line 명령 중 수직(V) 옵션을 이용하면 된다.

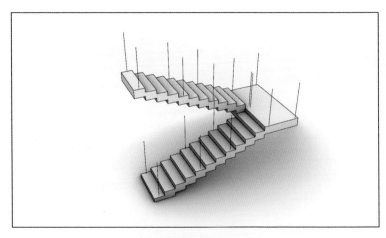

매 칸마다 복사할 필요는 없다.

4. Copy(C) 명령으로 핸드레일 수직선을 복사한다.

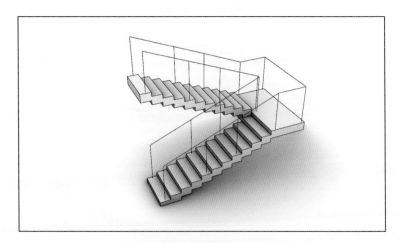

핸드레일 수직선 끝점들을 이으면 된다.

5. Polyline(L)으로 핸드레일 수평선을 만든다.

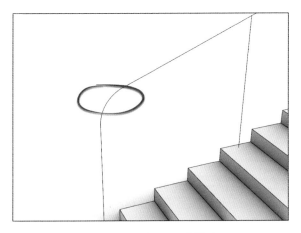

부드럽게 연결되도록 Fillet(F)한다.

6. 계단 시작 부분에 있는 핸드레일 커브를 Fillet(F)한다. 반지름은 300으로 설정한다.

7. Ctrl + Shift + H 를 눌러 숨겨진 개체 중 2층 슬래브를 가져온다.

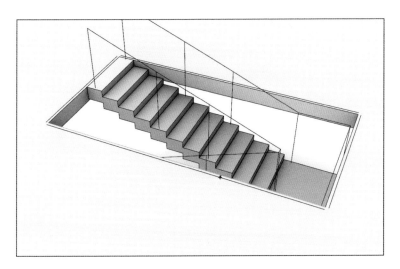

Offset(O)으로 서피스 엣지도 간격을 띄울 수 있다.

8. 2층 슬래브 외곽선을 추출해 난간 수평선을 만들어야 한다. 슬래브 외곽선 중 일부 엣지를 Offset(O)한다.

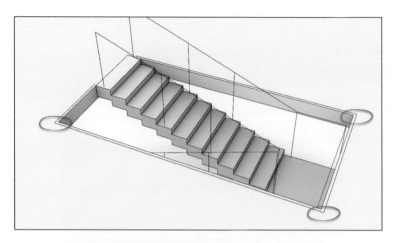

Fillet(F) 반지름을 0으로 설정하면 떨어진 두 커브를 이을 수 있다.

9. Fillet(F), Trim(TR) 명령으로 옵셋된 외곽선을 정리한다.

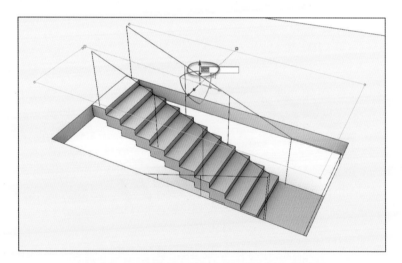

Z방향 이동 작업은 Move(수직) 명령보다는 검볼 수치 이동이 쉽다.

10. 정리된 커브를 선택하고 Z방향으로 1200만큼 이동한다. Z방향 이동은 검볼을 이용하자.

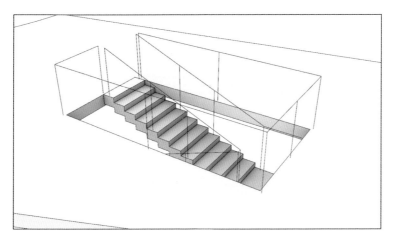

슬래브 수직난간은 계단 위 수직난간보다 성글게 배치한다.

11. Copy(C) 명령으로 2층 슬래브에도 수직난간 기준선을 복사한다.

12. 핸드레일 수평선과 외곽선을 Line으로 연결한다.

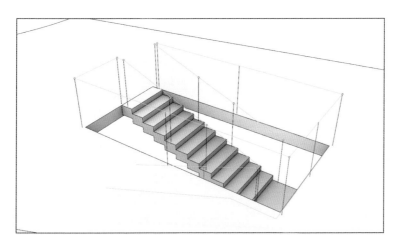

한 커브로 연결된 난간 수평선

13. 핸드레일 수평선들을 선택하고 Join(J)한다.

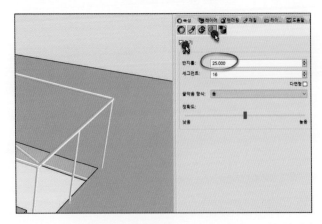

커브 파이프는 커브에만 있는 특수 속성

14. 커브를 선택하고 속성 탭에서 커브 파이프를 선택하면 렌더링용 미리보기 모델이 만들어진다. 켜기 부분을 체크하고 반지름을 입력하면 된다. 수평난간 반지름은 30, 수직난간 반지름은 15로 설정한다.

💬 TIP   라이노 5.0에서 Pipe(P)를 하는 데 모델링이 안 된다면?

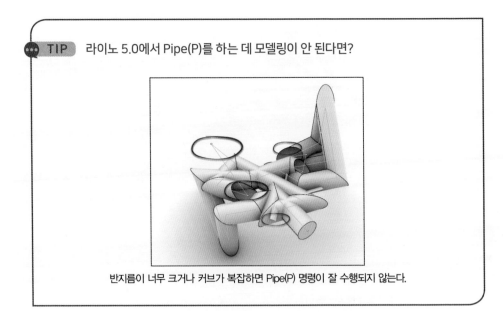

반지름이 너무 크거나 커브가 복잡하면 Pipe(P) 명령이 잘 수행되지 않는다.

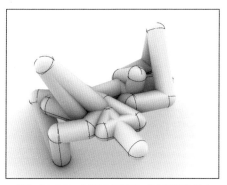

개별 커브에 Pipe(P)를 입력하면 터질 위험이 없다.

커브 파이프는 라이노 6.0에서 만들어진 기능이다. 5.0 버전에서 Piep(P)를 이용해서 난간을 모델링해야 한다. 만약 Pipe(P) 명령으로 모델링하고 있는데 커브 교차 부분에서 터짐이 발생하면, Join(J)했던 가로 난간 기준선들을 Explode(X) 명령으로 폭파한 후 Pipe(P) 명령을 입력한다. Pipe(P) 명령 옵션 중 끝막음을 '둥글게'로 설정한다.

15. 핸드레일 커브(수평, 수직 기준선)들을 모두 선택하고 Group(G)한다.

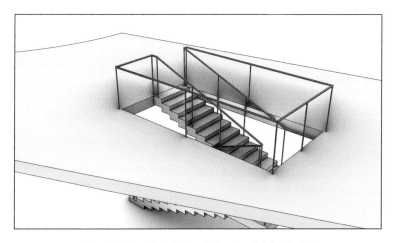

커브에 재질을 적용하면 커브 파이프에도 재질이 적용된다.

16. Change Layer(CL) 명령을 이용해 그룹된 핸드레일 커브를 04_Metal 레이어로 설정한다.

17. Show(SH) 명령으로 모든 개체를 보이게 설정한다.

2   Facade Design

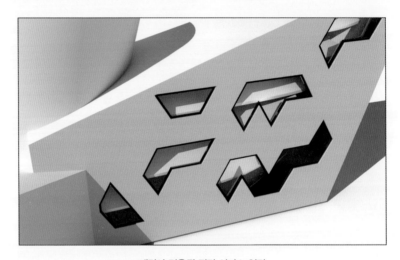

패턴이 적용된 평면 서피스 입면

❶ 평면 패턴 적용

Copy(C)	매스와 경계상자 복사
Extract Srf(ES)	평면 서피스 추출
Isolate(HH)	평면 서피스 독립 모드로 진입
Orient 3pt(O3)	평면 서피스 전개
Dup Face Border	서피스 외곽선 추출
Delete	서피스 삭제

Offset(O)	외곽선 옵셋
Hatch	안쪽 커브 해치 적용
Explode(X)	해치 폭파
Curve Boolean(CB)	패턴 기준선 제작
Offset(O)	패턴 기준선 옵셋
Planar Srf	외곽 커브 이용해 서피스 생성
Split(SP)	서피스 커브 분할
Sel Crv	커브 선택
Change Layer(CL)	00_Base 레이어로 설정
Extrude Srf	서피스 두께 적용(원래 개체 삭제 = '예')
Move(M)	프레임 Z방향 이동
Extrude Srf	프레임 두께 적용(원래 개체 삭제 = '예')
Move(M)	유리 서피스 Z방향 이동
Extract Srf(ES)	충돌 서피스 추출
Delete	충돌 서피스 삭제
Change Layer(CL)	개체 레이어 설정
Group(G)	개체 선택 후 그룹
Show(SH)	모든 개체 보이기
Orient 3pt(O3)	입면 정위치
Delete	나머지 매스 폴리서피스 삭제
Move(M)	슬래브 위치로 입면 이동

1. 매스와 경계상자를 Copy(C)로 복사한다.

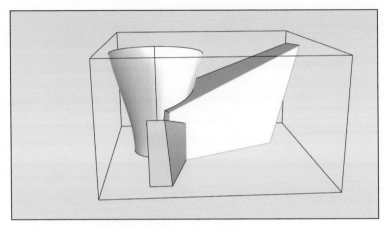

Extract Srf는 특정 서피스만 추출하는 명령이다.

2. Extract Srf(ES) 명령으로 패턴을 적용할 평면형 서피스를 선택한다.
3. 추출된 평면형 서피스를 선택하고 Isolate(HH) 명령을 입력해 독립 모드로 진입한다.

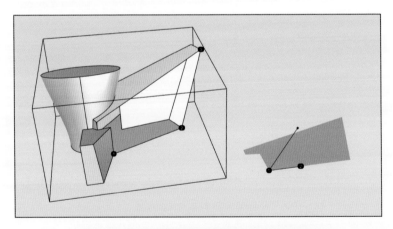

바닥에 배치할 때 앞면과 뒷면이 뒤집히지 않도록 전개한다.

4. Orient 3pt(O3) 명령으로 서피스를 바닥(World XY)에 전개한다. 서피스를 바닥에 배치하는 이유는 Hatch, Offset(O) 등의 2D 작업을 쉽게 하기 위해서다.

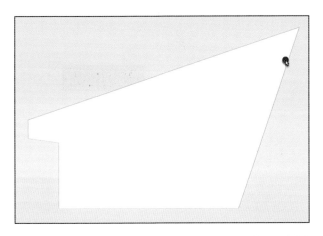

Dup Face Border 명령은 특히 엣지가 곡선일 때 유용하게 사용되는 명령이다.

5. Dup Face Border 명령으로 서피스 외곽선을 추출한다. 추출된 외곽선을 이용해 2D 작업을 시작할 것이다.

6. 전개했던 서피스는 <kbd>Delete</kbd> 키를 눌러 삭제한다. 2D 패턴 작업이 끝나면 서피스를 다시 제작할 것이다.

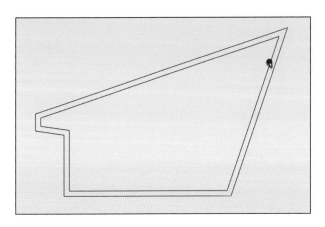

최소한 구조체가 들어갈 부분을 고려해 서피스 외곽선을 옵셋한다.

7. Offset(O) 명령으로 추출된 서피스 외곽선을 안쪽으로 800 옵셋한다. 안쪽으로 옵셋된 커브는 해치 패턴으로 만들 입면이 외곽에 침범하지 않도록 막아주는 역할을 한다.

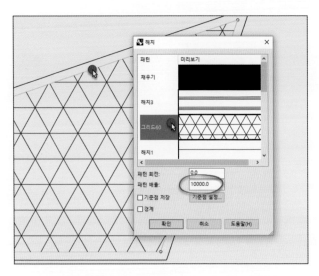

그리드60 패턴을 선택하고 패턴 배율은 10,000을 입력했다.

8. Hatch 명령을 이용해 안쪽으로 옵셋된 커브에 해치 패턴을 제작한다. 패턴 배율 값으로 패턴 밀도를 조정할 수 있다.

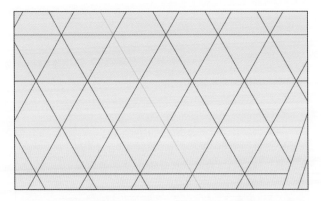

해치 개체는 Curve Boolean(CB) 명령의 입력 개체로 사용될 수 없다. 해치를 폭파해 커브로 만들어야 한다.

9. Explode(X)로 해치 패턴을 폭파한다. Hatch로 만든 '해치' 개체는 폭파 후에 커브로 변환된다.

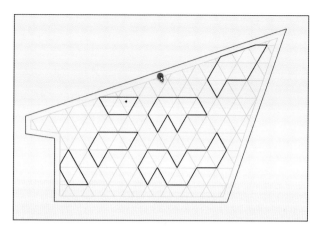

안쪽으로 Offset(O)했던 외곽 커브도 함께 선택해 Curve Boolean(CB) 명령 후 삭제되도록 한다.

10. Curve Boolean(CB) 명령으로 패턴 기준선을 제작한다. 영역 통합 옵션은 '예'로 설정한다.

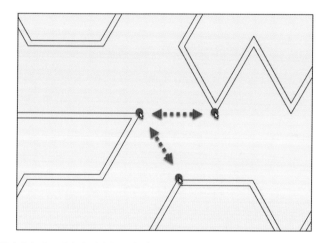

꼭짓점이 서로 맞닿아 있다면 Split(SP) 명령으로 서피스를 분할할 때 문제가 생긴다.

11. 패턴 기준선이 만들어졌다. Offset(O) 명령으로 각 패턴 기준선을 안쪽으로 200씩 옵셋한다.

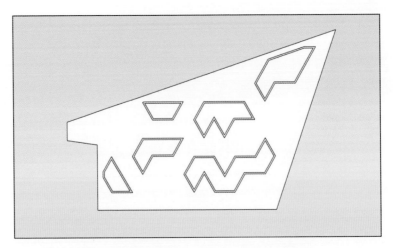

Planar Srf는 닫힌 평면형 커브를 서피스로 만드는 명령이다.

12. 외곽 커브를 선택하고 Planar Srf 명령을 입력한다. 외곽 서피스 크기 서피스가 만들어 진다.

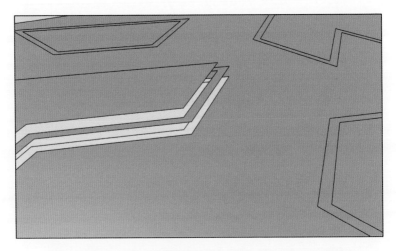

Split(SP) 명령으로 서피스가 분할되면 유리와 프레임, 입면 서피스로 구분된다.
분할 여부를 확인하기 위해 조각을 잠시 이동했다.

13. Split(SP) 명령을 이용해 외곽 서피스를 패턴 기준선을 기준으로 분할한다.

14. 커브 개체는 분할 명령 이후 모델링에 사용되지 않는다. Sel Crv 명령으로 모든 커브를 선택하고 Change Layer(CL) 명령을 이용해 00_Base 레이어로 설정한다.

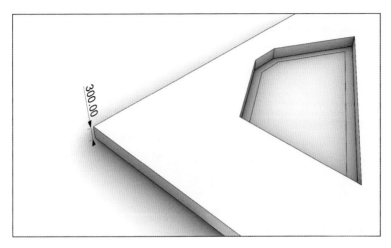

서피스를 돌출할 때 원래 개체 삭제 옵션은 '예'로 설정한다. 명령어 완료 후 입력 서피스가 자동 삭제된다.

15. Extrude Srf 명령으로 외곽 서피스를 선택하고 두께를 적용한다. 돌출 거리는 300으로 설정한다.

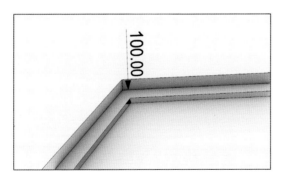

프레임 서피스는 Z방향으로 이동 후 두께를 적용한다.

16. 프레임 서피스를 Z방향으로 100만큼 이동한다.

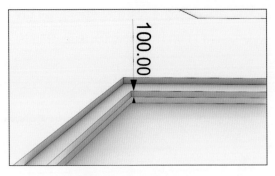

두께가 적용된 프레임 서피스

17. 이동된 프레임 서피스를 선택하고 Extrude Srf 명령으로 두께를 적용한다. 원래 개체 삭제는 '예'로 설정하고 돌출 거리는 100으로 설정한다.

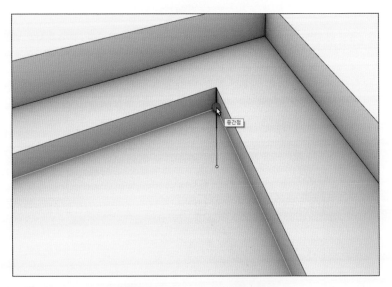

프레임의 중간점 오스냅으로 이동해도 좋다.

18. 유리 서피스를 선택하고 Z방향으로 150 이동한다.

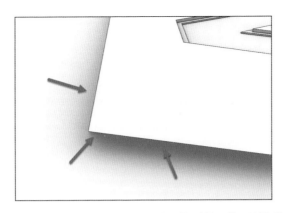

Orient 3pt(O3) 명령으로 입면을 원래 위치로 이동했을 때 충돌되는 부분을 삭제한다.

19. 입면을 원래 있던 자리에 끼워 넣을 때 옆 개체와 충돌되는 부분을 제거해야 한다. Extract Srf(ES) 명령으로 외곽 솔리드 옆면과 뒷면 서피스를 추출하고 **Delete** 키를 눌러 삭제한다.

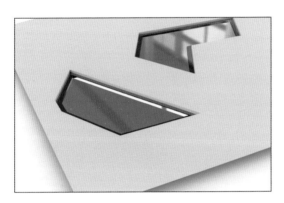

유리와 프레임, 외벽 재질이 적용된 레이어로 설정한다.

20. 입면 모델링이 모두 끝났다. Change Layer(CL) 명령으로 개체 레이어를 설정한다.

21. 모든 입면 요소들을 선택하고 Group(G)한다.

22. Show(SH) 명령으로 모든 개체를 보이도록 설정한다.

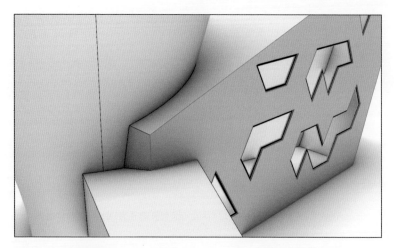

Extract Srf(ES)와 Delete 를 이용해 충돌되는 부분을 삭제했기 때문에 깔끔하게 입면이 표현된다.

23. Orient 3pt(O3) 명령으로 그룹된 입면을 원래 있던 곳으로 이동시킨다.

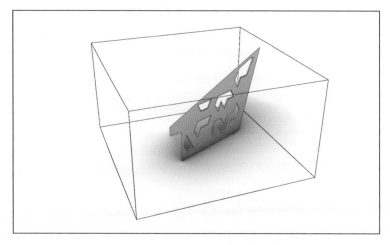

나머지 매스 부분은 충돌 여부를 확인하기 위해 삭제하지 않고 있었다. 충돌 여부 확인 후에는 삭제한다.

24. 옆 입면 서피스와 충돌 여부를 확인하고, 나머지 매스 부분을 선택한 후 Delete 키를 눌러 삭제한다.

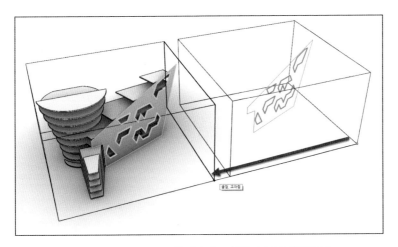

입면을 하나씩 만들어 그룹한 뒤 슬래브가 있는 곳으로 이동시킨다.

25. 경계상자 오스냅을 이용해 입면 그룹을 슬래브 위치로 이동시킨다.

❷ 곡면 패턴 적용

Hatch로 제작한 입면 패턴

Copy(C)	매스와 경계상자 복사
Extract Srf(ES)	곡면 서피스 추출
Delete	나머지 매스 부분 삭제
Isolate(HH)	곡면 서피스 독립 모드로 진입
Create UV Crv	곡면 서피스 UV전개
Offset(O)	외곽선 간격띄우기
Hatch	안쪽 커브 해치 적용
Explode(X)	해치 폭파
Curve Boolean(CB)	해치 경계선으로 패턴 기준선 제작
Offset(O)	패턴 기준선 옵셋
Delete	패턴 기준선 삭제
Apply Crv	서피스에 커브 적용
Split(SP)	서피스 커브 분할
Sel Crv	커브 선택
Change Layer(CL)	커브 숨기기(00_Base)
Offset Srf(OS)	외곽 서피스 두께 적용
Extract Srf(ES)	충돌 서피스 추출
Delete	충돌 서피스 삭제
Join(J)	외곽 서피스 조인
Offset Srf(OS)	유리 서피스 옵셋
Delete	기존 서피스 삭제
Group(G)	유리 서피스 그룹
Change Layer(CL)	레이어 설정
Show(SH)	모든 개체 보이기

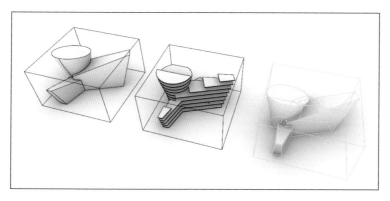

매스를 복사할 때 경계상자도 함께 복사한다.

1. Copy(C)로 매스와 경계상자를 복사한다. 원본은 그대로 유지한 채 복사본으로 작업한다.
2. Extract Srf(ES) 명령으로 곡면 서피스만 추출한다. 나머지 매스 부분은 Delete 키를 눌러 삭제한다.
3. 곡면 서피스를 선택하고 Isolate(HH) 명령을 이용해 독립모드로 진입한다.

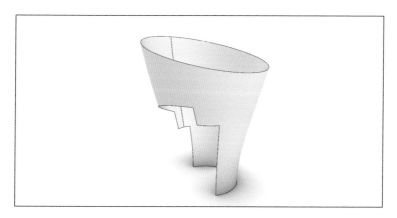

Isolate(HH)로 곡면 서피스만 보이게 설정했기 때문에 모델링 작업이 쉽다.

4. Create UV Crv 명령으로 곡면 서피스 UV를 전개한다. 원점에 UV 커브가 전개된다.
5. Offset(O)으로 UV 커브를 안쪽으로 800만큼 옵셋한다.

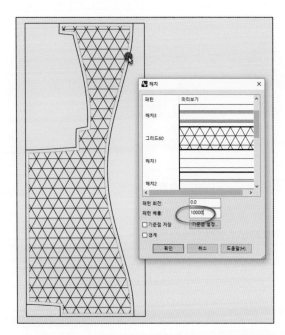

미터 단위 모델이었다면 해치 패턴 배율을 10으로 설정했을 것이다.

6. 안쪽 옵셋된 커브를 선택하고 Hatch를 입력한다. 그리드 60 패턴을 선택하고 패턴 배율은 10,000을 입력하고 확인을 누른다.

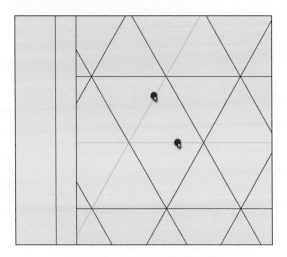

Explode(X)로 개별 커브로 만들어진 해치

7. 해치 패턴이 만들어졌다. Explode(X)로 해치를 폭파한다. 해치는 Explode(X)로 폭파 되면 일반 커브 개체로 바뀐다.

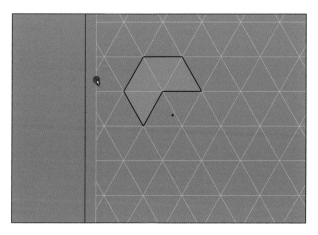

Curve Boolean(CB) 명령어 입력 시 안쪽으로 옵셋된 커브도 함께 선택한다.

8. Curve Boolean(CB)으로 패턴 기준선을 제작한다. 영역 통합 옵션은 '예'로 설정한다.

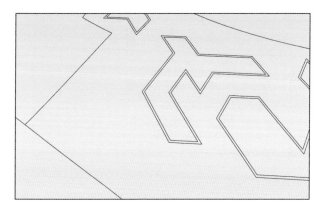

옵셋된 기준선으로 유리와 창틀이 구분된다.

9. 해치를 기준으로 패턴 기준선이 만들어졌다. 패턴 기준선을 안쪽으로 200씩 Offset (O)한다.

Apply Crv는 XY평면 위 커브를 서피스에 적용하는 명령이다.

10. 서피스에 적용한 커브들만 남았다. Apply Crv를 이용해 제작된 커브를 서피스에 적용한다.

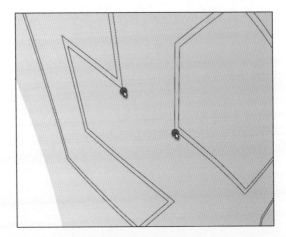

만일 모서리가 서로 만나는 부분이 있다면 Split(SP) 명령 입력 시 오류가 생길 것이다.
패턴 모서리가 맞닿은 부분이 있다면 Ctrl + Z 키를 이용해 Curve Boolean(CB) 명령으로 다시 되돌아가자.

11. 제작된 커브가 서피스에 정확히 올라갔다. Split(SP) 명령으로 서피스를 커브로 분할한다. 외곽 서피스와 구조 서피스(안쪽 서피스), 유리 서피스로 분할된다.

12. Sel Crv 명령으로 화면에 있는 모든 커브를 선택한다.

13. Change Layer(CL)를 이용해 커브들의 레이어를 00_Base로 설정한다.

14. 분할된 서피스만 남았다. 외곽 서피스를 선택하고 Offset Srf(OS) 명령을 이용해 안쪽으로 300만큼 두께를 적용한다.

15. 외곽 서피스가 솔리드로 만들어졌다. 솔리드를 선택하고 Extract Srf(ES) 명령을 이용해 충돌 서피스를 추출한다. 이웃한 외벽면과의 충돌을 없애기 위해 옆, 뒤 서피스를 정리해야 한다.

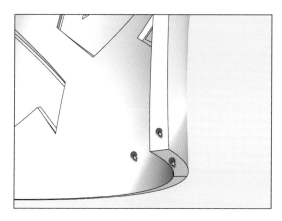

이웃한 모델과 충돌되는 부분을 삭제한다.

16. Delete 키를 이용해 이웃한 서피스와 평행하게 만나게 되는 옆면과 뒷면 서피스들을 삭제한다.

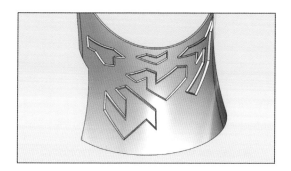

어색해 보이지만 매스를 조립하고 나면 충돌되는 부분 없이 모델링된 매스가 완성된다.

17. 나머지 외곽 서피스들을 선택하고 Join(J)한다. 비록 닫힌 폴리서피스는 아니지만 모서리가 맞닿아 있기 때문에 열린 폴리서피스로 만들어진다.

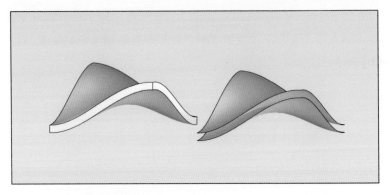

Offset Srf(OS) 명령의 솔리드 옵션이 '아니오'면 간격 띄우기가 실행된다.

18. 구조 서피스를 선택하고 매스 안쪽으로 100만큼 옵셋한다. Offset Srf(OS) 명령을 이용하는데, 이번에는 솔리드 옵션을 '아니오'로 설정한다.

19. 기존의 구조 서피스가 선택된 상태다. **Delete** 키를 눌러 삭제한다.

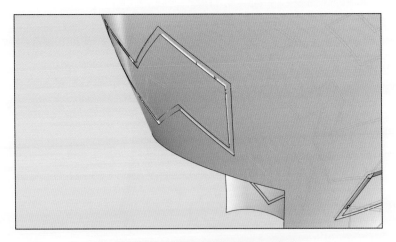

Sel Last는 마지막에 생성된 개체를 선택하는 명령이다.

20. Sel Last 명령을 입력해 옵셋된 구조 서피스들을 선택하고 Group(G)한다.

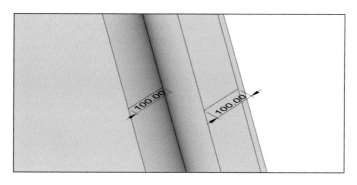

구조 서피스에 두께를 적용해 구조 모델을 만들었다.

21. 옵셋된 구조 서피스를 선택하고 Offset Srf(OS)로 옵셋을 한다. 거리는 100으로 설정하고, 솔리드 옵션은 '예'로 설정한다. 솔리드로 만들어진 개체는 프레임이 된다.

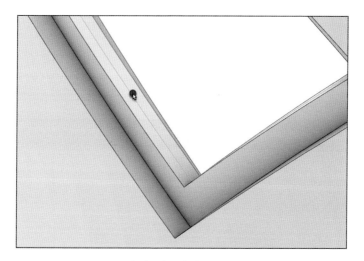

구조 모델 사이에 유리 서피스를 배치한다.

22. 이제는 유리 서피스를 선택하고 매스 안쪽으로 150만큼 옵셋한다. 이번에도 Offset Srf(OS)를 이용하면 된다. 솔리드로 만들려는 게 아니라 간격을 띄우는 것이 목적이므로 솔리드 옵션은 '아니오'로 설정해야 한다.

23. 기존의 유리 서피스를 선택하고 삭제한다. 옵셋된 서피스들을 모두 선택하고 Group (G)한다.

24. Change Layer(CL) 명령으로 개체들 레이어를 설정한다.

25. Show(SH) 명령 입력 후 적용된 입면을 확인한다.

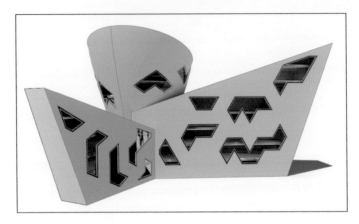

나머지 입면들도 같은 방식으로 제작한다.

3   Landscape Design

❶ 연못 모델링

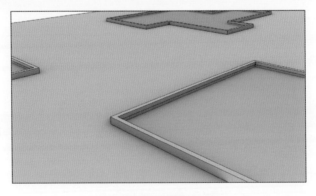

기본 명령어들로 만들어진 연못

Make 2d	Top 뷰에서 매스 도면 제작
레이어 탭	보이는_커브 레이어 삭제
Rectangle(REC)	사이트 참조선 제작
Copy(C)	참조선에 실루엣 배치
Isolate(HH)	참조선과 실루엣 독립 모드 설정
Planar Srf	사이트 참조선을 서피스로 제작
Split(SP)	서피스를 실루엣 기준으로 분할
Rectangle(REC)	연못 외곽선 제작
Trim(TR), Join(J)	연못 외곽선 완성
Offset(O)	연못 외곽선 옵셋
Extrude Crv(EXT)	연못 외곽 모델링
Move(M)	옵셋 외곽선 Z방향 이동
Planar Srf	연못 서피스 생성
Change Layer(CL)	연못 서피스와 솔리드 레이어 설정

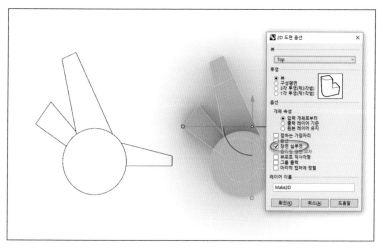

Top 뷰에서 Make 2d하면 배치도가 출력된다.

1. Make 2d로 건물 매스 배치도 커브를 출력해야 한다. Top 뷰에서 Make 2d 명령을 이용해 매스 외곽선을 추출한다. 2D 도면 옵션 중 장면 실루엣만 선택하고 확인을 누른다.

보이는 레이어의 하위 레이어인 '커브'를 우클릭하고 레이어 삭제를 선택한다.

2. '보이는' 레이어에 실루엣과 커브 레이어가 만들어졌다. 이 중에서 실루엣 레이어에 있
   는 커브만 사용할 것이다. 커브 레이어를 삭제한다.

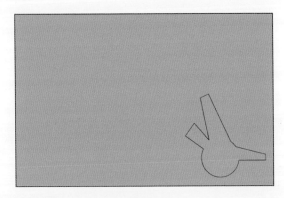

사이트 외곽선이 있다면 참조 개체로 기존 외곽선 커브를 사용해도 좋다.

3. Rectangle(REC) 명령으로 기존 매스를 충분히 감싸는 사각형을 제작한다. 복사나 이
   동의 참조 개체가 되면서 사이트 외곽선이 될 것이다.

4. 참조 사각형을 복사한다. 실루엣 커브도 참조 사각형을 이용해 정확한 매스 자리에
   위치시킨다.

5. 참조 사각형과 실루엣 커브를 선택하고 Isolate(HH) 명령을 입력한다. 두 개체를 제외
   하고는 모두 숨겨진다.

6. Planar Srf 명령으로 사이트 외곽선을 서피스로 만든다.

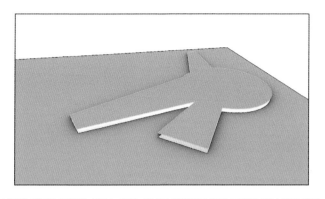

실루엣 커브로 분할된 서피스. 분할 여부를 확인하기 위해 조각을 잠시 올려 봤다.

7. Split(SP) 명령을 이용해 실루엣을 기준으로 서피스를 분할한다.

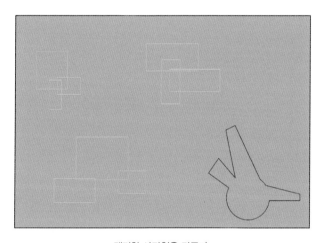

랜덤한 사각형을 만든다.

8. 연못 외곽선을 사각형 세 개로 제작하려고 한다. Rectangle(REC) 명령으로 연못이 될
   부분을 세 개의 사각형으로 표시한다.

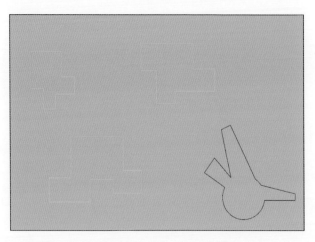

몇 개 안 되는 커브는 Curve Boolean(CB) 명령 대신 Trim(TR)과 Join(J)을 사용해도 좋다.

9. Trim(TR)과 Join(J) 명령을 이용해 연못 외곽선을 하나의 폴리라인으로 제작한다.

10. Offset(O) 명령으로 연못 외곽선을 안쪽으로 300만큼 옵셋한다.

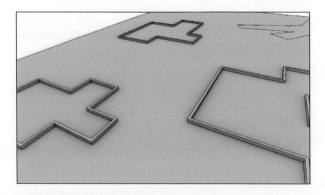

두 폐곡선을 함께 선택해 Extrude Crv(EXT)하면 도넛 형태로 모델링 된다.

11. 연못 외곽선과 옵셋된 커브를 선택하고 Extrude Crv(EXT) 명령으로 돌출시킨다. 돌출 높이는 450으로, 솔리드는 '예'로 설정한다.

12. 안쪽으로 옵셋되었던 외곽선을 선택하고 검볼을 이용해 Z방향으로 200만큼 이동시킨다.

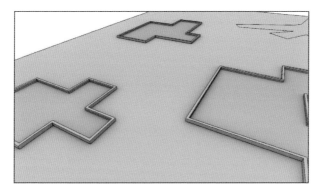

물 표현을 위해 서피스를 제작한다.

13. Planar Srf 명령으로 Z방향으로 이동한 외곽선을 서피스로 만든다.
14. Change Layer(CL) 명령을 이용해 연못 서피스와 솔리드 모델링 레이어를 설정한다.

❷ 바닥 패턴 모델링

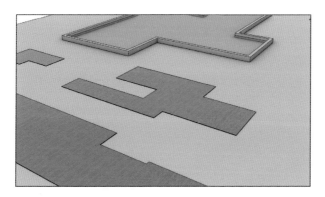

랜덤 패턴이 적용된 사이트 바닥

Rectangle(REC)	패턴 가이드 제작
Curve Boolean(CB)	패턴 기준선 제작
Extrude Crv(EXT)	패턴 기준선 돌출
Sel Last	패턴 모델 선택

Group(G)	그룹
Change Layer(CL)	패턴 모델 레이어 설정
Sel Crv	모든 커브 선택
Change Layer(CL)	00_Base 레이어로 설정
Show(SH)	모든 개체 보이기

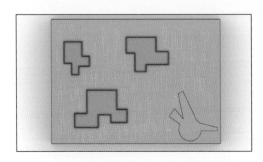

잠시 개체 스냅을 끄고 작업해도 좋다.

1. Rectangle(REC) 명령을 이용해 랜덤한 패턴 가이드를 제작한다.

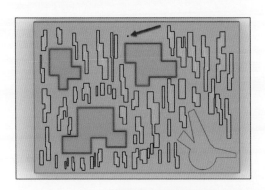

Curve Boolean(CB) 명령 입력 후 바깥쪽을 클릭하면 쉽게 커브 제작이 가능하다.

2. 패턴 가이드를 모두 선택하고 Curve Boolean(CB) 명령을 입력한다. 선택된 가이드 그룹을 기준으로 경계를 제작할 수 있다. 바깥쪽 지점을 클릭한다. 패턴 기준선이 클릭 한번으로 모두 만들어졌다.

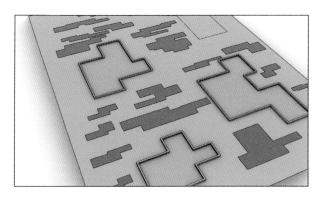

패턴을 돌출시켜 밋밋할 수 있는 부분을 돋보이게 한다.

3. Curve Boolean(CB) 명령으로 제작한 패턴 기준선을 모두 선택하고, Extrude Crv (EXT) 명령으로 돌출시킨다. 높이는 20으로 입력한다.

4. 선택을 해제하고, Sel Last 명령을 입력한다. 방금 돌출시킨 개체들이 모두 선택된다. 선택된 패턴 모델을 Group(G)한다.

5. Change Layer(CL) 명령을 이용해 패턴 모델 레이어를 설정한다.

6. Sel Crv 명령으로 화면에 있는 모든 커브를 선택한다. Change Layer(CL) 명령을 이용해 00_Base 레이어로 설정한다.

7. Show(SH) 명령을 입력해 숨겨졌던 모든 개체를 보이게 설정한다.

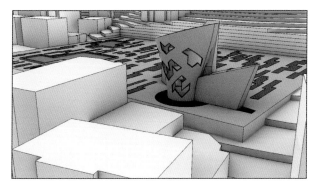

사이트에 얹힌 건축물 모델

렌더링 환경 설정

라이노 6.0에는 다양한 기능이 추가, 개선되었다. 그 중 기본 렌더러(Cycles)가 추가되었다는 점은 가장 큰 개선점이다. 기본 제공되는 재질과 환경맵이 다양하다. 이번 장에서는 추가 설치하는 렌더러 없이 라이노 기본 렌더러만을 이용해 이미지 만드는 방법을 알아본다.

Sun	위치 및 시각 설정
Environment	환경 설정
렌더링 탭	렌더 설정

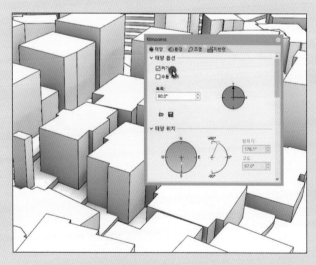

● 태양 패널에서 켜기 옵션을 체크하면 렌더링 뷰에 그림자가 생긴다.

1. 명령행에 Sun을 입력하면 태양 패널이 생성된다.

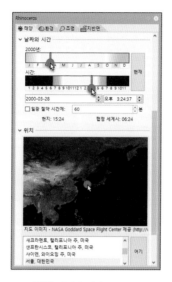

정확한 위치와 시각 설정 가능

2. 하단 옵션(날짜와 시간, 위치)에서 정확한 시각과 위치를 설정할 수 있다.

환경 패널은 태양 패널 바로 옆에 있다.

3. Environments라고 입력하면 환경 패널이 나타난다. 상단의 플러스 버튼을 누른 후 '환경 라이브러리에서 가져오기' 버튼을 클릭한다.

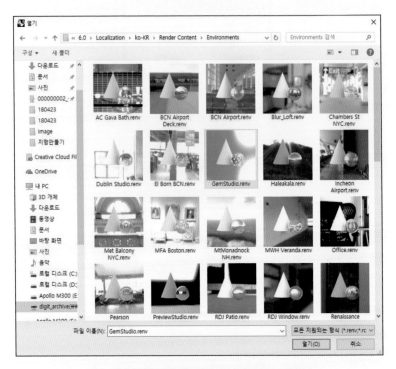

라이노에서는 기본 제공되는 환경 라이브러리가 풍부하다.

4. C:₩Users₩사용자₩AppData₩Roaming₩McNeel₩Rhinoceros₩6.0₩Localization₩ko-KR₩Render Content₩Environments 폴더가 열린다. 이 중에서 원하는 환경맵을 하나 선택한다.

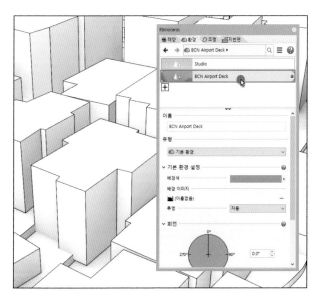

환경맵을 더블클릭한다.

5. 약간의 다운로드 시간이 지나면 로딩이 완료된다. 선택한 환경맵을 더블클릭하면 라이노 화면에 적용된다.

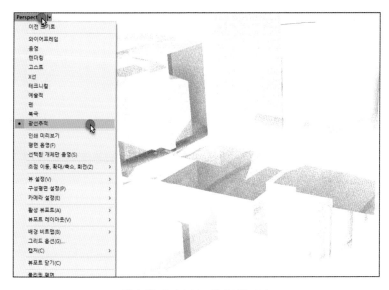

환경맵은 유리나 물 표현에 필수 요소

6. 환경맵은 직접 렌더링을 해 보거나 '광선추적' 뷰일 때 빛을 발한다. 반사나 굴절되는
   재질 표현에 환경맵이 투영되기 때문에 효과가 좋다. 몇 개 주변 매스에 유리 재질을
   적용하고 광선 추적 모드로 설정해 보자.

렌더링 탭은 속성 탭 쪽에 있다.

7. 명령행에 Rendering이라 입력하면 렌더링 탭이 보인다. 이곳은 배경, 조명 등의 상세
   설정을 통합 관리하는 곳이다.

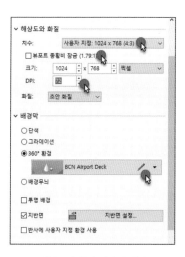

해상도와 환경 이미지 설정

8. 렌더링 해상도와 화질은 기본적으로 작업 화면(Perspective) 크기와 종횡비를 따른다. 치수를 사용자 지정으로 설정하면 원하는 사이즈로, 원하는 DPI로 이미지를 렌더링 할 수 있다.

9. 환경맵은 Environments에서 설정했었다. 렌더링 탭을 통해서도 환경맵을 설정할 수 있다.

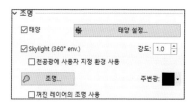

태양 설정 및 강도 조정

10. 하단 조명 탭에서 태양과 스카이라이트 강조 설정을 할 수 있다. 태양 설정 버튼을 누르면 태양 패널이 나타난다.

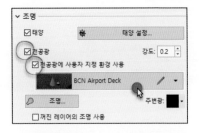

환경맵을 이용한 스카이라이트 설정

11. 환경맵으로 설정한 360 이미지를 스카이라이트로 쓸 수 있다.

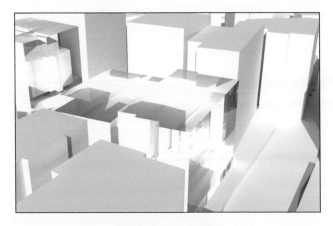

환경맵이 적용된 유리 표현

렌더링된 건축물

이제 해방이다!

지금까지 건축 라이노 모델링에 필요한 명령어 대부분과 건축 디자인 프로세스를 알아봤다. 이번 장에서는 모델링에 사용한 명령어 힌트와 파빌리온, 건축물 예시 모델 네 개를 제시한다. 새롭게 사용하는 명령어는 없다. 지금까지 본 서적을 갖고 잘 학습했다면 이제 써먹을 차례다. 네 개의 모델을 만드는 데 어려움이 없을 것이다. 뿐만 아니라 힌트로 쓰여진 명령어 말고도 다른 방식으로 제작하는 대안까지 떠오른다면 금상첨화다. 라이노가 이제 정말 재밌지 않은가? 라이노에 재미가 붙었다면 이제 그래스호퍼를 켜자!

❶ 감자칩 파빌리온

파빌리온 1 / Perspective 뷰

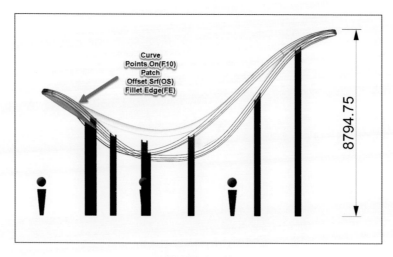

파빌리온 1 / Left 뷰

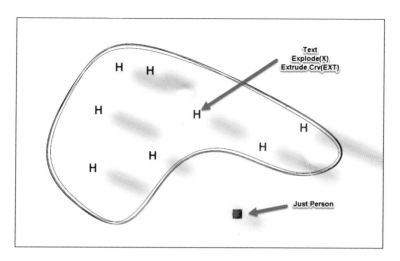

파빌리온 1 / Top 뷰

❷ 웨이브 파빌리온

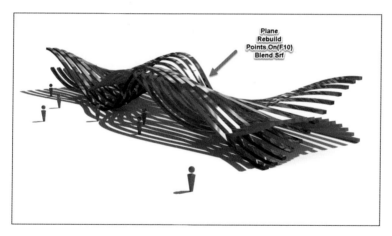

파빌리온 2 / Perspective 뷰

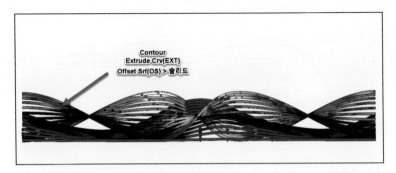

파빌리온2 / Left 뷰

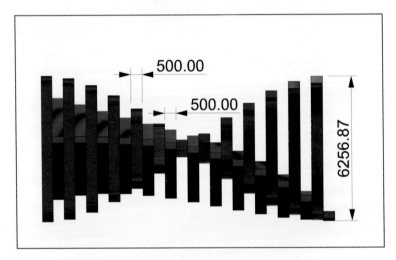

파빌리온 2 / Top 뷰

❶ 꼬부랑 뮤지엄

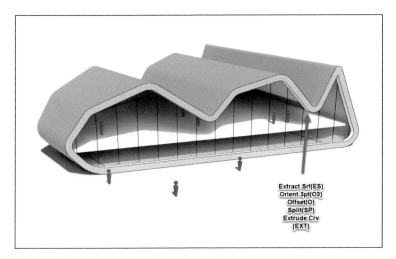

건축물 1 / Perspective 뷰

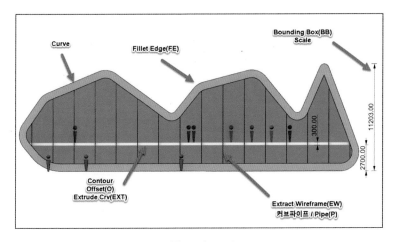

건축물 1 / Left 뷰

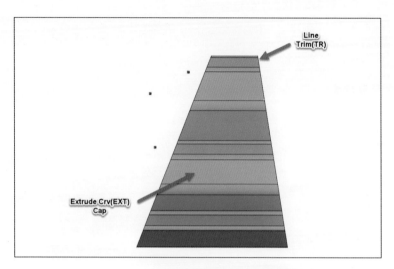

건축물 1 / Top 뷰

❷ 어린이 과학관

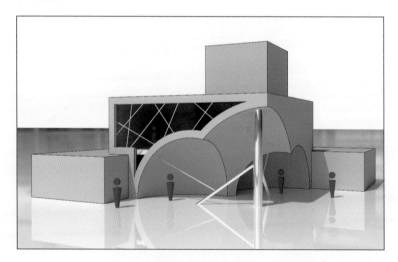

건축물 2 / Perspective 뷰

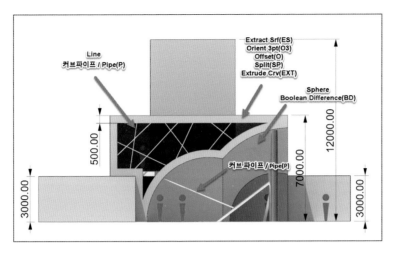

건축물 2 / Left 뷰

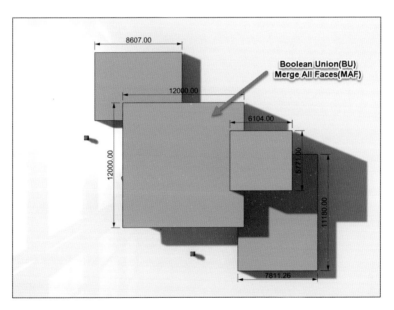

건축물 2 / Top 뷰

라이노 6.0 시크릿노트

05

라이노 6.0의
새 기능

2012년 라이노 5.0이 발표되었을 때를 잊지 못한다. 클리핑 평면(Clipping Plane)과 검볼 (Gumball)의 등장은 그 당시 라이노 사용자들에게는 충격이었다. 연산 속도도 기존의 4.0 버전에 비해 향상되었을 뿐 아니라 플러그인 그래스호퍼와 궁합이 좋아져 어떤 작업을 하든 불편함을 느끼지 못했다.

2018년 1월에 라이노 6.0이 출시되었다. 라이노 5.0의 등장이 이등병 때 처음 나온 신병 휴가라면, 라이노 6.0의 등장은 전역이다. 6.0이 출시되기도 전에 그래스호퍼가 통합된다는 이야기는 계속 회자되었다. 라이노 5.0에 그래스호퍼가 통합되어 출시되는 정도의 발전만 있을 줄 알았다. 하지만 그 생각은 오산이었다. 라이노 6.0에 완벽하게 통합된 그래스호퍼는 엄청난 발전이 있었다. 프레젠테이션 제작 도구 스냅샷, Cycles 렌더러의 통합, Make 2d와 이미지 캡처 도구의 발전 등 기존 라이노 사용자들을 놀라게 할 기능들이 추가 향상되었다.

본 시크릿 챕터에서는 라이노 6.0의 새 기능과 이를 활용하는 방법을 간단히 언급하도록 하겠다.

그래스호퍼 통합

1 안정적인 개발 환경으로 등장

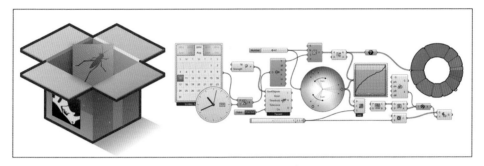

라이노 6.0에는 그래스호퍼가 포함되어 개발되었다.

이미지 출처 : https://www.rhino3d.com

기존 그래스호퍼 사용자라면 반가운 소식일 것이다. 파라메트릭 알고리즘 편집기인 그래스호퍼는 라이노 5.0 버전에서는 플러그인(Plug In)으로 개발되었다. 플러그인이었기 때문에 라이노를 설치하고 그래스호퍼를 추가로 설치해야 사용 가능했다. 강력한 기능을 가진 프로그램이었지만 플러그인을 별도로 추가 설치해야 한다는 점은 그래스호퍼를 사용하려는 기존 라이노 사용자에게 부담으로 작용했다. 그럼에도 불구하고 필자가 운영하는 그래스호퍼 네이버 카페(cafe.naver.com/digitarchi) 회원수가 16,000명을 넘었다는 사실은 그만큼 많은 사람들이 그래스호퍼에 관심을 가졌다는 증거다.

라이노 6.0에 그래스호퍼가 통합되어 안정적인 개발 환경으로 등장했다. 뿐만 아니라 그래스호퍼 개발에 관한 매뉴얼과 API에 대한 소개가 라이노 홈페이지에 자세히 소개되어 있다. 프로그래머가 공부하고 개발할 수 있는 환경이 갖춰졌다.

2 추가된 그래스호퍼 기능

물리엔진 캥거루가 기본 설치되어 있다.

원래 그래스호퍼 애드온이었던 물리엔진 캥거루(Kangaroo)가 기본 설치되어 있다. 캥거루를 이용해 손으로(Manual) 쉽게 해 볼 수 없는 다양한 실험을 해 볼 수 있다. 특히 최적화(Optimization)에 필수적으로 사용되는 컴포넌트는 모두 캥거루에 있다.

GhPython 컴포넌트도 추가되었다. 이전 버전에는 C#과 VB 스크립트 컴포넌트만 있었다. 파이썬을 주 언어(Language)로 사용하는 개발자들에게는 희소식이다.

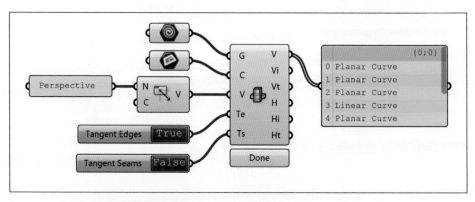

그래스호퍼에서 구현하기 힘들었던 명령들이 컴포넌트로 개발되었다.
이미지 출처 : https://www.rhino3d.com

Make 2d, Symbol Display, Stretch 등 다양한 컴포넌트도 추가되었다.

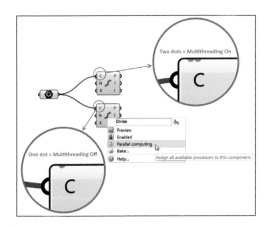

보다 빠른 연산을 위한 멀티스레드
이미지 출처 : https://www.rhino3d.com

병렬 컴퓨팅(Parallel Computing) 연산으로 빠른 연산이 가능해졌다. 컴포넌트 왼쪽 상단
에 점이 찍혀 있는 컴포넌트는 병렬 컴퓨팅 연산을 사용할 수 있다. 컴포넌트 점을 두 개
로 설정하면 다중 스레드 연산이 된다.

SECTION 2

빠른 프레젠테이션 제작 도구, 스냅샷

단순히 카메라 위치를 저장하는 명령이 Named View라면, Snap Shots는 카메라와 함께 레이어, 개체, 재질 등을 함께 저장하는 명령이다. 다양한 디자인 대안을 저장하거나 분해, 조립 시뮬레이션 을 할 때 Snap Shots를 이용할 수 있다.

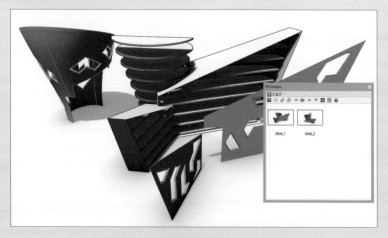

• Snap Shots 명령을 이용해 분해, 조립 시뮬레이션을 해 볼 수 있다.

스냅샷 옵션창은 Named View 옵션창과 비슷하게 생겼다.

스냅샷(Snap Shots)은 명명된 뷰(Named View)의 사촌 격이다. 그 중에서도 싸움 잘하는 든든한 사촌형이다. 스냅샷을 사용하면 '이제 다른 소프트웨어는 필요 없겠다'라는 생각까지 들 것이다. Named View는 단순히 장면(카메라)을 저장한다. Snap Shots는 장면과 함께 개체, 레이어, 렌더링, 메쉬 설정, 조명까지 저장한다. 1장 라이노의 기본에서는 Named View를 이용해 두 장면을 애니메이션으로 이동해 봤다. Snap Shots는 두 장면을 애니메이션으로 이동하면서 개체 재질, 조명의 변화까지 보이는 명령이다. 게다가 슬라이드 쇼 보기 기능으로 프레젠테이션도 가능하다.

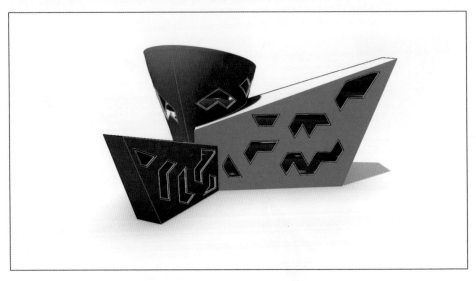

뷰포트와 카메라 설정, 개체 재질이 모두 적용된 상태

개체를 화면 중앙에 배치하고 Snap Shots 명령을 입력한다.

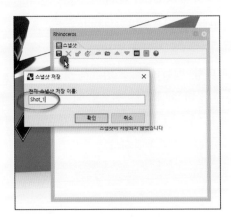

스냅샷 옵션창

스냅샷 옵션창이 나타난다. 좌측 상단 디스켓을 클릭한다. Named View에서 화면을 저장하는 방식과 같다. 스냅샷 이름을 'Shot_1'이라 적고 확인 버튼을 누른다.

어떤 내용을 저장할 것인지 선택해야 한다. 하단의 모두 선택을 체크하고 확인을 누른다.

Named View가 장면만 저장하는 기능이라면, Snap Shots는 개체, 레이어 등 다양한 설정을 저장할 수 있다. 모든 설정을 저장한다. 앞으로 모든 스냅샷은 모든 설정을 저장한다.

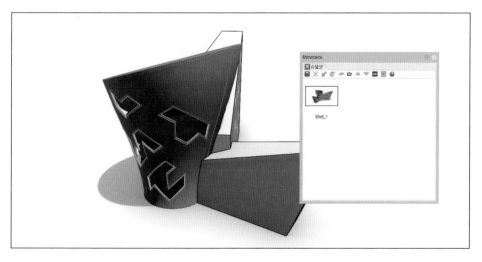

우선은 화면 위치만 바꿔 보자.

화면을 이동시켜 개체 옆 부분을 보도록 한다.

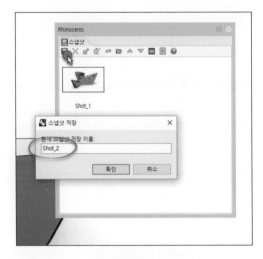

두 번째 스냅샷 저장

'Shot_2'라는 이름으로 스냅샷을 저장한다. 모든 설정 저장을 체크하고 확인을 누른다.

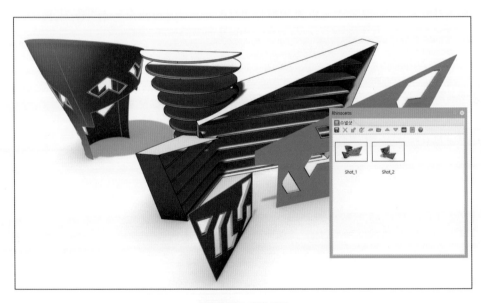

화면 이동과 개체 이동

이번에는 화면 이동과 동시에 개체도 이동시킨다. 마치 분해되는 장면을 찍듯 몇 개 요소를 이동시킨다.

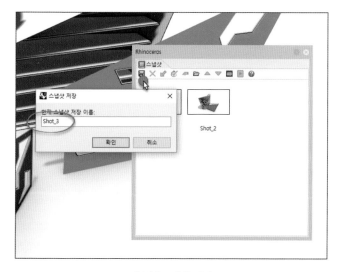

세 번째 스냅샷 저장

'Shot_3'라는 이름으로 스냅샷을 저장한다.

재질 변경

화면과 개체는 그대로 둔 채 레이어에서 재질 설정을 바꾼다. 02_Facade 재질을 '석고'에서 '금속'으로 변경했다.

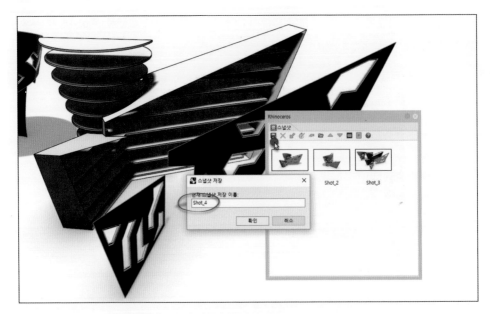

네 번째 스냅샷 저장

'Shot_4'라는 이름으로 스냅샷을 저장한다.

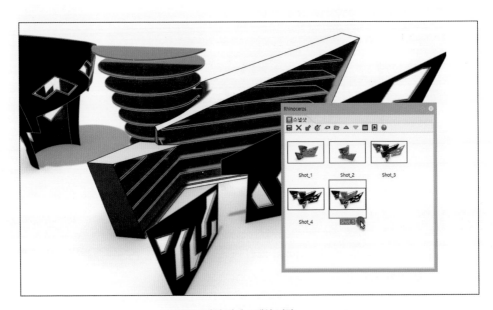

다섯 번째 스냅샷 저장

이번에는 슬래브 레이어 재질을 바꾼 후 'Shot_5'라는 이름으로 스냅샷을 저장한다.

Named View와 동일한 설정 변경이다.

스냅샷 옵션창의 필름 모양 아이콘, 애니메이션을 클릭한다. 애니메이션 설정창이 나타난
다. '스냅샷을 불러올 때 애니메이션 사용'을 체크하고 '일정한 속도'를 60프레임으로 설정
한다. 설정이 완료되었으면 확인 버튼을 누른다.

각 스냅샷 표시 시간은 각 샷마다 멈춰 대기하는 시간이다.

'Shot_1' 샷을 선택하고 슬라이드 쇼 시작 아이콘을 누른다. 슬라이드 쇼 설정창이 나타
난다. '각 스냅샷 표시 시간'을 1초로 설정하고 확인을 누른다.

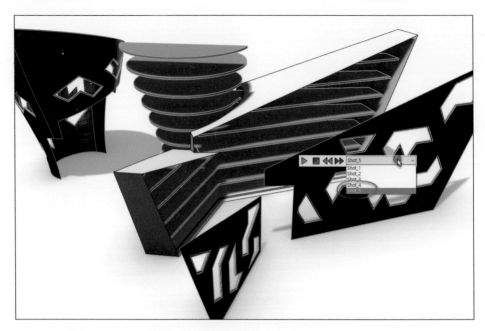

일시정지한 후 샷(Shot)을 선택할 수도 있다.

슬라이드 쇼가 시작된다. 화면 이동은 Named View로 뷰를 설정해 이동하는 것과 동일하다. 이어지는 개체 이동과 재질 변경은 Snap Shots만의 기능이다. 여러 가지 대안을 클라이언트에게 보여줄 때 Snap Shots는 좋은 솔루션이 된다. 렌더링 뷰에서 Snap Shots의 슬라이드 쇼 기능을 활용한다면 캡처 후 바로 영상으로 사용해도 될 정도다.

라이노 모델링에 익숙해지고 충분히 라이노와 친해졌을 때 Snap Shots를 사용하기 바란다. 화면을 저장하는 Named View는 단순히 카메라 위치만 저장되기 때문에 사용이 간편하다. 하지만 개체, 레이어 등 다양한 설정을 한 번에 저장하는 Snap Shots를 사용할 때는 고려해야 할 사항이 많다. 예를 들어 레이어 재질을 변경하고 'Shot_5' 스냅샷을 저장했다고 가정하자. 그 이후에 'Shot_1' 샷으로 돌아가지 않고 모델링 작업을 계속 이어나간다면 이동된 개체와 설정 변경된 레이어가 그대로 적용된 상태일 것이다. Snap Shots는 카메라 위치뿐 아니라 다양한 설정을 저장하기 때문에 반드시 모델링 작업을 모두 끝낸 상태에서 프레젠테이션 용도로만 활용하자.

렌더링의 발전

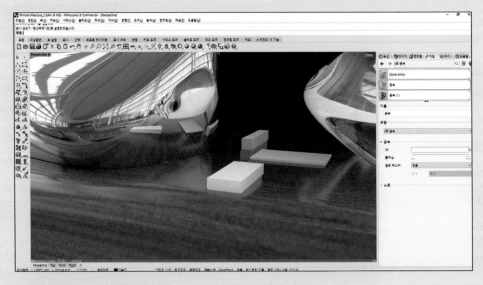

● 광선 추적(Raytraced) 뷰를 이용해 라이노 뷰포트에서 렌더링을 할 수 있다.

다양해진 재질 라이브러리

라이노에서 기본 제공하는 재질과 환경맵이 다양해졌다. 금속, 나무, 유리, 플라스틱 등의 재질을 제공한다. 건축(Architectural) 폴더는 지붕재, 바닥재 등 건축요소 재질을 모아 놓았다. 건축 분야에서도 라이노가 많이 사용되기 때문에 만들어진 폴더다. 재질과 환경맵이 다양해지니 향상된 렌더링 뷰와 추가된 광선 추적 뷰를 통해 사실적인 이미지 표현이 가능하다.

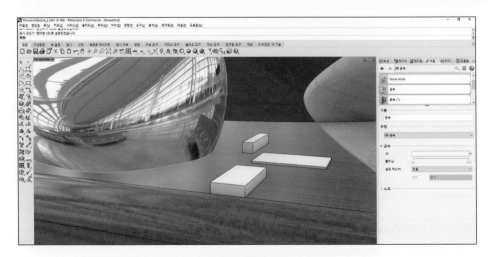

향상된 렌더링 뷰(RF)

라이노 6.0의 새로운 기능 중 가장 반가운 소식이 렌더링 뷰가 비약적으로 향상되었다는 것이다. 이는 다양한 재질을 제공하기 때문에 가능한 일이다. 렌더링 뷰 명령은 '_SetDisplayMode _Viewport=_Active _Mode=_Rendered'인데, 단축키(앨리어스)를 'RF'로 저장했었다. 라이노 5.0만 하더라도 음영 뷰와 와이어프레임 뷰만을 많이 사용했기 때문에 렌더링 뷰 단축키는 설정하지 않았다. 하지만 라이노 6.0에서는 렌더링 뷰가 향상되었을 뿐 아니라 연산 속도도 빠르게 향상되었기 때문에 렌더링 뷰 사용에 부담이 없어 단축키(RF)로 지정하였다.

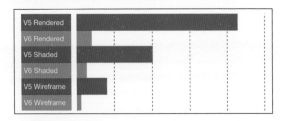

각 버전별 음영 뷰, 와이어프레임 뷰, 렌더링 뷰 연산 작업 속도 비교

이미지 출처 : https://www.rhino3d.com

참고로 라이노 6.0 렌더링 뷰 연산 속도가 라이노 5.0 와이어프레임 뷰 연산 속도보다 빠르다.

3　광선 추적 뷰(Raytraced) 추가

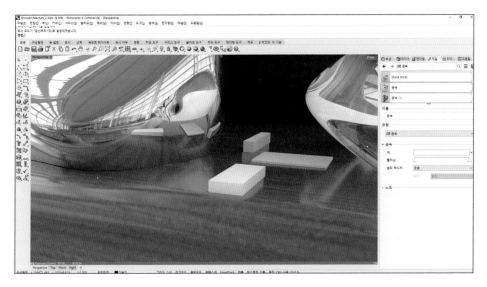

추가된 광선 추적 뷰

라이노 6.0 버전에서는 라이노 뷰포트에서 실시간 렌더링을 할 수 있다. 음영 뷰, 와이어 프레임 뷰를 설정하듯 광선 추적 뷰로 설정하면 뷰포트에서 렌더링이 된다. 그래픽 카드를 이용한 렌더링이기 때문에 속도가 굉장히 빨라 개체 재질 선정에 도움이 된다.

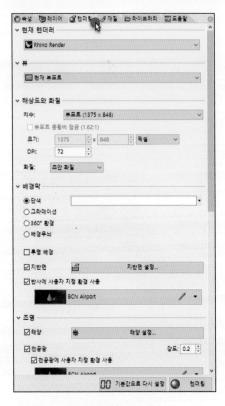

렌더링 패널(Rendering)

여기저기 흩어져 있던 모든 설정을 렌더링 패널(Rendering)로 통합했다. 렌더링 패널은 속성 탭(Properties), 레이어 탭(Layer) 옆에 위치해 있다. 렌더링 패널에는 Named View, Snap Shots, 해상도, 배경색과 환경맵 등을 설정할 수 있다. 태양 패널(Sun)과 환경 패널(Environments)도 포함됐다. 라이노 5.0 버전에서는 본 서적에서 설명한 대로 이곳저곳에서 설정을 해야 했다. 라이노 6.0 버전에서는 렌더링 패널(Rendering)에서 각종 설정을 통합, 관리할 수 있다.

Make 2D 명령어 향상

Make 2D는 라이노에서 가장 놀라운 명령으로 꼽힌다. 다이어그램이나 도면을 제작할 작업 시간을 획기적으로 줄여주기 때문이다. 라이노 6.0에 개선된 Make 2D 명령을 알아본다.

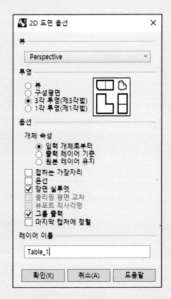

● 라이노 6.0에선 Make 2D 명령 입력 시 옵션창이 나타난다.

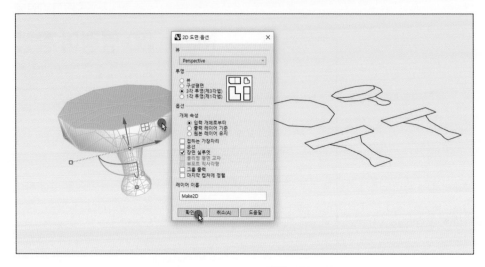

메쉬 개체를 선택하고 Make 2D 명령을 입력하면 된다.

메쉬(Mesh) 개체를 Make 2D 입력 개체로 설정할 수 있다. 라이노 5.0에선 메쉬 개체를 To Nurbs명령어를 이용해 폴리서피스로 변형해야 Make 2D 명령 사용이 가능했다. Make 2D보다 폴리서피스로 변형(To Nurbs)하는 과정에 더 많은 연산 시간이 소요됐다. 메쉬 개체를 곧바로 Make 2D 입력 개체로 설정할 수 있기 때문에 생산성이 몇 배 향상되었다.

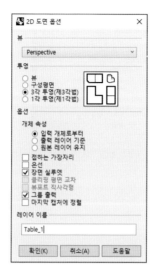

깔끔해진 Make 2D 옵션창

장면 실루엣과 그룹 출력 옵션이 추가됐다. 장면 실루엣은 개체 외곽선을 별도 레이어로
설정해 생성한다. 실루엣 커브는 선 두께 0.5로 설정된다.

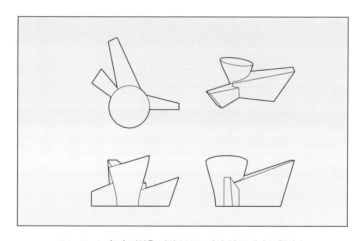

Print Display(PD) 명령을 켜면 뷰포트에서 선 두께가 표현된다.

그룹 출력 옵션은 Make 2D로 제작된 커브를 Group(G)해주는 설정이다. 라이노 5.0 버전에서는 항상 Make 2D 명령 이후 출력된 커브들을 모두 선택해 Group(G)했었다.

레이어 이름 설정으로 개체 관리가 편해졌다.

또한 **출력 레이어 이름을 설정할 수 있어** Make 2D 결과 커브를 관리하기에 용이하다.

3   속도와 정확도 향상, 진행률 표현

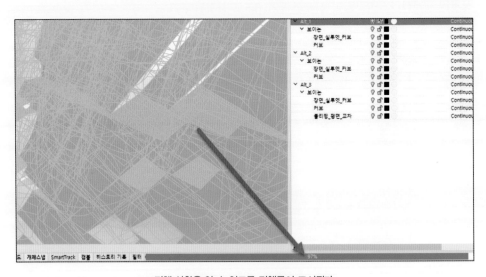

진행 상황을 알 수 있도록 진행률이 표시된다.

특히 곡면, 곡선을 Make 2D 명령의 입력 개체로 사용하면 명확하게 구분된다. 기존 Make 2D 명령은 커브를 표현하기 위해 아주 짧은 커브들로 분할해 곡선 표현을 했었다. 라이노 6.0 버전의 Make 2D는 곡선을 재생성해 유려하고 빠르게 곡선을 표현한다. F10 키를 눌러 컨트롤 포인트를 켜 보면 그 차이를 확인할 수 있다. 또한 Make 2D 명령 연산이 오래 걸리는 복잡한 개체의 경우엔 오른쪽 하단에 진행률이 표시된다. 라이노 5.0에서는 진행률이 표현되지 않아 얼마나 연산을 기다려야 Make 2D 명령이 종료되는지 알 수 없었다.

이미지 캡처 명령어 향상

이미지 캡처와 관련된 두 명령어는 View Capture To File(VF)과 View Capture To Clipboard(VC) 이다. 라이노 5.0에도 있었던 명령이다. 다만, 라이노 6.0에서는 두 명령어를 입력하면 옵션창이 나 타난다. 투명 배경 및 그림 두께 크기 조정 설정이 가능하고, 이미지 크기 조정 설정 변경도 쉽다.

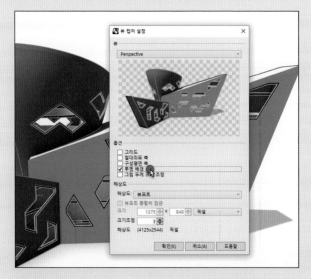

● View Capture To File(VF) 명령을 입력하면 옵션창이 나타난다.

큰 이미지를 출력할 땐 선 두께가 얇아진다.

렌더링 뷰와 광선 추적 뷰의 향상으로 활용도가 더욱 높아진 명령이 있다. View Capture To File(VF)과 View Capture To Clipboard(VC)다. 기존 명령어는 라이노 뷰포트 사이즈에 맞춘 이미지 캡처만 가능했다. 물론 대시(−)를 명령어 앞에 붙여 크기 조정이 가능하긴 했다. 라이노 6.0 버전에서는 뷰 캡처 옵션창이 추가됐다. 하단 해상도 크기 조정 옵션을 설정해 다양한 사이즈로 뷰를 캡처할 수 있다. '그림 두께 크기 조정' 옵션을 체크하지 않으면 큰 사이즈 이미지를 출력할 때 선 두께가 얇아진다.

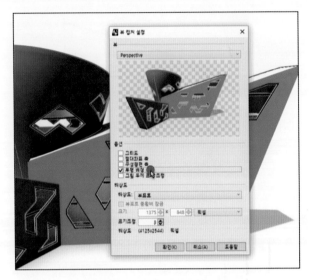

투명 배경을 체크했다면 PNG로 저장해야 한다.

뷰 캡처 설정 중 투명 배경 옵션을 체크하고 PNG 파일로 이미지를 저장하면 배경이 투명
하게 처리된 이미지를 출력할 수 있다.

그 외 라이노 6.0 주요 명령어

라이노 6.0에 추가된 명령어 중 건축 모델링 작업에 유용하게 사용될 세 가지 명령을 소개한다. 일정 간격으로 개체들을 배치하는 Distribute, 여러 커브를 한 번에 옵셋을 적용하는 Offset Multiple, 선택된 개체만 작업할 수 있도록 격리 모드로 진입시키는 Isolate(HH) 명령을 알아본다.

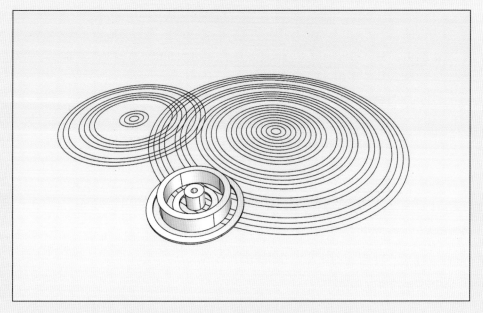

• Isolate(HH) 명령을 이용하면 개체를 격리시켜 빠른 모델링 작업이 가능하다.

Distribute는 2장에서 처음 소개했다. Distribute 명령을 이용해 루버를 균등 분할 배치했었다. 사실 Distribute 명령은 라이노의 힘든 작업 대부분을 대체할 수 있다. 예를 들어 3장에서 곡면 형태 의자의 전개도를 나열하는 힘든 작업을 Distribute 명령으로 쉽게 해결할 수 있다.

Distribute 명령 옵션 중 '간격'에 값을 입력해 정확한 간격으로 떨어져서 개체들을 배치할 수 있다.

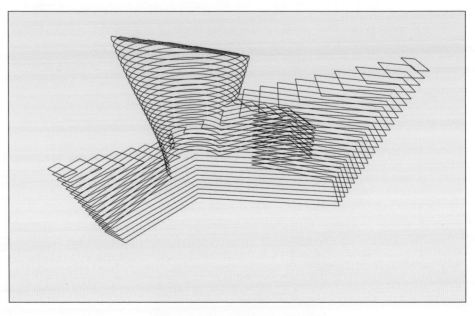

개체를 모두 선택하고 명령을 입력해도 좋다.

Contour 명령이 막 끝난 상태라고 가정하겠다. Contour로 만들어진 모든 커브를 선택하고 Distribute 명령을 입력한다.

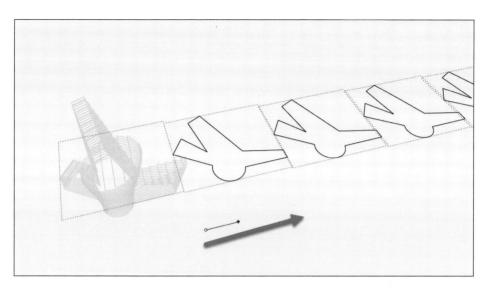

모드가 '중심'이라면 각 개체 중심으로부터 간격을 기준으로 배치된다.

모드는 '빈틈'으로, 간격은 '300'으로 설정한다. 방향 옵션을 선택하고, 방향을 설정한다.

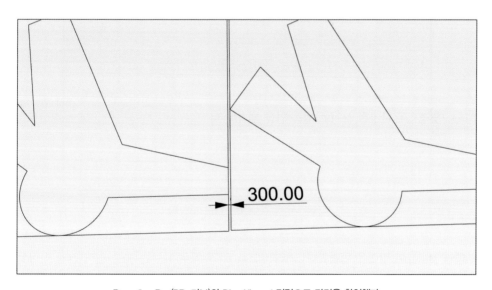

Bounding Box(BB, 커브)와 Dim Aligned 명령으로 간격을 확인했다.

300 간격으로 전개도가 배치된다.

Offset Multiple도 Distribute 같이 힘든 작업을 대체하는 명령이다. Offset Multiple은 '다중 옵셋'으로 연속해서 옵셋을 실행하거나, 여러 커브를 동시에 옵셋할 때 사용할 수 있다. 바닥 패턴을 만들거나 입면 패턴을 만들 때 사용하면 좋다.

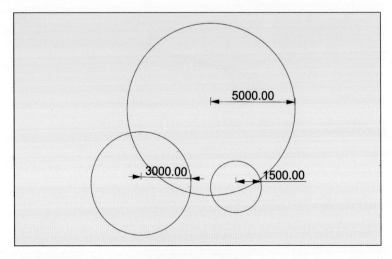

세 원을 옹기종기 배치한다.

Circle 명령으로 다양한 사이즈 원을 일곱 개 만든다.

```
명령: OffsetMultiple
간격띄우기 실행할 커브 선택 ( 거리(D)=200 모서리(C)=모나게 간격띄우기_수(O)=30 ):
```

Offset Multiple과 Offset은 다른 명령이다.

Offset Multiple 명령을 입력한다. 거리는 200, 간격 띄우기 수는 30을 입력한다. 곧바로 숫자를 입력하면 '거리'로 설정되는 Offset 명령과는 다르게 Offset Multiple 명령은 거리와 간격 띄우기 옵션을 클릭하여 하나씩 선택해서 값을 입력해야 한다.

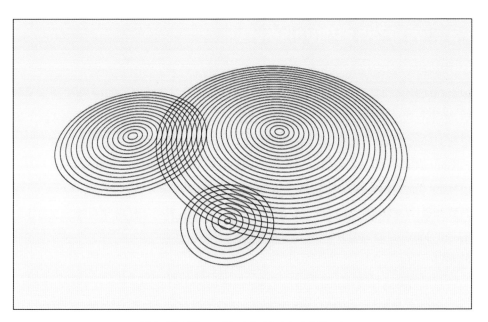

원이 작은 곳은 그 이상 간격 띄우기가 되지 않는다.

간격 띄우기할 쪽을 선택해야 한다. 원 안쪽을 클릭한다.

빠르고 쉽게 패턴 기준선이 만들어졌다. Offset Multiple로 만든 패턴 기준선을 이용해 Trim(TR)이나 Curve Boolean(CB) 명령으로 패턴을 제작해 바닥이나 입면 패턴으로 사용하면 된다.

Isolate(HH)는 개체 격리 명령이다. 작업할 개체를 선택하고 Isolate(HH) 명령을 입력하면 선택한 개체를 제외하고는 모두 숨겨진다. 사실 Isotate(HH)는 Invert(선택 반전) 명령과 Hide(숨기기) 명령이 합쳐진 명령이다. 라이노 5.0에도 있었으며 라이노6.0에서는 Isolate(HH)라는 이름을 붙였을 뿐이다. 사실 '개체 격리 해제' 명령(UnIsolate)이 추가된 것이 큰 변화다. Isolate(HH)으로 특정 개체만 격리 모드로 진입했다면, UnIsolate 명령으로 이를 해제할 수 있다. 참고로 라이노 5.0 유저들을 위해 'HH'의 앨리어스 설정을 '_Invert _Hide'로 해 놓았으니 UnIsolate 명령을 사용하기 위해선 앨리어스 설정을 편집해야 한다.

라이노 5.0 유저라면 Isolate 명령이 없다. 5.0 버전을 사용 중이라면 '_Invert _Hide'를 유지하자.

Options에 앨리어스 중 HH를 찾아 '_Isolate'로 설정한다. 설정이 끝났으면 확인 버튼을
누른다.

커브 몇 개를 선택하고 숨긴다.

Offset Multiple 명령으로 만든 동심원 커브를 사용할 것이다. 커브 중 몇 개를 Hide(H)
명령으로 숨긴다.

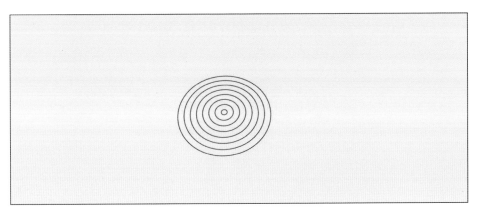

격리 모드에 진입하면 선택한 개체만 보여진다.

작은 동심원 커브들을 모두 선택한다. Isolate(HH) 명령을 이용해 격리 모드로 진입할 것이다.

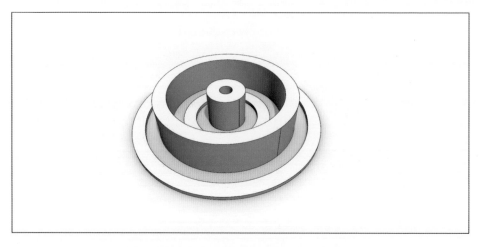

격리 모드에선 다른 개체들이 보이지 않아 작업이 수월하다.

작은 동심원 커브들만 남았다. Extrude Crv(EXT) 명령으로 모델링을 한다.

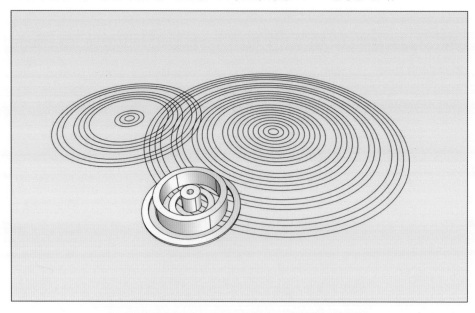

격리 모드 해제는 격리 모드 바로 이전의 상태로 돌려주는 명령이다.

모델링이 끝났다. 이제 UnIsolate 명령으로 격리 모드를 해제한다. UnIsolate 명령으로 격리 모드를 해제했다. **처음에 숨겼던 커브들은 계속 보이지 않고 있다.** 격리 모드를 해제할 때 Show(SH)를 이용하느냐 UnIsolate를 이용하느냐에 따라 보이는 개체에 차이가 있다.

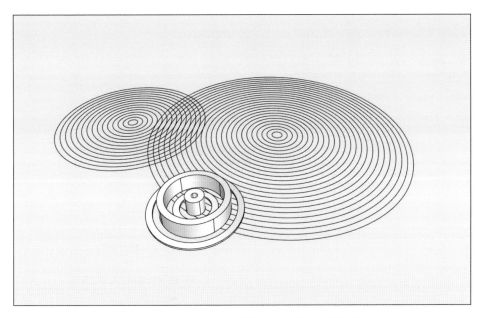

Show(SH)를 입력하면 '격리 모드 해제'가 아니라 '모든 개체 보이기'다.

Show(SH) 명령을 입력하면 숨겨졌던 모든 개체가 보인다.

라이노 참고 웹사이트

■ **라이노 공식 홈페이지(www.rhino3d.com)**

Robert McNeel & Associates에서 직접 운영하
는 웹사이트다. 라이노 라이센스 구매, 평가판 다운
로드, 분야별 렌더링 갤러리 둘러보기 등이 가능하
다. 특히, 라이노 플러그인이나 그래스호퍼 애드온
을 개발하고 싶은 개발자들은 상단 〈학습 정보〉탭
에 있는 〈개발자 도구〉메뉴를 참고하면 된다.

라이노 공식 홈페이지 메인화면

■ **푸드포라이노(www.food4rhino.com)**

스케치업에 쓰리디 웨어하우스가 있다면, 라이노에
는 푸드포라이노가 있다. 라이노 앱(플러그인), 그
래스호퍼 앱(애드온), 스크립트 소스 및 재질, 환경
맵 등을 다운로드 받을 수 있다. 다운로드 순으로
앱들을 정렬할 수 있어 유행을 파악하기에도 좋다.

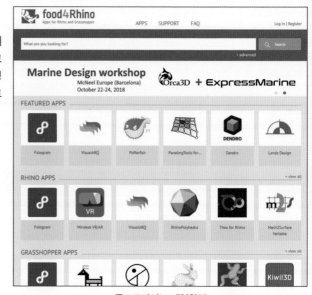

푸드포라이노 메인화면

3D 커뮤니티 웹사이트

■ 렉터스(www.lectus.kr)

렉터스는 "다함께, 3D를 즐겁게"라는 슬로건으로 운영되는 교육 플랫폼이다. 건축뿐 아니라 디자인 분야의 3D 모델링, 3D 프린팅, VR/AR 등 〈3D와 관련된〉 다양한 교육들이 온/오프라인 형태로 제공된다. 본 서적의 온라인 강의 또한 렉터스에서 제공하고 있다.

온라인 강의 링크 : http://lectus.kr/course/rhino6
공동대표 : 한기준, 박상근
기술이사 : 황일현
매니저 : 고영준

렉터스 메인화면

■ 렉터스 플러스(www.lectus-plus.kr)

렉터스에서 운영하는 커뮤니티다. 3D 모델링, 렌더링/리터칭, 3D 프린팅, VR/AR 소프트웨어에 대한 소개와 리뷰, 질의응답 게시판 등으로 이루어져 있다. 즐거운 창작문화를 형성하기 위해 렉터스에서 지원하는 렉터스 프렌즈 활동도 게시된다.

운영자 : 박상근 고영준
매니저 : 한기준

렉터스 플러스 메인화면

라이노 6.0
시크릿노트
RHINO 6.0 FOR ARCHITECTS, SECRET NOTE

초판 1쇄 인쇄 2018년 10월 25일
초판 1쇄 발행 2018년 10월 30일
초판 2쇄 발행 2020년 06월 05일

지 은 이 한기준
펴 낸 이 김호석
펴 낸 곳 도서출판 대가
편 집 부 박은주
마 케 팅 오중환
관 리 부 김소영

등   록 313-291호
주   소 경기도 고양시 일산동구 장항동 776-1 로데오메탈릭타워 405호
전   화 02) 305-0210
팩   스 031) 905-0221
전자우편 dga1023@hanmail.net
홈페이지 www.bookdaega.com

I S B N 978-89-6285-210-3 13000

이 도서의 국립중앙도서관 출판시도서목록(CIP)은 서지정보유통지원시스템 홈페이지(seoji.nl.go.kr)와
국가자료공동목록시스템(www.nl.go.kr/kolisnet)에서 이용하실 수 있습니다.
(CIP제어번호: CIP2018031533)